持続可能な発展と
マルチ・ステイクホルダー

企業と社会フォーラム 編

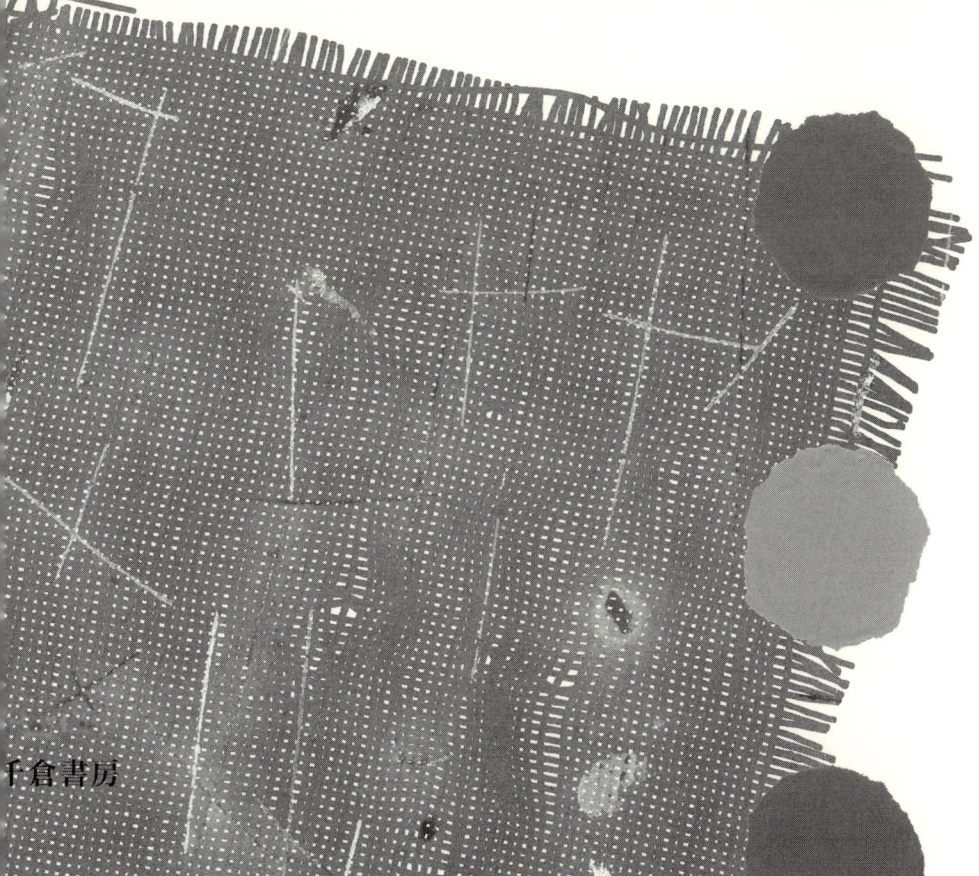

千倉書房

はじめに

　本書は，地球社会や地域社会の持続可能な発展に企業（ビジネス）がどのように貢献していけるか，ステイクホルダーとの関係性が変わっていく中でどのような対応が求められているか，考察していくことを目的としている。

　1990年代以降，持続可能な発展の達成に向けて，グローバルガバナンスのあり方が変わり，多様なステイクホルダーがそのプロセスにかかわるようになっている。また企業レベルでも様々なステイクホルダーとの関係性が重視されるようになり，企業に期待される社会的・経済的役割や責任が変化してきている。こういった動きを受けて，本書は次のような構成で考えていく。

　第Ⅰ部「特集：持続可能な発展とマルチステイクホルダー」では，谷本（Tanimoto）論文において，本書の導入としてこうしたこのテーマの背景と議論すべき課題についてまとめている。Roper論文では，ステイクホルダー・エンゲージメントの概念とその実施における課題について議論がなされている。

　第Ⅱ部では，2つのシンポジウムを収録している。1つは，2009年から2011年にかけて内閣府において行われた「安心・安全で持続可能な未来に向けた社会的責任に関する円卓会議」について，同会議に参加した各ステイクホルダーの代表者が日本における円卓会議の意義と今後の課題について議論している。2つ目は，2010年秋に発行した社会的責任に関する国際規格：ISO26000がもつ可能性と課題について，企業・政府・NPO・労働組合・消費者・研究者といったマルチステイクホルダーによって議論している。

　第Ⅲ部「特集論文」では，ビジネスの新しい役割について，ソーシャル・ビジネスや，企業とNPOなどの協働関係に関する論考が収められている。

　佐々木論文「新庄方式の生成移転過程」では，障害者福祉と連動した食品トレイリサイクル事業について，マルチセクター協働の生成から移転過程を検討している。横山論文「ソーシャル・ビジネスにおける協働」では，革新的ビジネスモデルとしてのセクター間パートナーシップに関して4つの事例を紹介し

ている。大倉論文「社会的協働の形成プロセス」では，繊維リサイクル事業を事例に，企業間の協働プロセスがいかに形成されていったのか分析している。大室論文「ソーシャル・ビジネスの本質」では，市民風車事業のビジネスモデル創出プロセスを通して，ステイクホルダーの相互関係を考えている。さらに，具体的な企業事例として，環境配慮のアウトドアウェアなどを提供しているパタゴニアと，ヤラカス館によるソーシャルプロダクト情報サイトSoooooSの構築・運営について，担当者がその事業内容を紹介している。

　第Ⅳ部「企業と震災」では，4社のケーススタディを取り扱う。2011年3月11日に発生した東日本大震災は，日本経済や地域社会に大きなダメージを与えたが，企業が本業や社会貢献活動を通してその復興支援や地域再生に果たしてきた役割は非常に大きい。ここでは，ヤマトホールディングス，三井物産，積水ハウス，損害保険ジャパンについて，土肥・味水が2011年から2012年春にかけて行った実態調査をケース集としてまとめ，問題提起を行っている。

　第Ⅴ部「学界展望」においては，谷本が「企業と社会」論をめぐる近年の動向をまとめている。この10年ほどの間に，ヨーロッパを中心に，企業と社会に関するテーマを考える学会や研究センター，新しいジャーナルが次々と立ち上がり，そのネットワークを広げている。日本においても昨年新しい学会「企業と社会フォーラム」(JFBS)がスタートした。企業と社会にかかわるテーマは幅広く，近年様々なアプローチから活発な議論が展開されている。

　本書は，2011年9月に開催されたJFBS第1回年次大会での議論（持続可能な発展とマルチ・ステイクホルダー）を踏まえ，その後の研究や調査の成果をとりまとめたものである。本学会の意義を受け止め，本書の発行を引き受けていただいた千倉書房，同社編集部長の関口　聡氏には，ここに記して感謝の意を表したい。本書をきっかけにこの領域の議論が理論的にも実務的にも広がっていくことを期待している。

2012年6月15日「企業と社会フォーラム」を代表して

谷　本　寛　治

目　次

はじめに

I　特集：持続可能な発展とマルチ・ステイクホルダー
- ◆ 序論：持続可能な発展とマルチ・ステイクホルダー（谷本寛治）………2
- ◆ Introduction: Sustainable Development and Multi-Stakeholder (Kanji Tanimoto) ……………………………………………16
- ◆ Stakeholder Engagement: Concepts, Practices, and Complexities (Juliet Roper) ……………………………………28

II　企画シンポジウム
- 日本における円卓会議の可能性 ………………………………44
- ISO26000：その国際規格がもつ意味と課題 …………………83

III　特集論文
- ◆ 新庄方式の生成移転過程（佐々木利廣）……………………122
  ——マルチ・セクター協働によるリサイクルシステム——
- ◆ ソーシャル・ビジネスにおける協働（横山恵子）……………142
  ——多様性と類型分析——
- ◆ 社会的協働の形成プロセス（大倉邦夫・田邉和男）…………164
  ——エコログ・リサイクリング・ジャパンによる繊維リサイクル事業を通して——
- ◆ ソーシャル・ビジネスの本質（大室悦賀）……………………184
  ——コミュニケーションの視点から——
- ◆ 事例：持続可能なビジネス（辻井隆行）………………………210
  ——パタゴニアの事例——
- ◆ 事例：ソーシャル・ビジネスの現状と課題（中間大維）……221
  ——SoooooS. 事業の経験から——

IV ケーススタディ：震災と企業 （土肥将敦／味水佑毅）
- はじめに：「震災と企業」ケース……………………………………232
- ◆ ヤマトホールディングス株式会社 …………………………………237
- ◆ 三井物産株式会社 ……………………………………………………250
- ◆ 積水ハウス株式会社 …………………………………………………264
- ◆ 株式会社損害保険ジャパン …………………………………………277
- まとめ：ケース総括 ……………………………………………………293

V 学界展望
- ◆「企業と社会」論をめぐる動き（谷本寛治）………………………306

I 特集

持続可能な発展と
マルチ・ステイクホルダー

◆ 序論:持続可能な発展とマルチ・ステイクホルダー（谷本寛治）
◆ Introduction: Sustainable Development and Multi-Stakeholder（Kanji Tanimoto）
◆ Stakeholder Engagement: Concepts, Practices, and Complexities（Juliet Roper）

序論：持続可能な発展とマルチ・ステイクホルダー

谷本寛治　早稲田大学商学学術院商学部教授

　グローバリゼーションが進展するとともに，経済・環境・社会の面において，そのポジティブな成果のみならず，ネガティブな影響も顕在化している。気候変動，貧困，労働，人権問題など，既存の境界線を超えて広がる様々な課題にわれわれはどのように取り組んでいけばよいのか。地球社会の持続可能な発展を求める動きが90年代頃からグローバルに広がっているが，こういった議論や取り組みには，政府の代表のみならず，様々なステイクホルダー（国際機関，企業，NGO，消費者，労働者など）がコミットするようになり，グローバル・ガバナンスのあり方が変わってきている。関係するステイクホルダーがかかわり議論し，政策を策定したり実施したりしていく仕組みをどのように理解し，構築していけばよいのか，それは今後の重要な課題である。

　さらに，持続可能な地球社会を構築していくに当たって，企業に期待される役割や責任も変化している。経済活動に伴う意図的・非意図的に現れる環境・社会へのプラス/マイナスの影響に対する企業の責任が問われ，同時に社会・環境問題解決に対する企業への期待も大きくなっている。企業はサステナビリティ（とくに環境，社会，ガバナンス：ESG）の課題をその経営プロセスにいかに組み込んでいくか。さらに企業と様々なステイクホルダーとの関係性は大きく変化しており，企業はその変化をどのように捉え，経営戦略や計画に位置づけていくか，今後重要な戦略課題となっている。

1．グローバル・ガバナンス

　地球社会の持続可能な発展についてどのように議論し取り組んでいくか，その仕組みは90年代以降大きく変化してきている。経済活動がグローバル化し，

その社会的・環境的影響もグローバル化しており，既存の制度的枠組み・境界線を超えて広がる課題が増大している。さらに現代の社会・政治環境は複雑で変化が激しく，また諸課題の相互関係性が強くなっている。例えば，環境，貧困，労働，女性，社会開発などはそれぞれ別々に専門的な議論がなされているが，同時に経済，環境，社会にかかわる諸問題をトータルに考えていく必要性が高まっている。例えば2002年のヨハネスブルグで開催された国連の「持続可能な発展に関する地球サミット（WSSD）」は，1992年リオで開催された環境サミットから10年を経て「リオ＋10」として位置づけられていたが，主題そのものが「持続可能性」となり，環境のみならず，経済・社会面も含めトータルに持続可能な開発・発展を議論することになった。具体的には，経済成長と公平性，天然資源と環境の保全，社会開発（仕事，食糧，教育，エネルギー，健康管理，水，衛生設備，文化的・社会的多様性，労働者の権利の尊重など）が柱となった。また2012年，再びリオにおいて「リオ＋20」が開催された。持続可能な発展目標の策定を行い，今後10年グリーン経済を目指し，議論がなされた。

　こういった場では，これまでのように国（政府）の代表が議論する枠組みだけでは対応・解決しきれない状況があり，NGOなど関係するステイクホルダーがそのテーブルにつき議論するようになっている。従来の制度的枠組みと現実の取組み方の間に governance gap があると指摘されている（Hirschland, 2006）。

　その背景には，市民社会組織が市場社会におけるプレイヤーとして成熟してきたことが挙げられる。90年代以降，国際機関や企業の活動の監視・批判，調査分析・情報提供，アドボカシー活動を行うNGOは，その影響力を増し，市民からの支持を得て（正統性），グローバルに情報発信しネットワークを広げている。こういった組織が，課題の解決に関する議論や実施プロセスに参画し，ガバナンスに関与するようになってきたことが変化の要因の一つである。

　本章ではグローバル・ガバナンスとは，「一組織だけでは解決が困難なグローバルな課題に対し，政府のみならず非政府組織など多様なステイクホルダーが協働して取り組み，解決する枠組み」と理解する[1]。それはまさにマル

チ・ステイクホルダーで意思決定していくプロセスである。持続可能な発展にかかわる諸課題を，マルチ・ステイクホルダーによって議論するためには「良いガバナンスが必要である」とヨハネスブルグの会議で議論されたし，OECD (2007) は「良いガバナンスと健全な管理が持続可能な発展政策を実施する際の前提」と指摘している。そこで決まった「持続可能な発展（にかかわるテーマ）は，経済，環境，社会にかかわる政府の意思決定に統合し，あらゆる政策を長期的に捉えていくこと」(OECD, 2007) が求められる。そこで以下ではマルチ・ステイクホルダーによって取り組まれるプロセス（Multi-Stakeholder Process: MSP) について考えていくことにする。

2．マルチ・ステイクホルダー・プロセス (MSP)

2-1．MSPのパターン

MSPの類型について，ここでは3つの典型的なパターンを見ておこう。

(1) 政策課題の策定・実施プロセスへの参画

90年代以降，多くのEUやUN関係の会議において，多様なステイクホルダーが参画し，持続可能な発展やCSRに関する規範や政策を議論・決定する場が構成されている。そこでの議論が，政策決定過程に情報を与える (inform) ことになる。後段みるように，EUでCSRやサステナビリティの政策を策定・実施しているのはその一例である。1999年当時国連事務局長であったアナン氏は，WEFの会合でグローバル・コンパクトを発表した際，次のように述べている。「国連はこれまで政府とだけかかわってきた。今日では平和

---

(1) グローバル・ガバナンスについて，Commission on Global Governance (1995) は次のように定義している。「グローバル・ガバナンスとは，個人そして機関，公と私が，共通の問題に取り組む多くの方法の集合である。それは対立するあるいは多様な利害を調整する，また協力的な行為がなされる継続的なプロセスである。それは遵守を強制する権限を与えられたフォーマルな機関や制度を含むとともに，人々や機関が同意する，あるいは彼らの共通の利益となると認識するインフォーマルな申し合わせも含まれる。」

や繁栄は，政府，国際組織，産業界，市民社会を含むパートナーなしでは達成できない。今日の世界は，相互に依存している。」多くのステイクホルダーが参画し，労働，人権，環境に関する課題に取り組んでいくことが重視された。

(2) **ガイドラインの作成プロセスへの参画**

これは例えばISOにおける社会的責任規格（ISO26000）やGRI（Global Reporting Initiative）のように，ガイドラインを多様なステイクホルダーの参画によって策定・実施していくパターンである。例えば2005年から始まったISO26000のガイダンスの作成においては，これまでなかったスタイルで取り組まれた。主に6つのステイクホルダー：政府，産業界，消費者団体，労働界，NGO，その他有識者（それぞれ先進国&途上国から）が中心となり（99カ国から，450のエキスパートと210のオブザーバー），ILO，OECDなど42の関係国際組織も参画し，6年の年月をかけMSPで議論，策定してきた。

(3) **個別企業の課題解決・利害調整への参画**

例えば児童労働問題の解決には，貧困，労働，教育などいくつかの課題を同時に取り組んでいく必要があり，企業だけではなく，地方政府，国際機関，NGOが協働し，多面的に取り組んでいくことが必要となる。

マルチ・ステイクホルダーによる取り組みは，レベルから見ると，グローバル，リージョナル，ナショナル，ローカルと，それぞれにおいて見られる。

政府，企業，NGOなどマルチ・ステイクホルダーが関与するシステムをいかにとりまとめていくか。課題やテーマによってMSPには多様なパターンやレベルがあり，そのガバナンスシステムには一つの決まったモデルやメカニズムがあるわけではない。実際には具体的な議論を行うプロセスで，その取り組み方のルールも考えながら進められてきた。最適なガバナンスの仕組みが初めからあるわけではない。MSPは民主的だが複雑なプロセスが存在するため，そこには常に「協議，透明性，説明責任という原則に基づく協働の精神が求められる」(Commission on Global Governance, 1995)。

持続可能な発展に関する政策を策定,実施するに当たって,マルチ・ステイクホルダーが協働するためには Global Public Policy Partnership (Reinicke and Deng, 2000) が求められる。そこでは課題にかかわるすべてのステイクホルダーが参加し,自ら社会的・環境的課題にどうコミットしていくかを考え協働する。政府も一参加者としてかかわるが,政府はこの枠組みの中で様々な主体が何を考えているかを知り,共に議論し,自らの果たすべき役割,何をすべきかを再考することができる。

この MSP においては,伝統的なアカウンタビリティやモニタリングシステムでは対処しきれないため (Benner and Witte, 2004),新しいシステムの構築が必要となる(オープンガバナンス構造)。次にこの点を考えよう。

2-2. MSP のデザインと課題

政策課題の策定・実施プロセスにマルチ・ステイクホルダーが参画する MSP は,どのようにデザインしていけばよいであろうか。Hemmati (2002) は次の点を重視している。

- 課題に関係するすべてのステイクホルダーが共通の目標に向かって参加すること。そこでは,多様性,あらゆる参加者の参加,継続的なコミットメント,相互理解とエンパワメントが求められる。
- 政策の策定・実施において,各ステイクホルダーはお互いに学び,それぞれ役割を認識すること。
- 透明性とアカウンタビリティの確保を明確にすること,またここでの議論内容については,誰しもアクセス可であること。このことは MSP の正統性にかかわる点である。
- マルチ・ステイクホルダーによるこのガバナンス・スタイルは,政府に取って代わるのではないことに注意すべきである。あくまで政府の意思決定に情報を提供し結びつけていくことにある。

こういった MSP には,多様なステイクホルダー間のコミュニケーション的相互行為関係が見てとれる。課題の発見―課題の解決―共通の目標→方向性の探

求―意思決定―実施のプロセスにおいて，基本的には次の3つのプロセスが重要となる（谷本，2002）。
① 他者・異なる体系（文化・価値・情報）と向かい合うこと（その存在を尊重すること，想像力）が求められる。諸ステイクホルダーは，それぞれの平等性・公正性を前提とし，合意形成・意思決定に向けた議論を行う。
② 対話を通して"ちがい"を理解・受容する理性が求められる（自他の体系を問い直す）。みんなが発話し，完全に合意できなくとも決定を受け入れ，実施のプロセスに参画する。
③ "ちがい"が共生的につながることで新たな体系が創発される。様々な知識や発想を互いに関連づける統合力，相互の利益，互いに学ぶプロセスが重要となる。

最後に，こういった複雑なMSPを取り仕切っていくファシリテーターが必要となるが，Hemmati (2002) はリーダーの資質として，「ビジョナリーで，エンパワリングで，協働的なリーダーシップが求められる」と指摘している。

3．EU・日本での取り組み

3-1．EU

多様なステイクホルダーが政策課題の策定・実施プロセスに参画する一つの典型的な事例として，EUにおける持続可能な発展に関する国家戦略を挙げることができる。

1992年リオの環境サミットにおける「リオ宣言」の行動計画「アジェンダ21」に，各国政府に「持続可能な発展に関する国家戦略」の策定と，「持続可能な発展に関する国家委員会」の設置を求めることが提示された。これは拘束力のない行動綱領であるが，ECでは90年代後半から持続可能な発展への戦略の策定に取りかかり，2001年にEU Sustainable Development Strategy (EUSDS) が示された (06年改訂，08年最終版)。EUEDSにおける主要課題は次の7つである。(1)気候変動とクリーンエネルギー，(2)持続可能な交通，(3)持

続可能な消費と生産，(4)自然資源の保存と管理，(5)健康，(6)社会的統合，(7)貧困。ここでのポイントは，経済的発展，社会的平等，環境保護の三つの柱を立て，持続可能な発展のための戦略を，経済・環境・社会のプログラムの中に組み込んでいくことにある。そして持続可能な発展の枠組みを設定すること，諸課題のプライオリティを考えること，EU 各国によるコンテキスト・対応の差異を配慮すること，そしてマルチ・ステイクホルダーの参加を政策の基本原則に入れることが提起された。

3-2. 日　本

日本での取り組みはどうか。類似の円卓会議が実験的に行われた。国民生活審議会総合企画部会において2007年11月から議論が始まり，翌年5月からの「安全・安心で持続可能な未来のための社会的責任に関する円卓会議への準備委員会」を踏まえて，翌09年3月から「安全・安心で持続可能な未来に向けた社会的責任に関する円卓会議」がスタートした。

この円卓会議はマルチ・ステイクホルダー：経済団体（経団連・経済同友会・商工会議所），労働団体（連合），消費者団体（消団連），NPO/NGO（NNネット），金融セクター，政府（内閣府が中心に各省），研究者によって構成され，安全・安心で持続可能な社会の実現に向けた戦略課題を提示しようと議論がなされた。

円卓会議と従来の審議会等との違いは，政策課題について政府に任命された委員が審議するのではなく，各ステイクホルダーから選ばれた代表がボランタリーにコミットして議論し，かつ自らの役割についても検討し，取り組んでいくことにある。また政府も対等な立場で参加する。日本において持続可能な発展をナショナルレベルで議論していく枠組みを構築していく可能性がそこには見られ，その第一歩となった。多様なステイクホルダー間で議論をするという経験にはなったが，しかし必ずしも明確な成果が出たとは言えなかった。

戦略課題について，議論が尽くされなかった点は，(1)目指すべき持続可能な社会像，戦略目標をどうオーソライズするか，(2)行動計画実施の時間軸（短期

―中長期）をどう設定するか，また地域的な展開をどう進めるか，(3)国際的な位置づけ（グローバル，東アジア）連携をどう計るか，などである．また円卓会議の枠組みに関する問題点としては次の3点が指摘できる．(1)政府を始め各ステイクホルダーのイニシアチブ・位置づけに大きな差があったこと．(2)円卓会議の社会的認知度の低さ（各セクター内でも），情報発信の不足．(3)実行可能性に向けて，とくに政治のリーダーシップ，コミットメントがなかったこと．EUのように国家戦略としての位置づけはなかった．この円卓会議が政府の政策決定プロセスとどう関係するのか，とくに各省庁の既存の審議会等との権限や，根拠法・予算のあり方などについての調整がないまま議論だけが行われたため，具体的な成果は乏しいものとなった．しかし震災復興や今後のエネルギー政策などMSPを生かすべき課題はたくさんあり，今後の取り組みに期待がもたれている．以上日本における論点に関しては，本書第II部の円卓会議の各ステイクホルダー代表のメンバーによるシンポジウムを参照のこと．

4．企業レベルの課題

4-1．CSRの背景と現状

　持続可能な発展が求められる時代潮流にあって，企業に求められる役割や責任が変化してきている．CSRが求められる背景には，すでに見たように，経済活動のグローバル化が進展するプロセスにおいて，そのネガティブな影響も顕在化し，持続可能な経済・社会のあり方が求められるようになってきたことにある．90年代から2000年代以降，CSR論はEU圏のみならず北米，日本，途上国などグローバルに展開し，また企業（経営者団体）のみならずNGO，労働組合，消費者団体，国際機関など様々な主体によっても活発な議論がなされてきた．さらに企業，政府とともに，諸ステイクホルダーが同じテーブルにつき，行動規範や基準を作成したり，政策について議論したりするMSPのスタイルも広がってきている．このような議論のベースには，まさに企業観の変化，企業に期待される役割や責任の変化，企業とステイクホルダーとの関係の

変化がある。

ESGの諸課題に対するアカウンタビリティが求められるようになり，CSRを企業経営上どのように位置づけ，ステイクホルダーとの関係性をどのように構築していくか，重要なテーマとなっている。

日本でもこういった流れを受けてCSRへの取り組みが進み，CSRの制度化（担当役員や担当部署の設置，CSR報告書の発行など）が2000年代半ば以降急速に進んでいる[2]。

ただCSRの諸制度がどこまで機能しているのか，マネジメント・プロセスに組み込まれているのかどうかについては多くの課題がある。今後いかに組み入れ，経営システムの強化につなげていくか，考えていかねばならないところである（Tanimoto 2013）。

4-2．金融危機後の課題

CSRの議論が広がっている一方で，投機的な短期志向の金融・財務行動（収益極大化）は，2008年のリーマンショックを引き起こし，グローバル経済に影響を与えた。この金融危機を経て，持続可能性，CSRの議論がどう理解されたか。1970年代のCSRブームは石油ショック後一気に後退したが，今回は大きな影響は受けず，持続可能性の意義を再確認する論調が目立った（もっともリーマンショックの反省があったにもかかわらず，その後も欧米では巨額報酬問題など，この行動原理の枠組みから変化したとは言えない状況もある）。

まず基本的には，金融システム・資本主義システムの反省と再構築が議論された。金融システムの再構築以前に，資本主義システムが機能するには，そもそも分権化した判断，すなわち価格，対話，関係性，責任に基づく判断が必要であり，その再活性化が求められるということが指摘される（Bhide, 2010）。あるいは，科学的で合理的な金融あるいは経営モデルが必ずしも普遍的に有効

（2） CSR担当部署2005年25.6%→2010年64.5%，CSR担当役員2005年35.2%→2010年58.1%，CSR報告書の作成2005年24.3%→2010年40.7%（『CSR企業総覧2006～2010』東洋経済新報社より。対象企業数2006年度版749社，10年度版1104社）。

に機能するわけではなく、それぞれの企業、産業、国（地域）における現場の知恵（practical wisdom）が、戦略的な経営やリーダーシップにおいて重要な役割を果たしていることを再認識する必要がある（EABIS, 2011）。かつてフランスの作家、フランソワ・ラブレーは「ガルガンチュワとパンタグリュエル物語」(1532) において、「善悪の判断のない科学は、魂の荒廃を招く」と述べているが、今もその警告は変っていないと言える。

金融危機後において、持続可能性、CSR の考え方に影響があったかについて、グローバルに活発な議論や調査が行われた。金融危機直後のグローバルな調査 (GlobeScan, 2009) では、その影響が5年後にプラス (40%) に出るか、マイナス (48%) に出るか、経営者・専門家の声はほぼ拮抗していた。2010年のUN Global Compact, Accenture CEO Study の調査 A New Era of Sustainability によると、93%の経営者がサステナビリティの課題は将来のビジネスの成功にとって重要であると回答しており、同報告書は「サステナビリティは2007年にはビジネスの周辺課題であったが、今ではその重要性を増し、競争のルールを変え始めている 」と指摘している。

また日本では、日本経団連による「CSR（企業の社会的責任）に関するアンケート調査」(2009年) によると、「2008年秋以降の世界的な経済危機にあって、予算や事業内容の優先順位等を見直している企業があるものの、CSR に対する理念や取り組み姿勢は変わらない」としている。そこでは CSR 活動の意味は？　という質問に対し（複数回答），持続可能な社会づくりへの貢献 82%，企業価値の創造76%，企業活動へのステイクホルダーの期待の反映68%となっている。

4-3．ISO/SR の課題

ところで CSR で問われている課題：例えば環境問題や人権問題などは、企業だけが取り組む課題であるにとどまらない。消費者，地域住民，労働者，NGO など各ステイクホルダーが自らの役割と責任を自覚し取り組むべき課題であることを理解しなければならない。さらに企業のみならず、各ステイクホ

ルダー自体（NGOや様々な団体など）の活動にも社会的責任が必要であり求められる。それを定めたのがISO26000（組織の社会的責任）の規格である。詳しくは本書第II部における，各ステイクホルダーの代表によるISO26000のシンポジウムを参照のこと。

　ISO26000の策定プロセスにおいて重要な点は，MSPを採用したことにある。2005年以来，政府，産業界，消費者団体，労働界，NGO，その他有識者のステイクホルダーが参画し，通常の倍の6年近くをかけて議論，策定してきた（ISOによる規格づくりは通常3年以内とされている）。MSPによる策定作業は，ISO過去最大のプロジェクトとなった（450のエキスパートと210のオブザーバー，99カ国から42の関係組織の参画，ILO・UN Global Compact・OECDのメモランダム，GRI・SAIなども）。その結果，先進国の大企業のみならず，これまで理解の低かった国（地域）や他の組織へもこの議論が広がったことに意義がある。

　また重要なポイントの一つとして，「ステイクホルダー・エンゲージメント」という概念がある。企業観の変化と共に，企業はステイクホルダーとの関係性を理解し，その声をどのように受け止め経営戦略に組み込んでいくか，という「ステイクホルダー・マネジメント」が，議論されてきた（Freeman, 1984 ; Savege et al., 1991 ; Michell et al., 1997 ; Gable and Shireman, 2004など）。その後，ステイクホルダーの市場社会における位置づけ，企業との関係性を理解し対応していくために，ステイクホルダー分析の議論がなされた。

　NGOなどのステイクホルダーが大きな影響力を持つようになると，より積極的に各国（地域）における課題や，各ステイクホルダーの具体的期待や要請を知ることが必要になってくる。ステイクホルダーとの関係を管理するという理解ではなく，その相互関係性を捉え，互いに新しい発想を得るという理解が必要になっている。企業はステイクホルダーと建設的な意見交換の場をつくり，ステイクホルダーが何を求めているのか意見を聞きあるいは議論し，経営活動に反映させていくことに取り組み始めている。それはステイクホルダー・エンゲージメントと言われる。

　J. Roper（第I部）は，企業とステイクホルダーとの関係性の段階は，まず

「社会貢献活動」，次に「ステイクホルダー・マネジメント」，「ステイクホルダー・エンゲージメント」，そして「パートナーシップ」と段階的に深まっていくことを示している。ステイクホルダーマネジメントとエンゲージメントの違いは，双方向のコミュニケーションがあるか否か，企業がその経営行動を変える用意があるかどうかにある。もちろんパートナーシップは，社会貢献でもビジネスにおいても存在している。例えば大きな災害があった際も，企業の緊急支援・復興支援活動が有効に行えるためには，日頃からのNPO等とのパートナーシップが重要だと指摘されている。その点は，第IV部「企業と震災」を参照のこと。

5．まとめ

以上のように，マクロレベル（グローバル・ガバナンス）においても，ミクロレベル（コーポレート・ガバナンス）においても，ステイクホルダーの存在が重要になっており，政策策定・実施のプロセスにおいてマルチ・ステイクホルダーによる協働関係の構築が模索されている。

持続可能な社会・経済システムを構築していくには，国の代表が従来の政府，国際機関等の制度的枠組みの中で議論するだけでは，解決のつかない課題が増えてきている。既存の制度的枠組みや境界線を超えて複雑にからみあう社会的・環境的課題に対応するには，関係する様々なステイクホルダーが共通のテーブルで議論しあうことが必要となっている。持続可能な発展について，ローカル/グローバルなレベルでMSPによって議論し取り組んでいくには，テーマに沿って新しいガバナンスの仕組みを構築していくことが求められる。

持続可能な発展を達成するには，企業も経済的，社会的，環境的な役割や責任を果たすことが期待されるようになっている。企業の社会的責任として問われていることは，ESGにかかる課題をマネジメント・プロセスに取り組むことであり，またローカル/グローバル・レベルで社会的課題にビジネスとして取り組んでいくことである。そのプロセスにおいて，株主のみならず，関係す

る様々なステイクホルダーの声を聞き，企業経営に反映させていく「ステイクホルダー・エンゲージメント」を行うことが，重要な経営課題の一つとなっている。ステイクホルダーとの関係をいかに（再）構築し，CSR を企業経営に組み込んでいくか，新たなテーマとして注目されている。

参考文献

Benner, T., Reinicke, W., and Witte, J. M. (2004) "Multisectoral Networks in Global Governance: Towards a Pluralistic System of Accountability", in D. Held, M. Koenig-Archibugi (eds.), *Global Governance and Public Accountability, Government and Opposition*, Vol. 39, Issue2, pp. 191-210.

Bhidé, A. (2010) *A Call for Judgment : Sensible Finance for a Dynamic Economy*, Oxford Univ. Press.

Benner, T., and Witte, J. M. (2004) "Everybody's Business: Accountability, Partnerships, and the Future of Global Governance", in Susan Stern, Elisabeth Seligmann (eds.), *The Partnership Principle: New Forms of Governance in the 21st Century*, Archetype Publishers.

Commission on Global Governance (1995) *Our Global Neighborhood ; The Report of the Commission on Global Governance*, Oxford Univ. Press.

EABIS (2011) http://www.eabis.org/projects/project-detail-view.html?uid=16

EC (2001) *A Sustainable Europe for a Better World : A European Union Strategy for Sustainable Development*, COM (2001) 246.

EC (2004) *National Sustainable Development Strategies in the European Union*.

EC (2008) *Consultancy Report on Progress on the EU Sustainable Development Strategy*.

Freeman, R. E. (1984) *Strategic Management: A Stakeholder Approach*, Pitman Publishing.

Gable, C. and Shireman, B. (2004) "The Stakeholder Imperative", *Environmental Quality Management*, 14, pp. 1-9.

Hemmati, M. (2002) *Multi-Stakeholder Processes for Governance and Sustainability*, Earthscan.

Hirschland, M. J. (2006) *Corporate Social Responsibility and the Shaping of Global Public Policy*, Palgrave.

Michell, R. K., Agle, B. R., and Wood, D. J. (1997) "Toward a Theory of Stakeholder Identification and Salience", *Academy of Management Review*, Vol. 22, No. 4, pp. 853-886.

Nelson, J. and Zadek, S. (2001) *Partnership Alchemy : New Social Partnerships in*

Europe, The Copenhagen Center.
OECD (2001) *Strategies for Sustainable Development : Practical Guidance for Development Co-operation, Development Assistance Committee.*
OECD (2007) *Institutionalizing Sustainable Development*, OECD Sustainable Development Studies.
PRI (2009) *PRI Report on Progress 2009*.
Reinicke, W. H. and Deng, F. (2000) *Critical Choices : The United Nations, Networks, and the Future of Global Governance*, IDRC, Ottawa.
Savage, G. T., Nix, T. W., Whitehead, C. J., and Blair, J. D. (1991) "Strategies for Assessing and Managing Organizational Stakeholders", *Academy of Management Executive*, Vol. 5, No. 2, pp. 61-75.
谷本寛治 (2002)『企業社会のリコンストラクション』千倉書房。
谷本寛治 (2006)『CSR―企業と社会を考える』NTT 出版。
Tanimoto, K. (2013) "Corporate Social Responsibility and Management Process in Japanese Corporations", *World Review of Entrepreneurship, Management and Sustainable Development*, forthcoming.
UN Development Programme (2005) *Investing in Development ; A Practical Plan to Achieve the Millennium Development Goals*, Earthscan.
Vallejo, N. and Hauselmann, P. (2004) *Governance and Multi-stakeholder Processes*, IISD.
World Commission on Environment and Development (1987) *Our Common Future, The Report of the World Commission on Environment and Development*, Oxford University Press.

Introduction: Sustainable Development and Multi-Stakeholder

Kanji Tanimoto
Professor, School of Commerce, Waseda University

The progress of globalization has exposed not only positive consequences but also negative effects for the global economy, environment and society. How should we tackle those difficulties that spread across borders, such as climate change, poverty, labor and human rights issues? Since the 1990s, there has been an increasing global movement to seek sustainable development. Representatives from governments alongside various stakeholders such as international agencies, corporations, NGOs, consumers and laborers have now joined in the discussion of these issues, and the style of global governance has begun to change. One of the most important challenges in the future is the question of how we should understand and build frameworks through which stakeholders can get involved in discussions on policy development and implementation.

The roles and responsibilities of corporations have also changed in order to facilitate the development of a sustainable global society. Business activities can have intentional and unintentional positive and negative effects on society and the environment, and there has also been an increasing expectation that corporations should seek to solve the social/environmental issues that business activities create or exacerbate. Our research topics are the question of how sustainability, the management of environmental, social and governance (ESG) issues, should be embedded into core business practices, and how the changing relationship between corporations and stakeholders is positioned in business policies and strategic management.

1. Global Governance

The style of the arguments and approaches applied to sustainable development for global society has dramatically changed since the 1990s. Business activities and their social/environmental effects have been global, and there has been an increase in issues across existing institutional frameworks/borders. Furthermore, today's social and political environments are complex and dynamic, and mutual relationships among issues are increasingly strong. Issues of poverty, labor,

Introduction: Sustainable Development and Multi-Stakeholder   17

women, and social development, for example, would previously have been discussed as individual and specialist subjects, despite the fact that they are clearly related to economy, environment and society, and as such need to be considered holistically. The main subject of the World Summit on Sustainable Development (WSSD) in Johannesburg, South Africa, in 2002—named "Rio+10" which was held 10 years after the Environment Summit in Rio de Janeiro in 1992—was "Sustainability", including its economic and social aspects, and this subject was discussed multilaterally. The following are the specific agendas of the WSSD; economic growth and fairness, natural resources and environmental protection, and social development (job, food, education, energy, health management, water, sanitary accommodations, cultural and social diversity, and respect to labor rights). "Rio+20" was held in Rio de Janeiro again in 2012 and discussed to set a common vision for sustainable derelopment and green economy.

At the meeting, the limitations of the then framework, comprising only of representatives from governments, were recognized as no longer sufficient to solve the issues effectively, and related stakeholders such as NGOs actually began to join in the discussions. There is an "operational gap around global governance" (Hirschland, 2006), in that a growing number of public-policy issues can no longer be effectively addressed in existing institutional frameworks.

One of the reasons for the change in global governance is the maturation of civil society organizations (CSO) as important players in market society. NGOs, one type of CSO, have monitored, evaluated the activities of business and international agencies and provided information as advocates based on research and analysis since the 1990s, and they now wield a significant influence and are considered legitimate thanks to the support of citizens and expanding global networks. That NGOs have come to participate in the processes of discussion and implementation and that they have committed to global governance to solve global/local issues are some of the contributory elements to the change.

The Commission on Global Governance (1995) argues that "global governance, once viewed primarily as concerned with intergovernmental relationships, now involves not only governments and intergovernmental institutions but also NGOs, citizens' movements, transnational corporations, academia, and the mass media. The emergence of a global civil society, with many movements reinforcing a sense of human security, reflects a large increase in the capacity and will of people to take control of their own lives" (p. 335)

In this chapter, global governance is defined as a framework through which not only governments but various other stakeholders such as NGOs cooperate and tackle global issues that a single organization would not be able to solve[1];

---

(1) The Commission on Global Governance (1995) defines Global Compact as follows:

this is the very process of decision-making by multi-stakeholders. It was pointed out at the WSSD that good governance is essential for the discussion of various issues for sustainable development by multi-stakeholders. Furthermore, OECD (2007) stated that good governance and sound public management to be the preconditions for the implementation of sustainable development policies. The essence of sustainable development strategies is to integrate governmental decision-making in the economic, environmental and social spheres and to consider the longer-term implications of all policies (OECD 2007). This is how this chapter clarifies the process of discussion and decision-making by multi-stakeholders (Multi-Stakeholder Process : MSP).

2. Multi-Stakeholder Process (MSP)

2-1. Patterns of MSP
There are three typical MSP patterns, as follows.

(1) Participation in the process of policy development and implementation
Opportunities for multi-stakeholders to meet and discuss norms and policies for sustainable development have been developed in European Union (EU) and United Nations (UN) related conferences since the 1990s. These discussions have informed the process of policy making. The development and implementation of the UN Global Compact is a typical case. In 1999, the then UN Secretary-General Kofi Annan stated, at the World Economic Forum, "the United Nations dealt only with governments. By now we know that peace and prosperity cannot be achieved without partners involving governments, international organizations, the business community and civil society. In today's world, we depend on each other". He meant to emphasize the significance of providing open opportunities for multiple actors in the international society to tackle issues such as labour, human rights and environments.

(2) Participation in guideline development
This is a pattern in which various stakeholders participate in the development and implementation of guidelines such as the ISO Social Responsibility standard

---

"Governance is the sum of the many ways individuals and institutions, public and private, manage their common affairs. It is a continuing process through which conflicting or diverse interests may be accommodated and co-operative action may be taken. It includes formal institutions and regimes empowered to enforce compliance, as well as informal arrangements that people and institutions either have agreed to or perceive to be in their interest." (p. 2)

(ISO26000) and the Global Reporting Initiative. This style of development process for the ISO26000, which started in 2005, was quite different from the traditional approach. The participants are mainly composed of six stakeholders; government, businesses, consumer groups, laborers, NGOs, and SSRO[2] from developing and developed countries — 450 experts and 210 observers from 99 countries, and 42 related international agencies such as the International Labour Organization (ILO) and the OECD. These stakeholders spent nearly six years on the discussion and development of the ISO26000.

(3) Participation in issue resolution through individual enterprise or interest adjustment

In order to resolve issues of child labor, for example, or related issues such as poverty, labor and education, need to be tackled at the same time, multilaterally, by local government, international agencies and NGOs.

Approaches by multi-stakeholders vary, from the global level to the regional, national and local levels. How the multi-stakeholder process is systemized is a crucial issue. MSP patterns and levels vary depending on issues and themes, and it is not possible to identify a single best model for a global governance system. In fact, the best approach and rules are discussed and decided anew for each process. There is no single model or form of global governance. MSP is "a broad, dynamic and complex process of interactive decision-making that is constantly evolving and responding to changing circumstances, ...It will require the articulation of a collaborative ethos based on the principles of consultation, transparency and accountability" (Commission on Global Governance, 1995).

The Global Public Policy Partnership (Reinicke and Deng 2000) is necessary for multi-stakeholders to collaborate on policy development and implementation for sustainable development. All the stakeholders involved in social and environmental issues should participate and collaborate in consideration of their engagement. Government, as one stakeholder, can be informed as to what other stakeholders are considering through mutual discussion, and through this involvement can reconsider its own roles and tasks. As conventional styles of accountability and monitoring systems do not work well in MSPs (Benner and Witte 2004), a new structure of open governance should be established. The following sections provide descriptions of this point.

2-2. Designing MSPs and its challenges

How can an MSP be designed so that multi-stakeholders are able to participate in the process of policy development and implementation? Hemmati (2002) explains as follows:

---

[2] "SSRO" means Service, Support, Research Academics and Others.

- All stakeholders should participate in influencing decision-making and achieving common goals. Diversity, inclusive commitment, mutual understanding and empowerment are the base of participation.
- MSPs will only work if all participants are willing to learn from each other and maintain their own roles.
- The procedures of decision-making should be open and transparent, and should be accountable to the public and key stakeholders. They are the foundation of legitimacy in MSPs.
- MSPs should not be a substitute for existing governance process based on democratic governments, but rather they should be a supplementary and complementary process to improve issue-finding, decision-making and implementation.

There are multi-lateral communicative actions among multi-stakeholders in the MSP. There are three fundamentally significant steps in the MSP : detection and resolution of issues ; common goals ; search for direction, decision-making, and implementation (Tanimoto 2002);

(1) Stakeholders need to face each other with respect, despite potentially having different culture, values and information ; this can be achieved by imaging how others may be thinking. All stakeholders need to participate in discussions for consensus-building and decision-making based on an approach rooted in equality and justice.

(2) Stakeholders need to have a rational mind to understand and accept their respective differences throughout dialogue. All stakeholders should express their own opinions, and should accept the final decision even an overall agreement can be reached. They should also participate in the implementation process.

(3) Differences can create a new system through symbiotic combination. The capabilities to integrate diverse knowledge and imaginative approaches, mutual benefits and learning processes are indispensable.

Hemmati (2002) states that visionary, empowering and collaborative leadership will be necessary for facilitators to design and organize MSPs. Leadership no longer means the "command and control" pattern.

3. Approaches in the EU and in Japan

3-1. EU

The development of national strategies on sustainable development in the EU is a typical case of MSP.

In the Agenda 21 Action Plan of the Rio Declaration on Environment and

Development, formulated in 1992, there are statements designed to assist each government to develop a "national strategy for sustainable development" and to establish a "national committee for sustainable development". Although the Agenda 21 plan was not a legally binding treaty, the European Commission (EC) began to set a strategy for sustainable development from the late 1990s, and the EU Sustainable Development Strategy (EUSDS) was proposed in 2001 (revised in 2006 and finalized in 2009). The following are the seven main themes in the EUSDS : (1) climate change and clean energy, (2) sustainable transport, (3) sustainable consumption and production, (4) preservation and management natural resources, (5) public health, (6) social inclusion, (7) global poverty. The essential point of focus is the attempt to embed strategies for sustainable development into economic, social and environmental programs with three policies ; (1) economic growth, (2) social justice and (3) environmental protection. The EU has focused on the following points : establishing a framework for sustainable development, prioritizing issues, considering differences of contexts in each country, and adding the participation of multi-stakeholders into political principles.

3-2. Japan

In Japan, a similar round table discussion was implemented for the first time in 2007. A Round table discussion at the Integrated Strategy Meeting of Social Policy Council was begun in November 2007. Based on the discussions of the Preparatory Committee for Multi-stakeholder Forum on Social Responsibility for Secure and Sustainable Future, held from May 2008 onwards, the Multi-stakeholder Forum on Social Responsibility for Secure and Sustainable Future was launched in March 2009.

The round table meetings attempted to propose strategic issues for a secure and sustainable future through the participation of multi-stakeholders ; business groups (Japan Federation of Economic Organizations, Association of Corporate Executives, and Chamber of Commerce), labor unions (Japanese Trade Union Confederation), consumer groups (Shodanren), NPO/NGOs (SR-NN net), financial sector, government (Cabinet Office and related ministries) and academia.

One of the differences between the round table discussion and a council is the selection process for representatives. In the case of the round table discussion, representatives are selected by not the government but by each stakeholder ; they voluntarily engage in the discussion, have their own roles and implement projects. The government also participates in such discussions as one of the stakeholders, with equal status with others. This was the very first step in establishing a national framework to discuss sustainable development in Japan. Each stakeholder was able to benefit from positive experiences, but many problems remain. Specifically : (1) how to gain a public approval for the shared image of a sustainable society and strategic goals to achieve it, (2) how to arrange short term and long term schedules to implement action plans, and how to proceed with regional programs, (3) how to develop partnerships internationally, particularly in East Asia.

Furthermore, three problems can be identified regarding the framework of round table discussions ; (1) significant gaps in the awareness and initiative among each stakeholder, (2) poor awareness of the process of round table discussions in each sector and a lack of publicity, (3) a lack of leadership and feasible commitment by legislators. Unlike the EU, the implementation of a framework for round table discussions was not treated as a national strategy in Japan. Such meetings were conducted without any reference to how the discussions would be related to policy-making process in government ; particularly in the case of relationships with existing national councils, with those laws and regulations on which the meeting depends, and with processes of budget formulation. Although concrete achievements remain few, the style of MSPs is expected, for example, to contribute to reconstruction processes for recovery from the disaster of the Great East Japan Earthquake and to future energy policies. For further discussion points on Japan, please refer Section IV, which discusses the members from each stakeholder participating in round table meetings.

4. Challenges for the Business Sector

4-1. Background and current state of CSR

The roles and responsibilities of business in society have changed with the times, as contemporary societies demand increased sustainability. The negative effects of globalization have been exposed, and demands for more sustainable economies and societies have been getting ever stronger. Corporate social responsibility (CSR) has been championed globally, in the EU, North America, Japan as well as developing countries, from the 1990s through to the 2000s, among by the business sector (executive groups) and NGOs, labor unions, consumer groups and international agencies. Various stakeholders now meet and develop codes of conduct and standards for CSR alongside the business and government sectors. MSP-style discussion has been actively implemented, reflecting changes in the roles and responsibilities of business as well as of the relationship between business and stakeholders.

Heightened demands for accountability with regard to issues of environment, society and governance (ESG), the questions of how CSR is embedded in management processes and how the relationships with stakeholders are developed have been subject to increasing attention.

The institutionalization of CSR, as exemplified by the establishment of CSR departments and the appointment of CSR directors, has progressed rapidly in Japan from the mid 2000s onwards[3].

Many challenges remain, however, in order to ensure that this institutionalization is fully embedded into management processes and actually works to improve responsible competitiveness (Tanimoto 2013).

4-2. Challenges after the financial crisis

While the institutionalization of CSR has been undertaken in earnest, the speculation and short-termism of finance caused the bankruptcy of Lehman Brothers in 2008 and badly damaged the global economy. But how did people reconsider sustainability and CSR arguments subsequent to this financial crisis? Although the first CSR boom in the 1970s rapidly calmed down after the oil shock in the middle of that decade, the current CSR movement has not been similarly affected by the current financial crisis and the significance of sustainability has now been reconfirmed (despite behavioral principles seemingly undisturbed in the EU and the United States even after reflection on the Lehman shock).

First to be disputed was reflection on and reconstruction of financial systems and capitalism. Bhide (2010) pointed out the decentralization of judgment: price, dialogue, ongoing relationships, subjective judgments and responsibility for outcomes play an important role in modern capitalism, coordinated actions and aggregated information, and serve to facilitate decentralized innovation by helping coordinate independent initiatives. The Academy of Business in Society (EABIS2011) points out that "our current financial crisis has taught us that virtue cannot be discounted in the understanding and running of businesses and the economy, no matter how sophisticated the business models and financial formulae, and no matter how complicated the econometric models. ...The approach of practical wisdom looks at the practical virtues inherent in managerial decision-making which lead to wise decisions in strategic management, leadership, human resource management, etc." The French writer Rabelais, in *Gargantua and Pantagruel* (1532), formulated, "science without conscience is but the ruin of the soul".

Active discussions and research have been conducted on a global scale on how the aftermath of the financial crisis has invaded the idea of sustainability and

---

(3) The percentage of companies which had set up a CSR department in 2005 was 25.6%, and 64.5% in 2010; which had CSR directors specifically in place was 35.2% in 2005, and 58.1% in 2010; which published CSR reports was 24.3% in 2005 and 40.7% in 2010. *CSR Data Bank Series 2006-2010*, Toyokeizai. Covering 749 companies in 2006, 1104 companies in 2010.

CSR. GlobeScan (2009) conducted a global questionnaire immediately after the financial crisis and showed that experts were divided on the impact the economic downturn would have on sustainability progress over the next five years ; with opinions for a positive impact at 40% and those for a negative impact at 48%. A New Era of Sustainability, a UN Global Compact and Accenture CEO Study (2010), shows that 93% of business executives agree that sustainability is beginning to emerge on the periphery of business issues, but there is a rising concern that it is beginning to reshape the rules of competition.

A survey-based study on CSR, entitled *Questionnaire investigation on CSR*, conducted by the Nihon Keidanren in 2009 in Japan shows that corporate views and attitudes for CSR remained unchanged in spite of the global economic crisis in 2008, although the crisis did prompt a re-examination of prioritization in budgets and projects. As for the question on the meaning of CSR, 82% answered that the significance CSR lies in its "contribution to the development of sustainable society", 76% in its "creation of corporate value", and 68% in its "reflection of expectations of business activities" (multiple answers possible).

4-3. Challenges for ISO/SR

It is necessary to understand that CSR issues, such as the environment and human rights, are not relevant only to the business sector but also to various stakeholders : customers, community citizens, laborers and NGOs, with that relevance based on each stakeholder's role and responsibility. Social responsibility is demanded in response to each stakeholder's activity, as defined in the ISO26000 international standard. For more information, please refer to Section II which discusses members from each stakeholder.

It is significant that the ISO26000 has been developed throughout MSPs. It took nearly six years from 2005 for the discussion and development by governments, business leaders, consumer groups, labor unions, NGOs and other stakeholders to result in the formulation of an ISO standard, despite this process usually being completed in three years. The ISO26000 was the largest-ever project undertaken, including 450 experts, 210 observers, 42 related organizations from 99 countries, including the ILO, UN Global Compact, the OECD, the Global Reporting Initiative (GRI) and Social Accountability International (SAI). In fact, this process significantly raised the awareness of large companies in developed countries to those countries/regions toward which they previously had little interest or understanding.

One of the key concepts is Stakeholder Engagement, with its changing conception of corporations. Stakeholder Management suggests that corporations need to understand their relationships with their stakeholders and incorporate the feedback of those stakeholders into management processes ; this has been discussed elsewhere (Freeman 1984, Savage et al 1991, Mitchell et al 1997 and Gable and

Shireman 2004). Theoretical and practical discussions on stakeholder analysis have been conducted in order to understand the positioning of stakeholders in market societies and in terms of the relationship of stakeholders with corporations.

As stakeholders such as NGOs gradually come to have an increasingly major influence on decision-making, corporations are being forced to pay attention to local issues in each country or region of relevance and to respond positively to the demands and expectations of stakeholders. It is noteworthy that corporations should be able to glean new ideas based on the approach of mutual relationships with stakeholders, but should not be able to manage or control these relationships. Corporations have started to create opportunities for the exchange of opinions, learning what stakeholders expect and reflecting that feedback into management processes; this is called stakeholder engagement. In Section I-2, Professor Roper proposed a hierarchy of levels of stakeholder involvement, ranging from Philanthropy, to Stakeholder management, Stakeholder engagement and Partnership. The difference between stakeholder management and stakeholder engagement is whether there is a mutual communication and whether corporations are ready to change their business practices. Partnership is, of course, seen in both social contribution and business. In the case of massive disasters, for example, continuing partnerships with NPOs is indispensable in order to ensure that companies are able to effectively promote those corporate philanthropic activities related to emergency and reconstruction assistance. Further discussion of this matter is taken up in Section IV, Corporations and Disaster.

5. Concluding Remarks

We found that the stakeholder has become an important factor both on the macro level (global governance) and on the micro level (corporate governance). MSP-based collaborative relationships were also explored in the processes of policy development and implementation.

In order to build sustainable social and economic systems, there are increasing issues that cannot be resolved by government representatives alone through traditional governmental or international frameworks. All stakeholders need to sit around a common table to discuss and tackle those entangled and complex issues that cannot be resolved through the existing institutional frameworks and borders. What is required is a new system of governance, established in order to encourage MSP-based discussions at both the global and the local level for each theme.

Corporations are expected to carry out economic, social and environmental roles and responsibilities for sustainable development. With regard to CSR activities, corporations need to embed ESG issues into their practices and to tackle social problems at both the local and the global levels. In this process, stakeholder engagement becomes a major business challenge, as corporations seek to exchange views and opinions not only with shareholders but also with other stakeholders, and to incorporate these into their management processes. We acknowledge that it is a new challenge to build good relationships with stakeholders and to embed ESG issues into management processes in Japan.

References:
Benner, T., Reinicke, W. and Witte, J. M. (2004) "Multisectoral Networks in Global Governance: Towards a Pluralistic System of Accountability", in D. Held, M. Koenig-Archibugi (eds.), *Global Governance and Public Accountability, Government and Opposition*, Vol. 39, Issue 2, pp. 191-210.
Bhidé, A. (2010) *A Call for Judgment : Sensible Finance for a Dynamic Economy*, Oxford Univ. Pr.
Benner, T., and Witte, J. M. (2004) "Everybody's Business : Accountability, Partnerships, and the Future of Global Governance", in Susan Stern, Elisabeth Seligmann (eds.), *The Partnership Principle : New Forms of Governance in the 21st Century*, Archetype Publishers.
Commission on Global Governance (1995) *Our Global Neighborhood ; The Report of the Commission on Global Governance*, Oxford Univ. Pr.
EABIS (2011) http://www.eabis.org/projects/project-detail-view.html?uid=16 accessed 5 November 2011.
EC (2001) *A Sustainable Europe for a Better World : A European Union Strategy for Sustainable Development*, COM (2001) 246.
EC (2004) *National Sustainable Development Strategies in the European Union*.
EC (2008) *Consultancy Report on Progress on the EU Sustainable Development Strategy*.
Freeman, R. E. (1984) *Strategic Management : A Stakeholder Approach*, Pitman Publishing.
Gable, C. and Shireman, B. (2004) "The Stakeholder imperative", *Environmental Quality Management*, 14, pp. 1-9.
Hemmati, M. (2002) *Multi-Stakeholder Processes for Governance and Sustainability*, Earthscan.
Hirschland, M. J. (2006) *Corporate Social Responsibility and the Shaping of Global Public Policy*, Palgrave.
Mitchell, R. K., Agle, B. R., and Wood, D. J. (1997) "Toward a Theory of Stakeholder Identification and Salience", *Academy of Management Review*, Vol. 22, No. 4, pp. 853-886.
Nelson, J. and Zadek, S. (2001) *Partnership Alchemy : New Social Partnerships in Europe*, the Copenhagen Center.
OECD (2001) *Strategies for Sustainable Development : Practical Guidance for Development Co-operation, Development Assistance Committee*.
OECD (2007) *Institutionalizing Sustainable Development*, OECD Sustainable Development Studies.
PRI (2009) *PRI Report on Progress 2009*.
Reinicke, W. H. and Deng, F. (2000) *Critical Choices : The United Nations, Networks, and*

Introduction: Sustainable Development and Multi-Stakeholder 27

the Future of Global Governance, IDRC, Ottawa.
Savage, G. T., Nix, T. W., Whitehead, C. J., and Blair, J. D. (1991) "Strategies for Assessing and Managing Organizational Stakeholders", *Academy of Management Executive*, Vol. 5, No. 2, pp. 61-75.
Tanimoto, K. (2002) *Kigyoshakai no Rikonsutorakushon 〔Reconstruction of Corporate Society〕*, Tokyo. Chikura.
Tanimoto, K. (2006) *CSR- Kigyo to shakai wo kangaeru 〔CSR—Business and Society〕*, Tokyo, NTT-Publishing.
Tanimoto, K. (2013) "Corporate Social Responsibility and Management Process in Japanese Corporations", *World Review of Entrepreneurship, Management and Sustainable Development*, forthcoming.
UN Development Programme (2005) *Investing in Development ; A Practical Plan to Achieve the Millennium Development Goals*, Earthscan.
Vallejo, N. and Hauselmann, P. (2004) *Governance and Multi-stakeholder Processes*, IISD.
World Commission on Environment and Development (1987) *Our Common Future, The Report of the World Commission on Environment and Development*, Oxford Univ. Press.

Stakeholder Engagement: Concepts, Practices, and Complexities

Juliet Roper
Professor, of Managent Communication, University of Waikato Management School, New Zealand

Archie Carroll's definition of Corporate Social Responsibility (CSR) includes "the economic, legal, ethical, and discretionary (philanthropic) expectations that society has of organizations" (Carroll, 1979; 1999; 2004, p. 166). Implicit in such a definition is, as Carroll points out, a stakeholder model. 'Society' is not homogeneous, but is made up of various (and overlapping) stakeholder groups, each with its own vested interests in and expectations of corporate behaviour. None of these elements is static, however, with societal norms and values in a constant state of flux, the complexities of which raise problems for organizations that require societal legitimacy for their continued existence. It is the nature of such complexities and organizational (especially business) responses to them, typically in the name of 'stakeholder engagement' that I discuss in this chapter.

Stakeholder engagement is essentially a communication practice that is today widely regarded as both a fundamental operational component of CSR (Kuhn and Deetz, 2008; Matten, Crane, and Chapple, 2003) and essential for organizational sustainability (Dunphy, Griffiths, and Benn, 2003; Epstein, 2008; Maignan, Ferrell, and Ferrell, 2005; Kolk and Pinkse, 2007; Mitchell, Wooliscroft, and Higham, 2010). As Strand (2006) maintains, 'Sustainability and stakeholder engagement are closely interrelated; the former is virtually unachievable without the latter' (p. 23).

Freeman's (1984) seminal work identifies a stakeholder group as "any group or individual who can affect or is affected by the achievement of the organization's objectives' (p. 46), a definition that continues to be influential in managerial thinking. However, as I will discuss further, such definitions can imply that stakeholders can and should be 'managed' with little fundamental change to dominant business practice or power relations. The relationship between business and society is largely discussed in exactly those terms — business and society. Implicit in such discourse, as Freeman and Velamuri (2006) point out, is a separation of 'business' from 'society', which in the context of CSR poses a fundamental problem whereby social responsibility is too often seen as 'doing good' rather than a more complex and enduring process of generating mutual benefit. The discourse has practical implications for CSR in practice, including the enactment of stakeholder engagement. Freeman and Velamuri's distinction between 'doing good' and generating mutual benefit points to distinctions in organizational rationales for engaging with CSR, ranging from reputation and legitimacy, to risk management and, less frequently, to creative business expansion (see, for example, (Hart and Sharma, 2004).

Organizational legitimacy and reputation is the key reason given for stakeholder engagement. Society gives legitimacy —a licence to operate — if organizations are considered to be acting responsibly, according to societal expectations, and in the interests of society. Legitimacy, and the social capital it generates (Boutilier, 2009), are thought to give organizations some protection in the face of crisis (Coombs, 1995), and to provide competitive advantage over other less reputable organizations. Thus stakeholder theory is very often focused on the evolving values and norms of stakeholders, and the power that some stakeholders will have over an organization if it cannot account for its behaviour in accordance with those norms (Maignan et al., 2005).

In attempting to determine just who an organization's stakeholders are, the literature offers several different approaches. Freeman's stakeholder groups as defined above may be internal (employees, investors, customers and business partners) or external (including special interest groups, local communities, government, regulators and the media (Mitchell et al., 2010). Traditional stakeholder models typically place the organization (usually a business) as the center of a 'wheel' with customers, shareholders, and suppliers forming the 'spokes' (Freeman, 1984; Andriof and Waddock, 2002); or in a hierarchy of primary or secondary status (Arnstein, 1969; Gable and Shireman, 2004; Maignan et al., 2005; Reed, 2008). More recent approaches describe organizations as part of complex stakeholder relationships that may center around issues of mutual concern, including social and environmental issues (Collins and Kearins, 2007). Mitchell and Agle (1997) classify stakeholders by their possession of the attributes of one, two or all three of the attributes of power, legitimacy and urgency. These factors of power and influence are arguably central to both stakeholder classifications and organizational responses to them. However, accumulation of power and influence increasingly takes on different forms, supported by new communication technologies. As Hart and Sharma (2004) note, "remote groups at the fringe of a firm's current operations can [now] find common cause, exerting increasing pressure and calling into question the firm's legitimacy and right to operate" (p 7). Whilst organisational legitimacy — proactive or reactive – may be a core motivation, it is not the only one as noted below. For example, previously marginalized stakeholders - "the poor, weak, isolated, non-legitimate, and even non-human" (Hart and Sharma, 2004, p 7) — are not only sometimes finding themselves with the ability to exert pressure, but are also increasingly being identified as potentially useful in terms of new collaborative business models.

While there are examples of organizations becoming more open and responsive to societal needs, even to the extent of building them into business models, relatively few individuals and organizations understand the purpose and potential of stakeholder engagement, and still fewer understand — or choose not to understand – what it entails in ethical practice. Is consultation the same as stakeholder engagement? If not, then what is it? What is the nature of the power relations implicit in the diverse approaches to engagement? Such questions are vital in understanding and achieving value from engagement yet this is an area that is widely neglected, yet it is key to critical discussions of the ethics of engagement.

1. Variants of Stakeholder "Engagement"

Carroll (2004) divides corporate responsibilities into a pyramid of responses to the expectations of stakeholders. Thus, in ascending order, economic, legal, ethical, and philanthropic responsibilities reflect first the requirement of global capitalism, followed by stakeholder requirements, expectations and desires, respectively. Philanthropy occupies the top, most aspirational position, because it moves beyond societal requirements and expectations to addressing societal desires. In this chapter, I suggest a different pyramid that somewhat critically represents the range of approaches to CSR through what are often generically referred to as stakeholder engagement or, sometimes, corporate responsiveness that are seen in practice today. However, I consider that 'engagement' is an often too loosely applied term. Instead, I refer to the pyramid as a hierarchy of levels of stakeholder involvement — ranging from philanthropy, to stakeholder man-

Partnership

Stakeholder engagement (dialogue)

Stakeholder management

Philanthropy

agement, stakeholder engagement, and partnership. Each level has its benefits and its risks, as I will discuss. In this alternative arrangement, because of its distance from corporate operational activity and minimal communication requirements, philanthropy occupies the space at the base of the pyramid, rather than in the most aspirational top space. Many organizations will operate at multiple levels at the same time. While there is certainly overlap between the levels, the processes involved become more complex, but also potentially more democratically based with mutual long term benefit as the principal goal.

2. Philanthropy

Philanthropy or the voluntary giving of money, goods or services, by business for societal benefits has a long tradition in many countries, motivated by a diverse range of historical, contextual factors. It has long been a feature of corporate social activity in the United States, where company reports cite philanthropy as the major form of CSR (Maignan and Ralston, 2002 ; Welford, 2005). It is also dominant in much of Asia (Roper, 2011 ; Welford, 2004) including Singapore (Sriramesh, Ng, Ting, and Wanyin, 2007) and India (Balasubramanian, Kimber, and Siemensma, 2005). For some, such as in the US, philanthropy stems from a social need that governments would not or could not fulfill, turning instead to those corporations whose profits were growing rapidly in times of industrial development. Added motive stemmed from threats of U. S. government taxation on industries like petroleum, whose "windfall" profits were seen to be excessive (Crable and Vibbert, 1995). European countries, on the other hand, that have tended to have stronger traditions of government-provided social welfare, have not had the same expectations of corporate giving. This is particularly so in the Scandinavian countries. In other cases, such as in Mexico and other areas of South America, religion has been a key driver, with philanthropy seen primarily as a moral imperative driven by Christian values (Pérez Chavarria, 2007).

The degree to which philanthropy fulfills obligations of corporate responsibility is, however, contentious. In terms of the sometimes preferred concept of corporate 'responsiveness' (Buono and Nichols, 1995 ; Sethi, 1987) that denotes a two way interaction by way of adjustment of corporate operations in response to societal needs, philanthropy is minimally responsive. Further, when corporate giving is at the behest of a company director rather than through wider engagement over societal needs, the target of the giving can be narrowly and often strategically (Porter and Kramer, 2002) determined. Husted and Allen (2000) refer to the "philanthropy of safe issues": popular and politically correct issues are supported and the company receives benefits in return, but less popular and marginalized issues tend to be ignored lest the company benefits are diminished.

While there is no doubt that philanthropy has an important place in building societal wellbeing, it places no requirement for companies to examine or to account for their own practices. In many ways this continues to be a factor of the free market economic system that does not account for the externalities of doing business — such as pollution. Whether strategically or altruistically motivated (Sánchez, 2000), because philanthropy continues to be considered by many as synonymous with corporate social responsibility further engagement with society isn't considered necessary — or is avoided – which means that organizations can continue to operate in a "business as usual" manner without regard to the impacts of their business operations, to changing societal needs, nor to the threat those changing contexts entail for long term corporate legitimacy.

Many companies are reluctant to engage with stakeholders in more interactive and sustainable ways because they believe that responding to stakeholder demands will be expensive and will impact negatively on profits. They are also afraid that they might be required to change their business practices. However, those fears are usually based in a short term view of doing business rather than a long term view, and without regard to the creative opportunities that can emerge from a position of working with stakeholders for mutual benefit. When forced to react to stakeholders, the same short term views often lead to a model of stakeholder management which is in effect minimally more responsive and arguably less 'honest' than philanthropy.

3. Stakeholder Management

I make the distinction between stakeholder management and stakeholder engagement in order to examine the ethical possibilities in what constitute different communicative processes of stakeholder involvement although they are often regarded as the same thing. The difference lies in the degree of open two way communication, and the degree to which organizations are prepared to modify their behavior in response to stakeholder concerns. Stakeholder 'management' as the term suggests, is managerially driven, instrumental and aimed at control of stakeholders to allow 'business as usual' to the greatest extent possible and to maximize organizational advantage, including through enhanced legitimacy. At one end of the spectrum lie company reports, at the other end lie those communication practices that take on the appearance of engagement although in effect are still one-way. Company sustainability reports are increasingly required by law, often contain a lot of information, and are typically written within the organization itself or its agents but although they may be published on the company website, there is typically little or no room for input from stakeholders through feedback, questions, criticism or dialogue. This is not to suggest that companies should not publish sustainability reports. Rather, they should not be categorized as 'engagement'.

Stakeholder management can take different forms and be driven by different requirements, but though masked as 'engagement' it is essentially motivated by a desire to preserve organizational power relations with stakeholders. Small concessions sometimes made at the margins of organizational operations in response to stakeholder concerns can enhance impressions of responsive engagement though in effect they are sufficient only to defuse stakeholder opposition (Levy and Egan, 2000; Roper, 2005). Collins, Kearins, and Roper (2005) similarly describe a motive of 'career sustainability' whereby managers are willing to make carefully selected small changes towards sustainability in order to support their own careers in the short-to-medium term but leave more substantive, longer-term issues to be resolved by their successors.

Consultation through one-way communication typifies stakeholder management where the consulted groups don't have any real voice in the outcomes of the process. Organisations do need to consult with stakeholders in order to know what stakeholders think about what they are doing. However, it is the responses to consultation that make the difference. Companies can choose to use consultation to improve their business, or they can use consultation just so that stakeholders believe they have been listened to. Examples can range from internally driven consultation with employees in managerial attempts to build loyal and cooperative teams (Barker, 1999), to legally driven consultation with external stakeholders such as indigenous people's over use of public resources. While the process can provide organizational value though issues management or identification of potential competitive advantage and/or market opportunities, the more likely result of repeated instances of fruitless consultation is 'consultation fatigue' (Burton, Goodlad, and Croft, 2004; Duanne, 1999; Payne and Calton, 2002; Reed, 2008) and dissatisfaction on the part of stakeholders. A common perception is that stakeholder engagement is classed as a 'talking shop' that creates "ambiguities and delays decisive action" (Reed, 2008, p. 2420). Aside from — or including - managerial self-interest, other contributing factors to consultation failure include facilitators who fail to select a fully representative selection of stakeholder groups, and the fact that some stakeholders do not have the expertise to engage in highly technical discussions (Fischer and Young, 2007).

There are many examples of consultation fatigue leading to cynicism on the part of those consulted. Research into a very large state-owned company in China that is proud of its CSR, especially towards its employees, provides one such example. The company considers its employees to be key stakeholders and managers regularly hold meetings where employees are encouraged to discuss their ideas as well as their concerns with the managers. However, in interviews some employees stated that they did not feel that the managers really listened to them and that they didn't see that the meetings made any difference. They felt that the meetings were held just to make employees feel involved with the company but of course they ended up feeling resentful. There is a lot of evidence to show that when companies really do treat their employees as important stakeholders, those employees are happier in their work, there is less absenteeism and productivity goes up.

A different sort of example is Apple. This is an example where a company at first didn't listen to its stakeholders, and then said it would change what it was doing but didn't. Greenpeace in Europe had launched a campaign that they called "Green my Apple". whereby Apple users were invited to use the Greenpeace website to write to Apple's CEO, Steve Job, asking Apple to make their computers and iphones and other devices more environmentally friendly. Apple eventually said they would see what they could do. However, if they did do anything it wasn't enough – agreeing to do something but then not doing it made things worse. In January 2011, three NGOs in China published a report called *The Other Side of Apple* but Apple still did not respond. Because they believed that Apple was avoiding the labour, health and environmental issues raised in the report, they spent the next five months investigating toxic discharges. Publication of the next report they wrote — *The Other Side of Apple II* — coincided with Apple's launch of its iPhone 5. Through the internet the accusations against Apple were picked up worldwide and Apple could no longer ignore the fact that they had a problem in China (Wong, 2011).

There are many similar stories that are well known. What is relevant here is what went wrong in the process. Even though companies may have codes of conduct for suppliers and conducting factory audits, companies can find themselves in trouble. There are common reasons for this. The first is using just a company written report to communicate with stakeholders. Apple communicates through its annual Apple Supplier Responsibility Progress Reports. As stated above, reports that stand in place of two-way communication can pose problems. If stakeholders don't trust progress reports they will check for themselves. They will investigate by placing researchers in a factory as a worker, or interviewing workers outside the factory. They will talk to local communities, take pictures, videos and take samples for analysis. Then they will release a report independently to arouse public attention so that the company takes notice. The second reason that companies can find themselves criticised by NGOs, even if they release a lot of information on social responsibility, is related to how they respond — or in the case of Apple, to how they do not respond. By promising social responsibility without action companies run the risk of having their promises seen as 'greenwash'.

Another example of a company being the target of an activist campaign but with a different kind of response is Cadbury. When Cadbury started using palm oil in its chocolate, they were accused of contributing to the destruction of rain forests and the natural habitat of the orang-utans. In this case, the company did listen. Their response was reactive, but they did respond with action and stopped using palm oil. If they had talked to stakeholders before using palm oil in the first place, the situation would not have come up.

The different responses show how companies are either prepared to engage with stakeholders or if they simply to try to manage them.

4. Stakeholder Engagement

Stakeholder engagement in the model proposed in this chapter moves beyond the one-way communication described above to a two-way communication process. This is more complex and more difficult than one way communication. It is a process with objectives of long term benefits that can come from building social capital which is based upon reciprocity and trustworthiness. Such discursive models of stakeholder engagement have ethical processes of dialogue at their core, building on the foundations laid by Jurgen Habermas (1987; 1991) but moving beyond these earlier descriptions of an 'ideal speech situation' where vested interests and power relations are laid aside in favour of open discussions for the public good, to acknowledgement that conflict and vested interests exist on the part of all stakeholders but that they can be worked through in processes of joint ethically-based communication that may lead to transformation of previously fixed preferences (Habermas, 1998).

Buber (1965) saw dialogue as a quality of relationship and engagement by which tension between one's own ground and openness to the other's view is maintained. There is a vast amount of subsequent literature on dialogue, much of it making distinctions between other communication practices, such as debate, and the more ethically-based notion of dialogue (Bokeno and Gantt, 2000; Isaacs, 1993, 1994, 1999; Senge, 1990). It is not my purpose to review this literature here. What I do take from the main body of that literature is that a dialogical approach has mutual understanding and consensus between the initiating organization and its stakeholders invested in the outcome. At its best, mutual understanding may lead to changes in thinking and practice by all stakeholders, including the initiators of the engagement. This approach runs counter to dominant organisational thinking and governance structures that have predetermined organizational goals as their focus. However, in spite of the fact that the majority of stakeholder involvement in the name of CSR occurs at the philanthropy and stakeholder management levels, there is increasing recognition of and reaction to the need for more genuine engagement and responsiveness to stakeholder needs, particularly in conflict resolution (Calton and Payne, 2003 ; Suchman, 1995 ; Swanson, 1999). However, as Kuhn and Deetz (2008) maintain, mutual understanding and consensus can also pre-empt creative solutions in conflict situations, an issue that I address through the notion of partnership.

5. Partnership

Partnership, at the top of the pyramid, is arguably the most innovative, the least used and the most complex form of engagement. Businesses today often form strategic alliances between themselves but partnership with other stakeholder groups is fairly recent, and less common. This is probably because they are seen to be — and probably are — more difficult and require a different way of thinking. There are various reasons why partnerships between groups that are more typically thought of as adversaries are now becoming popular. On one hand, as we know, companies are today required to think about their social and environmental impacts. If they don't then activist groups are likely to expose their bad behaviour. On the other hand, there's much more of a mutual strategy involved in a partnership. NGOs and government agencies can use the companies to achieve their own goals, while at the same time they are helping companies achieve their goals. These partnerships work for long term and mutually beneficial gains.

Thus the term partnership typically describes a particular form of stakeholder engagement by which two or more stakeholders collaborate in the conception and realisation of a mutually rewarding enterprise (for profit or not for profit). "Partnership" is frequently used to describe public-partnerships in areas such as public health, where governments engage with the business sector to deliver social goods. However, such public-private partnerships are not relevant in the context of CSR which, by definition, involves the corporate sector fulfilling perceived obligations to society. In the CSR context, partnerships are entered into with other sectors of the community for the benefit of the community. The development of such alliances with non-commercial organizations, such as government agencies, NGOs and voluntary associations, to deliver social and environmental outcomes, is a fairly recent phenomenon. In the past decade such cross-sectoral strategic alliances have become a key mechanism for pursuing corporate sustainability and responsibility. By bringing together their respective competencies and resources for the greater good, people in governments, business, civil society and multilateral agencies have sought innovative ways to respond to many contemporary sustainable development challenges such as climate change; and the prevention and treatment of major diseases. The movement toward cross-sector engagement for CSR objectives is strong with over 90% of corporate executives responding to a World Economic Forum survey stating that they felt that in future "partnerships between business, government, and civil society would play either a major role or some role in addressing key development challenges" (World Economic Forum, 2005, p. 5).

The partnership concept does not necessarily mean that the corporation has no vested interest in the partnership other than enhancing its own legitimacy in which case it would arguably fall into the category of philanthropy, albeit more complex than simple giving. Rather, in this chapter I am specifically interested in the types of partnership that aim to produce mutual benefits for all participating stakeholders including the community. Such a model of partnership is entirely in line with the argument made by Habermas (1996; 1998) and expanded upon by Kuhn and Deetz (2008) that the aim of stakeholder dialogue can move beyond mutual understanding to deliver mutually determined goals that include economic benefits for business.

Thus, ethically based dialogue and mutual understanding are necessary components of a successfully functioning partnership, with the goal being different thinking leading to new and creative models of organizational practice. Input from multiple, interested stakeholders contributes contribute towards knowledge and ideas that transcend the capabilities of business organizations on their own (Carroll and Buchholtz, 2008; De Bruijin and Tukker, 2002; Romme and Wijen, 2005; Sharma and Vredenburg, 1998). Creativity is thus derived from input from a range of stakeholder perspectives that is facilitated rather than managed (Kuhn and Deetz, 2008). The engagement between parties takes the form of a symbiotic relationship with the long-term in mind (J. Andriof and Waddock, 2002) meaning that the interdependency between parties is long-term, dependent on wellbeing of the system as a whole (Post, Preston, and Sachs, 2002; Svendsen and Laberge, 1995).

An example of partnership is found in the joint project of Unilever and the World Wildlife Fund to protect the world's fish stocks. Fish provides about 20% of the world's animal protein supply and is a major ingredient in some of Unilever's product lines. When it became obvious that the fish stocks were declining because of over fishing Unilever had a direct strategic reason to do something about it, but they clearly couldn't do it on their own. They partnered with the World Wildlife Fund for Nature to set up the Marine Stewardship Council to promote sustainable fishing practices. The goal of the two organisations was the same, but their motives were different. The World Wildlife Fund's mission is to protect marine biodiversity and the environment while Unilever's motive was a sustainable fish supply. The Marine Stewardship Council worked by targeting the fish market : they set up an independent accreditation for sustainably caught and farmed fish with a logo to go on the packaging of accredited fish suppliers. This provides an immediate incentive for fish suppliers to improve their fishing methods. Once the Council was established, Unilever stepped aside so that it could remain independent. The Council is run by a Board of Trustees and has an Advisory Board. Both of these are multi stakeholder groups.

6. Conclusion

Although closer stakeholder engagement and partnerships may hold considerable potential for both CSR and economic sustainability, the stakeholders involved recognise that there are considerable inherent risks. Non-Governmental Organizations (NGOs) and UN agencies, for example, are concerned that participation in alliances with business could threaten their integrity and independence (Nijhof, de Bruijn, and Honders, 2008). In the Marine Stewardship Council partnership, one of the concerns of the World Wildlife Fund was that they would be seen to be endorsing all of Unilever's operations, rather than have the relationship seen to be exclusively for developing sustainable fisheries. Indeed, such organizations could find that through the act of engaging with other entities their very identity is threatened, an issue that would provide an interesting focus for new research. Businesses fear that too much time and money spent on stakeholder dialogue and alliances with not-for-profit organizations might divert them from their ultimate aim of producing goods and services as profit making enterprises in order to benefit their owners and workers. Once engaged, companies — or their representatives — could find that they need to reconsider their business practices and even their ideologies, such as how profit goals are achieved and to what extent — and this reconsideration may not resonate with all shareholders. However, those doubts stand alongside huge opportunities. New thinking is that the most creative ideas and innovations come from bringing people with diverse interests and backgrounds together — creating fertile new intersections.

References :
Andriof, J., and Waddock, S. A. (2002) Unfolding Stakeholder Engagement. In J. Andriof, S. A. Waddock, B. W. Husted and S. S. Rahman (Eds.), *Unfolding Stakeholder Thinking1 : Theory, Responsibility and Engagement*. Sheffield UK : Greenleaf Publishing.
Arnstein, A. (1969) A ladder of citizenship participation. *Journal of the American Institute*

of Planners, 26, 216-233.
Balasubramanian, N. K., Kimber, D., and Siemensma, F. (2005) Emerging opportunities or traditions reinforced? An analysis of the attitudes towards CSR, and trends of thinking about CSR, in India. *Journal of Corporate Citizenship, Spring*, 79-92.
Barker, J. (1999) *The Discipline of Teamwork : Participation and Concertive Control.* Thousand Oaks, California : Sage.
Bokeno, R. M., and Gantt, V. W. (2000) Dialogic mentoring. *Management Communication Quarterly, 14* (2), 237-270.
Boutilier, R. (2009) *Stakeholder Politics : Social Capital, Sustainable Development, and the Corporation.* Sheffield and Stanford : Greenleaf Publishing.
Buber, M. (1965) *Between man and man* (R. G. Smith, Trans.). New York : MacMillan.
Buono, A. F., and Nichols, L. (1995) *Corporate policy values and social responsibility.* New York : Praeger.
Burton, P., Goodlad, R., and Croft, J. (2004) How would we know what works? Context and Complexity in the Evaluation of Community Involvement. *Evaluation, 12*, 294-314.
Calton, J. M., and Payne, S. L. (2003) Coping with paradox. *Business & Society, 42*, 7-42.
Carroll, A. (1979) A three-dimensional conceptual model of corporate social performance. *Academy of Management Review, 4*, 479-505.
Carroll, A. (1999) Corporate social responsibility : Evolution of a definitional construct. *Business & Society 38, 3*, 268-295.
Carroll, A. (2004) Managing ethically with global stakeholders : A present and future challenge. *Academy of Management Executive, 18* (2), 114-120.
Carroll, A. B., and Buchholtz, A. K. (2008) *Business and Society : Ethics and Stakeholder Management.* Mason, OH : South Western Cengage Learning.
Collins, E., and Kearins, K. (2007) Exposing students to the potential and risks of stakeholder engagement when teaching sustainability : a classroom exercise. *Journal of Management Education, 31* (4), 521.
Collins, E., Kearins, K., and Roper, J. (2005a) The risks in relying on stakeholder engagement for the achievement of sustainability. *Electronic Journal of Radical Organization Theory*, 9 (1), 1-19.
Collins, E., Kearins, K., and Roper, J. (2005b) The risks of relying on stakeholder engagement for the achievement of sustainability. *Electronic Journal of Radical Organization Theory*, 9 (1), 20.
Coombs, T. (1995) Choosing the right words : The development of guidelines for the selection of the "appropriate" crisis-response strategies. *Management Communication Quarterly, 8* (447-476).
Crable, R., and Vibbert, S. (1995) Mobil's epideictic advocacy : 'Observations' of Prometheus Bound. In W. Elwood (Ed.), *Public relations inquiry as rhetorical criticism* (pp. 27-46). Westport, Connecticut : Praeger.
De Bruijin, T., and Tukker, A. (2002) *Partnership and leadership : Building alliances for a sustainable future.* Dordrecht : Kluwer.
Duanne, T. P. (1999) *Shaping the Sierra : Nature Culture and Conflict in the Changing West.* Berkeley, CA : University of California Press.
Dunphy, D., Griffiths, A., and Benn, S. (2003) *Organizational change for corporate sustainability.* London, UK : Routledge.
Epstein, M. (2008) *Making sustainability work : Best practices in managing and measuring corporate social, environmental and economic impacts.* Sheffield, UK : Greenleaf Publishing Ltd.
Fischer, A., and Young, J. C. (2007) Understanding mental constructs of biodiversity : Implications for biodiversity management and conservation. *Biological Conservation,*

136, 271-282.
Freeman, R. (1984) *Strategic management : A stakeholder approach*. Marshfield, MA : Pitman.
Freeman, R. E., and Velamuri, R. (2006) A new approach to CSR : Company stakeholder responsibility. In A. Kakabadse and M. Morsing (Eds.), *Corporate Social Responsibility : Reconciling Aspiration with Application* (pp. 9-23). Basingstoke, Hampshire and New York, NY : Palgrave MacMillan.
Gable, C., and Shireman, B. (2004) The Stakeholder imperative. Environmental Quality Management. *14*, 1-9.
Habermas, J. (1987) *The theory of communicative action* (T. McCarthy, Trans. Vol. 2). Cambridge : Polity Press.
Habermas, J. (1991) *The structural transformation of the public sphere* (T. Burger, Trans.). Cambridge, Mass. : MIT Press.
Habermas, J. (1996) *Between facts and norms : Contributions to a discourse theory of law and democracy* (W. Rehg, Trans.). Cambridge, Massachusetts : MIT Press.
Habermas, J. (1998) Three normative models of democracy. In C. Cronin and P. De Greiff (Eds.), *The Inclusion of the Other : Studies in Political Theory* (pp. 239-252). Cambridge, MA : MIT Press.
Hart, S. L., and Sharma, S. (2004) Engaging Fringe stakeholders for competitive imagination. *The Academy of Management Executive, 18* (2), 56-67.
Husted, B. W., and Allen, D. B. (2000) Is it ethical to use ethics as strategy? *Journal of Business Ethics, 27*, 21-31.
Isaacs, W. (1993) Taking flight : Dialogue, collective thinking and organizational learning. *Organizational Dynamics, 22*, 24-39.
Isaacs, W. (1994) Dialogue. In P. M. Senge, C. Roberts, R. B. Ross, B. J. Smith and A. Kleiner (Eds.), *The fifth discipline fieldbook* (pp. 357-364). New York : Currency/Doubleday.
Isaacs, W. (1999) *Dialogue and the art of thinking together*. New York : Currency Doubleday.
Kolk, A., and Pinkse, J. (2007) Toward strategic stakeholder management? Integrating perspectives on sustainability challenges such as corporate responses to climate change. *Corporate Governance, 7*, 370-378.
Kuhn, T., and Deetz, S. (2008) Critical Theory and Corporate Social Responsibility : Can/ Should We Get Beyond Cynical Reasoning? In A. Crane, A. McWilliams, D. Matten, J. Moon and D. Siegel (Eds.), *The Oxford Handbook of Corporate Social Responsibility* (pp. 173-196). Oxford : Oxford University Press.
Levy, D. L., and Egan, D. (2000, August) *A neo-Gramscian approach to business-society relations : Conflict and accommodation in the climeate change negotiations*. Paper presented at the Academy of Management Annual Meeting Social Issues in Management Division, Toronto.
Maignan, I., Ferrell, O., and Ferrell, L. (2005) A stakeholder model for implementing social responsibility in marketing. *European Journal of Marketing, 39* (9/10), 956 -977.
Maignan, I., and Ralston, D. (2002) Corporate social responsibility in Europe and the U. S. : Insights from businesses' self-presentations. *Journal of International Business Studies, 33*, 497-514.
Matten, D., Crane, A., and Chapple, W. (2003) Behind the mask : Revealing the true face of corporate citizenship. *Journal of Business Ethics, 45*, 109-120.
Mitchell, R. K., and Agle, B. R. (1997) Toward a theory of stakeholder identification and salience : defining the principle of who and what really counts? *Academy of Management Review, 22* (4), 853-886.
Mitchell, R. W., Wooliscroft, B., and Higham, J. (2010) Sustainable Market Orientation : A

New Approach to Managing Marketing Strategy. *Journal of Macromarketing, 30* (2), 160-170.
Nijhof, A. H., de Bruijn, T., and Honders, H. (2008) Partnerships for corporate social responsibility : A review of concepts and strategic options. *Management Decision, 46* (1), 152-167.
Payne, S. L., and Calton, J. M. (2002) Towards a Managerial practise of stakeholder engagement : Developing multi-stakeholder learning dialogues. In J. Andriof, S. Waddock, B. Husted and S. Rahman (Eds.), *Unfolding Stakeholder Thinking : Theory, Responsibility and Engagement* (Vol. 1, pp. 121-136). Sheffield UK : Greenleaf Publishing.
Pérez Chavarria, M. (2007) Corporate Social Responsibility in Mexico : An Approximation from the Point of View of Communication. In S. May, G. Cheney and J. Roper (Eds.), *The Debate Over Corporate Social Responsibility* (pp. 135-152). New York : Oxford University Press.
Porter, M., and Kramer, M. (2002) The Competitive Advantage of Corporate Philanthropy. *Harvard Business Review, 80* (12), 56-69.
Post, J. E., Preston, L. E., and Sachs, S. (2002) *Redefining the Corporation : Stakeholder Management and Organizational Wealth.* Stanford, CA : Stanford University Press.
Reed, M. S. (2008) Stakeholder participation for environmental management : A Literature Review. *Biological Conservation, 141* (2417-2431).
Romme, N., and Wijen, F. (2005) Stakeholder Power and Organizational Learning in Corporate Environmental Management. *Organizational Studies, 27*, 235-265.
Roper, J. (2005) Symmetrical communication : Excellent public relations or a strategy for hegemony? *Journal of Public Relations Research, 17* (1), 69-86.
Roper, J. (2011) CSR, Business Schools and the Asia Pacific Context. In M. Morsing and R. Sauquet (Eds.), *Business Schools and their Contribution to Society.* London : Sage.
Sánchez, M. C. (2000) Motives for corporate philanthropy in El Salvador : Altruism and political legitimacy. *Journal for Business Ethics, 2* (4), 363-376.
Senge, P. (1990) *The Fifth Discipline : The Art and Practice of the Learning Organization.* New York : Currency Doubleday.
Sethi, S. P. (1987) A conceptual framework for environmental analysis of social issues and evaluation of business response patterns. In S. P. Sethi and C. M. Fable (Eds.) *Business and society* (pp. 39-52). Lexington, MA : Lexington Books.
Sharma, S., and Vredenburg, H. (1998) Proactive corporate environmental management strategy and the development of competitively valuable organizational capabilities. *Strategic Management Journal, 19* (8), 729-753.
Sriramesh, K., Ng, C. W., Ting, S. T., and Wanyin, L. (2007) Corporate Social Responsibility and Public Relations : Perceptions and Practices in Singapore. In S. May, G. Cheney and J. Roper (Eds.), *The Debate over Corporate Social Responsibility* (pp. 119-134). New York : Oxford University Press.
Strand, R. (2006) The Stakeholder Dashboard. *Greener Management International, 54*, 23-37.
Suchman, M. C. (1995) Managing legitimacy : Strategic and institutional approaches. *The Academy of Management Review, 20* (3), 571-611.
Svendsen, A. C., and Laberge, M. (1995) Convening Stakeholder Networks : A new way of thinking, being, and engaging. *The Journal of Corporate Citizenship, 19*, 91-105.
Swanson, D. (1999) Towards an integrative theory of business and society : A research strategy for corporate social performance. *Academy of Management Review, 24*, 506-521.
Welford, R. (2004) Corporate Social Responsibility in Europe and Asia : Critical elements

Ⅰ 特集 持続可能な発展とマルチ・ステイクホルダー

and best practice. *Journal of Corporate Citizenship, 13* (Spring), 31-47.
Welford, R. (2005) Corporate Social Responsibility in Europe, North America and Asia: 2004 survey results. *Journal of Corporate Citizenship, 17* (Spring), 33-52.
Wong, Anita (2011) 'What should Apple do in China?' CSR Asia Weekly, Vol. 7, week 36.
World Economic Forum (2005) Available at http://www.scribd.com/doc/6293582/World-Economic-Forum-Annual-Report-20042005 Accessed 12 January 2012.

II 企画シンポジウム

日本における円卓会議の可能性

ISO26000：その国際規格がもつ意味と課題

日本における円卓会議の可能性

水口　剛　高崎経済大学経済学部教授

> 　企業と社会フォーラムの第1回年次大会において，「日本における円卓会議の可能性」と題してプレナリー・セッションが開催された。パネリストには，09年から11年にかけて行われた「社会的責任に関する円卓会議」に中心的にかかわった6名を迎え，それ自体マルチ・ステイクホルダーによる議論となった。セッションでは，実際に行われた円卓会議を貴重な学習の機会であったと振り返るとともに，今後この手法をさらに活用していくための課題について活発な討議がなされた。本稿では，セッションの模様を収録するのに先立ち，上記の円卓会議実施に至る経緯と，今後の円卓会議のあり方に関する論点を整理しておくことにしたい。

1．円卓会議実施の経緯

1-1．研究会の開催

　「社会的責任に関する円卓会議」実施のきっかけとなったのは，07年に閣議決定された「長期戦略指針『イノベーション25』」と，組織の社会的責任の取り組みを促進するためにマルチ・ステイクホルダーによる円卓会議の開催を求めた，国民生活審議会の提言である。この提言を受けて，内閣府が07年に「安全・安心で持続可能な未来のための社会的責任に関する研究会」を立ち上げた。同研究会は，ワーキング・グループも含め9回にわたる審議をへて，円卓会議のあり方や運営方法について国民生活審議会に意見書を提出し，08年に報告書を公表した。この報告を具現化する形で，実際に円卓会議が開催されたのである。

　ただし国民生活審議会の提言をきっかけとしつつも，円卓会議は同審議会に

従属するものではなく，独立のものと位置付けられた。むしろ審議会とは違うということが，円卓会議の重要な特徴であると考えられた。

　国民生活審議会が構想した円卓会議のポイントは2つある。1つは，組織の社会的責任の促進を目的としたこと，もう1つは，その議論をマルチ・ステイクホルダー・プロセス（MSP）で行おうとしたことである。マルチ・ステイクホルダー・プロセスとは，3つ以上のステイクホルダーが対等な立場で参加し，合意形成を図るプロセスを意味する。政府も対等な立場で参画するステイクホルダーの1つと位置づけられ，この点が，政府が設置する審議会との違いであると考えられた。

　この構想のモデルとなったのは，欧州委員会が02年から04年にかけて開催した企業の社会的責任（CSR）に関するマルチ・ステイクホルダー・フォーラムである。また組織の社会的責任に関する国際規格として2010年に発効したISO26000の検討が，マルチ・ステイクホルダー・プロセスで行われてきたことも刺激になっている。法令を超えた自発的な責任を求めるからこそ，マルチ・ステイクホルダーによる合意形成が重要なのである。

1-2．社会的責任に関する円卓会議の実施

　上記の研究会の報告を基礎として08年に各ステイクホルダーの実務担当者による円卓会議準備委員会が設置され，09年3月に設立趣意書がまとめられた。この趣意書では，円卓会議は，事業者団体，消費者団体，労働組合，金融セクター，NPO・NGO，専門家，行政の各グループが自ら選んだ委員によって組織するとされた。また，総会と部会の二部構成をとり，前者は高次のコンセンサスを図るもの，後者はより専門的な議論を行うものと位置づけられた。それらの運営を担うため，実務担当者による準備委員会が運営委員会に移行した。

　実際に09年3月に第1回総会が開催され，その後，約2年にわたる総合戦略部会と運営委員会の議論をへて，11年3月23日に「安全・安心で持続可能な未来に向けた協働戦略」が公表された。しかしその直前，3月11日の大震災の衝撃にかき消され，協働戦略は社会の注目を集めることはできなかった。

表1 安全・安心で持続可能な社会の具体像

(1) 基本的権利・欲求を充足する豊かな社会
(2) 個性や多様性の尊重と社会的連帯
(3) 環境・経済・社会の統合的向上
(4) 国際社会への責任

出所：社会的責任に関する円卓会議（2011）pp. 1-2。

表2 安全・安心で持続可能な社会に向けた取り組み

(1) 人を育む基盤の整備
(2) ともに生きる社会の形成
(3) 地球規模の課題解決への参画
(4) 持続可能な地域づくり

出所：社会的責任に関する円卓会議（2011）pp. 3-4。

1-3．協働戦略の概要

　協働戦略はまず，目指すべき社会像を「安全・安心で持続可能な社会」と規定し，その具体的な内容を表1に示す4つにまとめている。またそのような社会を実現するための具体的な取り組みとして表2に示す4項目をあげ，そのそれぞれについて具体的な行動計画を示している。行動計画にはそれぞれの成果目標が設定され，事業者団体や消費者団体などのセクターごとの，あるいはセクター間の協力による取り組み課題も示されている。したがって協働戦略を策定したことで円卓会議の役割が終わったわけではなく，今後は行動計画の実施とフォローアップを行うことが予定されている。

2．円卓会議の論点

2-1．研究会が意図したもの

　「社会的責任に関する円卓会議」を構想した研究報告は，円卓会議の目的を次の2点にまとめている。第一に，マルチ・ステイクホルダー・プロセスを通

して我が国が目指すべき社会像を共有し，その実現に向けた協働を促進すること，第二に，社会的責任を積極的に果たす企業が消費者や投資家に正当に評価される好循環を作り出すための環境整備を促進することである。

　前者は，協働戦略の策定を具体的な成果として想定していた。一方後者は，ヨーロッパなどで進展しつつある責任投資（Responsible Investment）や，社会的責任調達などの推進を意図したものであった。研究会のワーキング・グループでは年金による投資方針の開示や，企業による非財務情報の開示など，踏み込んだ議論がなされたが，円卓会議での議論は深まらなかった。

　それでは，実際に今回の円卓会議を通して協働戦略が策定されたことで，当初の目的の，少なくとも半分は達成されたと考えてよいのだろうか。

2-2. 協働戦略は社会に共有されたのか

　今回の円卓会議は，どのくらい国民的な議論になったのか。民間が自発的に社会的責任を果たし，そういう企業を市場が選ぶことで，好循環が起こる。そういうことを構想したはずだが，そのようなコンセプトを社会が共有しなければ，この構想は実現しない。そのための円卓会議であったはずだが，果たして，社会からそれにふさわしい注目を集めただろうか。

　実際に円卓会議に参加した当事者は目指すべき社会像を共有したのであろうが，円卓会議の本来の意図からすれば，それだけでは十分ではない。円卓会議の存在が社会から認知され，そこでの議論がそれぞれのステイクホルダーの中で共有されて，社会的な合意形成を図ることが期待された役割だったからである。

　その意味では，単に協働戦略という文書ができたというだけでなく，そこに至る円卓会議のプロセスがどの程度注目を集め，結果としての協働戦略がどの程度社会に共有されたのかが，重要な論点になるだろう。

2-3. 正統性と代表性

　政権交代を機に，それまでの円卓会議とは別に，2010年1月に「新しい公

共」円卓会議が設置され，同年6月「新しい公共宣言」が公表された。本稿はその内容について論評する立場にないが，この新たな円卓会議の設置が，その前の円卓会議への関心を弱める一因となった面は否めない。だが，新しい公共円卓会議は，政府が委員を任命して設置したもので，名称は円卓会議だが，その実質は有識者による審議会方式である。

　これに対して社会的責任に関する円卓会議は，各セクターが主体的に委員を選出する方式をとった。この点が審議会方式との違いでもあった。それでは各セクターは，実際にどのように参加者を選んだのか。

　日本経団連や連合のように組織として参加するなら，参加者を選ぶのは容易だが，それは事業者や労働者などのセクター全体を代表することになるのか。また，NPO・NGOのように，セクター自体が組織化されていない場合，何らかの連合体を組織して代表を選ぶことが考えられるが，どの程度現実的なのか。

　円卓会議が国民的な議論であると認知されるためには，参加者が正当な代表であると認められることが必要かもしれない。しかしそもそもセクターの区分も便宜的な中で，参加者の正統性にこだわることがどこまで意味をもつのか。形式的な正統性をつきつめれば，公平な選挙に基づく間接民主主義に行きつくが，円卓会議が本来目指したのは，そういうものではなかろう。それでは，形式ではなく実質的な正統性をいかに確保するのかは，大きな論点である。

2-4．マルチ・ステイクホルダー・プロセスは機能したのか

　円卓会議と審議会の違いは参加者の選び方だけでなく，その後の実施過程にある。審議会の議論は政府に答申され，政府の政策を通して実行される。これに対して円卓会議では，参加者は単に要求する主体ではなく，自らも課題を引き受けることが期待される。他のセクターと協働して課題解決に当たるために，各ステイクホルダーがそれぞれの役割を持ち帰り，自己のセクターを動かすのである。この「参加とコミットメント」という構想は，実際にどの程度機能したのか。

2-5. 円卓会議をどう活用するか

　参加とコミットメントを重視するほど,円卓会議は当事者志向のものになる。この種の円卓会議は,一国に1つである必要はなく,例えば地域が抱える問題を現場の協働で解決するためのツールとして使えるのではないか。その場合,意欲のある主体が集まればいいので,代表性にこだわる必要性は少ないし,政府主導である必要もない。円卓会議をそのように位置づけるならば,この手法をいかに継承し,広めていくかが課題となるだろう。国レベルの円卓会議か現場レベルかによって,代表性を重視すべきか,当事者志向でコミットメントを重視するかという重点の置きどころが違うのではないか。今回の円卓会議は,これらの多様な論点を提起することになったのである。

参考文献
「新しい公共」円卓会議 (2010)『「新しい公共」宣言』。
内閣府 (2008)『安全・安心で持続可能な未来のための社会的責任に関する研究会報告書』。
社会的責任に関する円卓会議 (2011)『安全・安心で持続可能な未来に向けた協働戦略』。

《シンポジウム》(2011年9月16日)

〔企　業〕関　　正雄（損害保険ジャパン）
〔政　府〕佐藤　正弘（元・内閣府／京都大学経済研究所）
〔NPO〕田村　太郎（ダイバーシティ研究所）
〔労　組〕加来　栄一（日本労働組合総連合会）
〔消費者〕阿南　　久（全国消費者団体連絡会）
〔大　学〕谷本　寛治（一橋大学）
❖司会：水口　　剛（高崎経済大学経済学部教授）

水口：それでは，プレナリー・セッション「日本における円卓会議の可能性」を始めたいと思います。

　本日は，最初にそれぞれのパネラーの方からプレゼンテーションを5分くらいずつしていただきます。そしてその上で，自由討論ということにしたいと思います。始めはパネルを中心に議論しますが，もちろんフロアの方からも積極的にご発言ください。

　では，パネラーの皆さんお1人ずつにプレゼンテーションをお願いします。最初に，損害保険ジャパンの関さんからお願いします。

関　：私自身，この円卓会議には，準備の段階からずっとかかわってきました。後半に少しお話しますが，ISO26000，これもグローバルなマルチ・ステイクホルダー・プロセス（以下，MSP）だったわけですが，その作業部会にもかかわってきましたので，その2つの経験から感じたことを2，3お話したいと思います。

　まず，円卓会議をどう考えるかということですが，一言で言うと，こういうものがうまく軌道に乗っていって成果を上げるようになるには，時間がかかると思います。そういう意味では，第一歩として，ポジティブに評価すべきだと私は思います。いろいろな形で対話が促進され，あるいは学習プロセスとしても有効だったと思いますし，こういう場を持っていること自体も非常に重要だと考えます。また，これを続けていくという各セクターの継続への強い意思が必要です。そしてそれを実現可能とする環境の整備，特にそこでの政府の役割は非常に大事だと思います。

　そして，これは既に進められようとしていますが，いわゆる地域円卓会議です。これへの拡大・拡散というものが非常に重要だと思います。

それから，現在7つのステイクホルダー・グループ（政府・企業・金融・労働・消費者・NPO/NGO・その他有識者）がありますが，それ以外のセクターも加わってしかるべきで，例えばメディアとか，あるいは大学を始めとする教育機関などが，例示されるだろうと思います。

また，いくつか具体的な成果もなくはなかったと思います。私自身もかかわりましたが，消費者教育のイベントが2月に文部省のホールで行われ，これは非常に画期的でした。経団連と消費者団体が中心となって企画・運営した，まさにコラボレーションなのです。両者がセミナーを共同開催するということは，いかなる形態においても歴史上今までなかったことで，そういう意味で画期的だったと思います。こういうことも1つの成果でしょう。

それからこれは金融セクターの中の動きですが，少しご紹介しておきます。この円卓会議を契機に，金融セクターの連絡会という，金融業種横断の組織ができました。皆さん，金融機関以外の方にはなかなか想像が難しいかもしれませんが，一口に金融と言っても，大きく言うと銀行・証券・保険があって，銀行と言ってもメガバンクから信用金庫まで非常に多種多様で，金融としてのまとまりというのが，言葉としてはあっても実態はなかったんですね。金融セクターとして出て行く以上は，少なくとも意思統一や情報共有をしようというので，連絡会を作って何度も会合を重ねてきました。これは1つの副産物であり，成果と言っていいと思います。

そういうベースがあって，現在日本の金融機関の有志で「持続可能な社会の形成に向けた金融行動原則」，非常に長いので短く言うと，「21世紀金融行動原則」というものを，ちょうど今起草しています。昨日も起草委員会があって，まもなく，10月半ばぐらいに発表しようという運びになっています。この議論をする上でも，連絡会というのが1つの伏線として非常に重要な役割を果たしているということです。

次にISO26000についてお話します。この規格の策定プロセスの大きな特徴として，「史上最大のグローバルレベルでのマルチ・ステイクホルダー・プロセス」だったと言えます。私は5年間この起草にかかわりましたが，非常に画期的なことだったと思いますし，苦労も多々ありました。

両方のMSPから言えることはたくさんあると思いますが，2つ挙げてみます。1つは「政府セクターの役割」ですね。ISO26000の中にも，「国家における社会的責任」ということで，政府あるいは国家と社会的責任について注意書きが書いてあります。ISO26000の規格は，国家の義務を変えたりす

図1 ふたつの対話パターン

パターン1：
=ディベート

パターン2：
=創造的対話

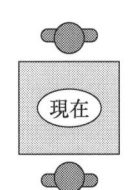

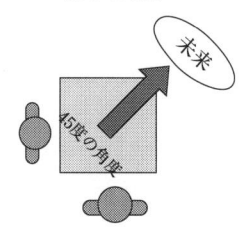

現在

未来

45度の角度

出所：齊藤 孝（2004）『コミュニケーション力』岩波書店，p.13に加筆。

るものではないし，あるいは，政治制度のみが解決できる問題を取り扱わないというようなことが書いてあるんですね。そういう政府・国家の固有の性格をどう考えるかという問題と，マルチ・ステイクホルダーの中で国家あるいは政府がどういう役割を果たすべきかということが，円卓会議の中でも，あるいはこのISO26000のプロセスの中でも，浮かび上がってきた1つの問題だと思います。

　そしてもう1つは，対話の「作法」と「技」。これは，どのようにコミュニケーションを取っていったらいいかという話です。実りある対話にするには，技というか，作法というものが必要だろうということです。言い換えれば，未来志向で共通目的を達成するための創造的な対話はどうしたら可能になるのか。震災以降の日本の将来像をどう描くのか，社会的に議論し，合意を形成していかなければならない今，私たちにはまさにそういう創造的な対話が必要になってきていると思います。その中で必要な態度，コミュニケーション・スキル，ということになるかと思いますが，例えば建設的な代替案を出すということ，これは非常に大事だと思います（図1）。

　こういう態度を形成していく上でも，やはり基本的には時間をかけて対話を継続し，信頼関係を構築していくということが鍵になると思います。

　すみません。少し駆け足でしたが，以上です。

水口：ありがとうございました。では次に，元・内閣府の佐藤さん，お願いいたします。

佐藤：はい。では，私の自己紹介も兼ねて，MSPに私がどういうふうにかかわっ

日本における円卓会議の可能性　53

てきたのかということを，お話したいと思います。まず1つめが，政府の立場としてかかわってきたということです。私は内閣府等で，政策スタッフとして働いていまして，今は京都大学のほうで教員をやっていますが，特に円卓会議の立ち上げにずっと携わっていました。もともと2006年に，この円卓会議の企画を，今の内閣府の国民生活局という部署で開始しまして，設立のところまでずっと携わってきたということになります。

それともう1つ，NGOとしてもかかわっていまして，実は来年，地球サミットから20年ということで，「リオ＋20」という大きなイベントがリオで開かれます。ここに対して，「地球サミット2012 JAPAN」というNGOを，官民の有志で結成して，かかわっています。例えば，これも実はMSPなんですが，政府に，「リオ＋20国内準備委員会」というものの設置を提言し，実際に政府のほうで，今年の7月に設置されました。それから，様々な成果文書に向けたインプットにかかわっています。実は地球サミット自身が，MSPの原点だということもあって，このリオ＋20も，非常にマルチ・ステイクホルダーで運営されていまして，私もNGOの立場から，ニューヨークでの実際の準備会合に参加したりしています。

3つ目には，京都大学の経済研究所所長の立場としても，MSPにいろいろと関心を持っています。

まずはMSP，特に円卓会議について評価する前に，MSPは結構多様だということを先にお話します。いくつか類型があると思っていまして，例えば，利害調整を行うようなもの，コミットメントを形成するようなもの，それからISO26000のように，何らかの基準とかルールを策定していくようなもの，また，政府として政策提言を行うもの，例えばヨーロッパの，CSRに向けたマルチ・ステイクホルダー・フォーラムとかですね。それから最後に，マルチ・ステイクホルダーで何らかの事実認識をするために調査研究を行うようなもの，こういう様々な型があります。

その中で，「社会的責任に関する円卓会議」というものを，どういうふうに評価するかということですが，類型としてはおそらく，いろいろなステイクホルダーのコミットメントを確保していくようなものだったのだろうと思います。それから，実は政府に対する政策提言機能もありましたので，こういう政策提言をするような場だったのだろうと思います。

その中で，円卓会議の成果として評価できるのが，国レベルの初めての本格的なMSPとして原型を形成したことです。その裏返しとしてあるのが，

国レベルにかかわる主要なステイクホルダーがこの MSP を経験し学習したことと言えます。それから，各ステイクホルダーの中のガバナンスが，マルチ・ステイクホルダーに対応した形で変化をしてきたことですね。例えば，NPO/NGO セクターですと，「社会的責任向上のための NPO/NGO ネットワーク」というものを結成して，マルチ・ステイクホルダーに対して参加していくプラットフォームになっているとか，先ほど関さんのお話にもありましたとおり，金融セクターの中でもそうした対応がなされているとか，そういったものが形成されたことですね。

また，実際のプロジェクト，先ほど少しお話した「リオ＋20国内準備委員会」ですが，実はこれは円卓会議を通じて政府に提言したものですし，消費者・市民教育に関するプロジェクトなど，いろいろなプロジェクトに，実際に結実したことが広がっています。

一方で，限界というところですが，やはり，まだまだ実情として始まったばかりということで，特に個別の企業や団体とか，いろいろなツールやアイディアを持っている人々の巻き込みが不十分であったのではないかと思います。もう1つ，政府の関与というのが非常に難しい立ち位置であったかなと思っています。

今後の日本における MSP の可能性について少しお話したいと思います。まず1つ，先ほどちょっとした類型が MSP にあるとお話しましたが，特に「市場の社会規制」と言いまして，これはハウフラー（Haufler）[1] さんという人が提唱しているんですが，いろいろな政府が行う伝統的な規制だとか，業界の自主規制以外に，マルチ・ステイクホルダー規制というのがあるのではないかということです。例えば，フェアトレードの基準だとか，FSC（Forest Stewardship Council）[2] の認証基準とか，GRI（Global Reporting Initiative）[3] のガイドライン，それから SA8000[4] とか，そういった認証基準

---

(1) Haufler, Virginia (2003), 'New Forms of Governance: Certification Regimes as Social Regulations of the Global Market', in Erol Meidinger, Chris Elliott and Gerhard Oesten, (eds.), *Social and Political Dimensions of Forest Certification*, Available at www.forstbuch.de
(2) Forest Stewardship Council：適切な森林管理に関する認証機関。環境団体，林業者，木材取引企業，先住民団体，地域林業組合等の代表者から構成される。
(3) Global Reporting Initiative：企業が，環境・社会・経済的な発展に向けた方針策定，計画立案，具体的取組等を促進するのための国際的なガイドラインを策定している機関。経営者団体，企業，市民団体などから構成される。

を国際社会はマルチ・ステイクホルダーで作っているということです。こういったものが，実はグローバル経済下で，国民国家がいろいろと規制の力などを失ってきた中で，それを補完するものとして生まれてきたというのが，ハウフラーさんの考えです。実は日本においても，この，社会における新しい形の市場規制というものが，実際に有効なのではないかと思っています。

これはどういう内容かというと，例えば先ほど話した，特に企業と消費者のコミュニケーションを促進するようなものです。エコラベルとか，ソーシャルラベルの基準になるようなもの，そして，企業と投資家間のいろいろなコミュニケーションを促進するようなツール。そういったものが，実は，マルチ・ステイクホルダーで成立し得る大きな領域として残っているのではないかと思います。

そのことによって，よく政府がやる，ただ単に有識者を集めて勝手に研究会を作って認証基準を作りましたとか，あるいは外郭団体で作りました，という話ではなくて，マルチ・ステイクホルダーの参加のもとに，信頼性と正統性のある基準を作っていくこと，これが実は，政府の政策の実効性の向上にも続いていくのではないかと思っています。

もともとMSPというのは，国民国家が力を失う中で新しいグローバルガバナンスの形として生まれてきたものなのですが，最近ちょっと違う側面が生まれてきたように思っています。特に，いわゆる消費者とか企業とか，そういう大きなステイクホルダーの分類が回収されないような，多様なステイクホルダーが生まれてきているんじゃないか。例えば，コンシューマー（消費者）だけではなくて，積極的にライフスタイルをクリエイティブするような生活創造者とか，企業でもNGOでもない社会起業家，事業型NPOというもの，それから半農半Xとかクリエイティブクラスとか，いろいろな新しい形態のステイクホルダーが生まれてきています。その他にももちろん価値観の多様化だとか，それから情報技術が発展して，組織基盤を持たなくてもいろいろな発信や組織化ができたりとか，そういった背景でこういうものが生まれてきているのだと思います。特に，今回の震災の復興プロセスで，こういう大きなステイクホルダーに回収されないような提案が非常に大きな役割を果たしているんだと思います。

そこで，こういう新しいタイプのステイクホルダーを巻き込んだ，小規模

（4）SA8000：アメリカのCSR評価機関 SAI（Social Accountability International）が，人権保護に関する規範を定めた規格。

で，自律分散的で，課題解決型の新しい MSP というものが生まれてくるのではないかと考えられます。

そして，かつそれが，消費者とか企業とか，労働組合とかそういう大きなステイクホルダーと重層的ネットワークを組みながら連携をして，例えばこの復興プロセスに当たっていくとか，そういう可能性があるのではないかと思っています。

大変駆け足になりましたが，以上です。

水口：ありがとうございました。それではダイバーシティ研究所の田村さん，お願いします。

田村：私の方からは，NPO/NGO セクターからの報告となります。よろしくお願いします。

佐藤さんは，内閣府から今は大学におられて，NGO へということですが，私はこの震災の後，内閣官房の職員になりました。そういう行き来があるということはすごく大事なことで，相手の文化を知るということが，やはり日本の場合非常に欠けているなという印象を持ちます。NPO の人は一生 NPO だし，公務員だと一生公務員，企業セクターだと一生企業セクターで，お互いの文化がわからないと，MSP はなかなか難しいなと思います。多分日本で今後，MSP がしっかり根付いていくとするならば，もう少し人の流動性というのも必要だなと思います。

今日お話させていただくのは，「社会的責任向上のための NPO/NGO ネットワーク」というフレームや，どのように NGO グループから代表を選んだのか，そしてこの円卓会議にどのように臨んだのかという話を中心にしたいと思っています。

まず，MSP 時代に向けて，NPO/NGO に対する社会の期待が変わっているということを，NPO/NGO の人たちが自らが認識しないといけないと思います。例えば ISO26000 ができて，全ての組織に社会責任を，と言われると，「いや，NPO は小さいのだからかんべんしてくれ」みたいな議論がよくあるんですね。そういう議論はもうダメで，NPO/NGO も，主な社会の担い手として自らを位置付けなければならない，自分たちに求められている期待，そして立ち位置が変化しているということを理解しなくてはいけないと思います。

図 2 は NPO/NGO に求められる変化を図にしたものです。NPO/NGO の「N」は他の何かに対して「NON」なわけですが，仮に企業＝PO（for

図2 NPO/NGO の社会像

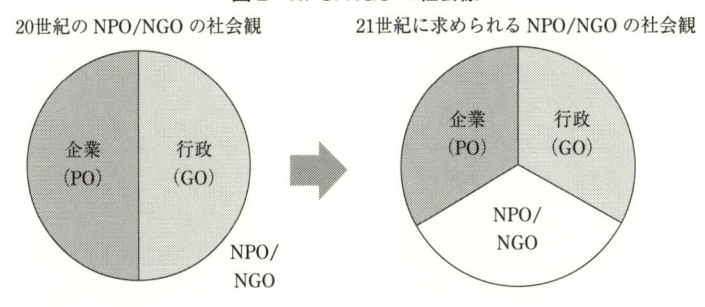

20世紀の NPO/NGO の社会観　　　21世紀に求められる NPO/NGO の社会観

（左図：企業（PO）／行政（GO）／NPO/NGO）→（右図：企業（PO）／行政（GO）／NPO/NGO）

Profit Organizations），行政＝GO（Governmental Organizations）とした場合，これまでは世の中の多くのことを企業と行政がやっていて，NPO/NGO はその外にいて批判をしたり，補足や修正をしたり，そういう立ち位置にいたわけですが，これからは，もっと中に入って，社会の担い手として自らを位置付ける，まずこういう立ち位置の変化ということが重要になってきているのではないかと思います。

　NPO グループから MSP へ最初に代表を送り出さないといけないという議論になったのは，ISO26000の策定プロセスです。日本のエキスパートグループにどうやって代表を送り出すのか。これまでは，国際協力系の NGO ネットワーク団体である「JANIC」や，国内の NPO，特に中間支援組織のネットワークである「日本 NPO センター」などに政府などから声がかかって，何となくそこから代表を選んでいたという状況でした。これはあまりよくないだろうということで，2009年に「社会的責任向上のための NPO/NGO ネットワーク」を立ち上げました。略称で NN ネットと呼んでいます。ここに入っているのは，各地の中間支援型の NPO や，人権とか環境などそれぞれテーマごとに特化した活動をしている NPO が多いです。今，36団体が入っていて，このうち8団体が幹事会を構成して運営に当たっています。

　他のグループはどのように代表者を選出しているかわからないのですが，NPO/NGO グループでは「代表協議者」という形で選出プロセスを決めています。まず代表者を送るべき MSP 型の枠組みがある場合に，会員団体から「私，出たいです」という立候補を募り，その上で選挙をやっています。私もこの「社会的責任に関する円卓会議」の戦略部会委員になるに当たっては，手続きに則って立候補して，選挙で選ばれて出ているということです。

当然，NPOグループの代表者として送られていますので，そこでどんな発言をしたとか，どういうことが決まって持ち帰っているという話は，またそれぞれフィードバックをするということになっています。

課題としては，どんなMSPのフレームに代表者をこのNNネットから送るべきなのか。あるいは「それぞれ個別にやってよね」なのか，この辺りが少し課題になっています。それから，グループとしての代表性をどうやって担保するのか，ということです。これもまだ手探りです。

次に，円卓会議をふりかえってですが，まず課題設定や戦略策定プロセスに関しては，特にNPO/NGOグループからはたくさんテーマを出しました。このうち「グローバル」と「地域」の2つについては幹事で，「共に生きる社会の形成」のワーキンググループでは副幹事を担当しています。今回初めてのMSPということで，他のステイクホルダーと課題の共有だとか，戦略策定を一緒に行えたということは，第一歩として非常に大きな収穫だったと思っています。

課題についてですが，そもそも円卓会議自体があまり知られていないという点が一番大きいのではないかと思います。社会的責任に関する円卓会議とは別に「新しい公共の円卓会議」ができて，あちらは大いに注目されました。あちらは円卓会議という名前ですがMSPではなく審議会方式だと思いますが，向こうは「新しい公共」という名前があったので，私たちは自虐的にこちらを「古い円卓会議」と呼んでいましたが。あまりにも目立たなさ過ぎたのじゃないかと思います。それから，協働戦略をまとめましたが，その後のプロセスに，各グループのコミットメントをどういうふうに取っていくのかということも課題ですね。今，「共に生きる社会の形成」のワーキンググループを加来さんたちと一緒にやっているんですが，事業者グループからの参加が低調です。

そして今後のことですが，皆さんも触れられているとおり，東日本大震災の復興プロセスは，MSPでやるべきだと思うのですが，そういう枠組みが見られません。エネルギーの転換なんかも大きなテーマなので，こういうことはやはりしっかりテーブルを作ろうということを，日本で最初のMSPで会議を展開した私たちがやっていかなきゃいけないのではないか，そしてそこから新しいモデルを世界に発信していくべきではないかと思います。

地域でのMSPの普及というのも，先ほど佐藤さんが言われたとおりです重要だと思います。また大学やメディア等他のグループからの参画について

も，冒頭に谷本先生からお話があったとの同じ意見です。この辺りが残された課題ではないかと思われます。
　　　駆け足でしたが，以上です。
水口：ありがとうございました。それでは，日本労働組合総連合会の加来さん，お願いします。
加来：日本労働組合総合連合会の企画局長をやらせていただいています，加来です。先ほど，皆さんからもありましたように，円卓会議の準備と立ち上げの段階から，今壇上に並んでおられる皆さんと一緒に汗をかいてきました。いろいろな角度から共通の論点を，前のお三方に言っていただいたので，労働組合という1つの集団の中で，どういう位置付けをしているかということを中心に，少しご報告したいと思います。
　　　皆さんが言われたとおり，この円卓会議というのは，日本で初めて形成されたMSPのスタイルだと思います。先ほどもありましたように，ISO26000の関係では，グローバルにそういうスタイルができていましたが，国内の様々な議論をするという意味では，初めてできたのではないかと思います。それにかかわるに当たって，今は6つのステイクホルダーが代表を出しているのですが，いろいろな代表が出てきて，1つの場で共通のテーマについて議論し，しかもそれが1回限りではなく，継続して結論が出るまで対話を続けるというスタイルは，本当に初めてではないかと思うし，私たちも，画期的な仕組みができたという評価をしています。
　　　日本の労働組合，とりわけ我々ナショナルセンターの立場から行きますと，普段の活動の中では，いわゆる社会対話という形で考える時に，まず真っ先に頭に浮かぶのは，政労使，この三者による対話，これをベースに物ごとを形作れないか，というふうに考えてきたわけです。これは例えば労働にかかわるルールを作る審議会とか，普段の事業者と労働組合との対話とか，あるいは政府と労働組合の対話とか，マルチではなくて，バイでもやっています。そういうものも馴染んできましたが，この政労使という枠組みをさらに日本社会全体に広げて考えれば，政労使だけでは代表できないステイクホルダー，社会の構成員が様々に存在している。そうしたいろいろな立場を持っているステイクホルダーの人たちの利害や声をきちんと吸収し反映できているかどうかを考えると，やっぱり限界があったのかなと思います。
　　　実は我々労働組合も，NPO/NGOの1つで，「non（ノン）」なんです。ただ，連合という形になると，700万人弱の人がメンバーですから，非常に強

大な NGO になってしまうので，ステイクホルダーというよりは，皆さん1つの圧力団体というぐらいに思っているかもしれませんが，その700万人なりの内部の利害調整をしたり，そういう手続きにかなりエネルギーを割かれてしまって，外に向かって発信するという本来 NPO/NGO が持っている機能というものにどうしても力を割けないという現状，限界も持っています。我々労働組合の持つ組織性とそこから派生する，そういう意味での弱さのようなものをさらに補いながら，新しい対話のスタイルを作っていくということで，この円卓会議には，連合としても本当に積極的に評価をし，議論やプロセスに参加をしてきましたし，これからもやっていきたいと思っています。

我々の評価ということで，1つだけ紹介しますと，我々は今「働くことを軸とする安心社会」，そういうことをスローガンに，世の中をもう1回捉え直して変えていこうという運動をしています。特に安心というキーワードで代表される社会をどう作っていくかという時に，当然我々労働組合だけではカバーできない分野がたくさんあると思います。そういう中でも，この円卓会議が目指す方向性というのは，協働戦略にも盛られていますが，様々な政府あるいは自治体や，企業や，既存のステイクホルダーだけでは解決できないというものをみんなで解決しようということは，非常に我々の目指す方向性と一致していると考えています。

最後に1つ，これは田村さんも言われましたが，3.11の震災に我々も忙殺されてしまいましたが，もちろん様々な取り組みを行いました。被災地へのボランティア派遣，毎週300人ずつこの半年間ずっと続けてきました。あるいは政府への政策提言とか様々やってきましたが，この，せっかくある円卓会議という器を生かせなかったということを，今反省しています。我々の中でも今新しく再開するに当たって，どういう手順で我々が掲げたプロジェクトを実行していこうかという相談を再び始めていますが，やはり少し，出遅れています。そういうことをみんなで共有しながら，それなら3.11以降の我々の社会を変えるために何ができるか，という議論をするに当たって，1つの舞台としてこの円卓会議が有効に活用というか，機能すればというように思います。

皆さんも言われましたが，初めてやっていますから，わからないことだらけなんですね。当事者同士がわからないままやっていますから，それを「だからダメだ」というのではなくて，「だからこういうふうに変えていけばうまく行くんじゃないか」と話し合う。我々の中での慣れと言いますか。それ

から，相手の立場でお互いに理解し合うみたいな，当たり前のコミュニケーションをしっかりやっていく中で，このスタイルを日本社会に定着させていくということかなと思います。

水口：ありがとうございました。それでは，全国消費者団体連絡会の阿南さん，お願いします。

阿南：消費者セクターから，この「古い」円卓会議に参加しております。特に消費者教育のところで，セクターとしての責任を担っています。先ほど関さんからお話がありましたが，昨年の消費者教育モデル事業では，経済団体である経団連と消団連が一緒にやりました。これは画期的なことだと言われましたが，まさにそのとおりで，消費者団体のほうから言いますと，「企業は悪いことをするに決まっている」，「企業は絶対に悪だ」として，これまでずっと戦いを続けてきたという関係でしたから，一緒に何かをやるというのは，本当に初めての取り組みで，この円卓会議の場での出会いがそのような関係を作り出したということです。私は，円卓会議は，「可能性」について話している場合じゃなくて，すぐに機能しなければいけないと思っているわけですが，今日はそういう立場からお話したいと思います。

　ここまでたくさん意見が出ましたが，まさに，3.11は，日本にとって国難とも言うべき事態です。復興に向けて取り組むのは，全国民の責任，全セクターの責任だと思っております。全国消団連は1956年に結成しましたが，現在全国各地に47の消費者団体が加入されていまして，それぞれがそれぞれの地域で活動をされています。環境の問題，食の問題などが多いです。この3.11以降は，復興に向けた取り組みが非常に多くなっています。

　私たちは，それらをネットワークしている団体ですが，具体的にやってきたことをお話します。まず，被災地の消費者団体から何とかしてほしい，一緒にやってほしいという要望がたくさん来ました。食べる物がない，石油製品がない，避難所に支援に行こうにもガソリンも買えず，避難所は寒さに凍えているのに，灯油もなくて暖も取れない，何とかしたい，というものでした。私たちは経済産業省に要請をするなど，すぐに取り組みを始めました。そして同時に，そうした被災地の消費者団体が取り組んでいることや要望を，全国の消費者団体に情報発信して共有するという取り組みをスタートさせました。毎日のようにファックスニュースなどで，今どこで何が行われているかという情報発信をしてきました。

　また消費者が，水がないのはなぜか，米がないのはなぜか，放射性物質汚

図3 「本当のことを知りたい」学習シリーズ

復興へ～ともに学び責任を果たす

● ホントのことを知りたい！学習シリーズ
「放射性物質汚染と私たちのくらし その1」5月12日 62名参加
講師；(独)放射線医学総合研究所緊急被ばく医療研究センター長 明石 真言氏
厚労省医薬食品局食品安全部監視安全課長 加地 祥文氏
〈参加登録時にいただいた主な質問〉
＊放射性物質の種類と影響 ＊基準値の決め方＊内部被ばく
＊乳幼児への影響 ＊検査法 ＊減らす方法 ＊水産物汚染

● 「東日本大震災に関する学習」
(5/19第一回「全体会議」のプログラム)
★岩手県消費者団体連絡協議会からの報告
　　事務局長 伊藤 慶子さん
★福島県消費者ネットワークからの報告
　　事務局長 佐藤 一夫さん
●報告「漁業者の現状について」
　　全国漁業協同組合連合会漁政部長 大森 敏弘さん
●講演「水産物の放射性物質汚染について」
　　水産庁増殖推進部研究指導課研究管理官 森田 貴己さん

染の健康影響はどうかなど，大変な不安状態になりましたが，それを解決するための情報が不足していましたし，政府から出される情報も大変わかりにくかったです。そこで，「ここにアクセスすれば正確でわかりやすい情報が得られるよ」というような，情報把握をサポートするための取り組みを進めました。

そして，消団連として，「本当のことを知りたい」という学習シリーズを始めました（図3）。

これは，5月12日に行われた，放射性物質汚染が私たちの健康に与える影響とはどういうものなのかについて学ぶ学習会でした。水産物の放射性汚染物質についても正しい情報を学ぶ取り組みを進めました。それ以降も，8月2日と25日に，原発事故について，何が起こって何が問題であって，今どこまで対策が進んでいるのかについての学習会やエネルギー問題の学習会を行いました。これは，日本がエネルギー政策をこれから考えていく上で，消費者としてどういう意見を持てるのか，どういうことを考えればいいのか，自分の暮らしをどう変えていけばいいのかというためのものでした。こうした取り組みはこれから連続していきたいと思っています。

最後に，私はこうした取り組みが各地で行われる必要があると考えますし，地域でぜひ「復興円卓会議」というものができればいいと思っています。今のところ，消費者団体と行政，消費者センター，事業者さんたちとのつながりができてきていますが，これを労働団体や学校，NPOの皆さん，自治会などに広げていって，それぞれが"わがまちづくり"に参画をして，「こうあったらいい」という声がたくさんつなげられるような，そういう円卓会議ができればいいと思っています。そのためにこれから尽力していきたいと考えています。

水口：ありがとうございました。それでは最後に，一橋大学の谷本さん，お願いします。

谷本：持続可能な発展を目指して，様々なステイクホルダーが地域やグローバルな課題に取り組んでいくということが，この20年ぐらいの中で本格的に議論され，進んできましたが，そこでのガバナンスのあり方が問われてきている，ということが私の今日のテーマです。本日は取り上げませんが，大学人あるいは研究者がこういうMSPにどのようにかかわれば良いかという課題もあります。政府の審議会や委員会などに見られるように，各省庁のスタッフがリードし，文書もつくるという形ではなく，MSPではメンバーが一緒に中身を議論しながら，またどう進めていくかというルール自体も作りながら内容を考えていく，という非常に難しい課題に取り組むことになります。単に学識経験者として自説を述べるだけではなく，一緒に議論しながらまとめていくということの難しさがあります。それは各ステイクホルダーの方々も同じで，この経験はまた次に向かっていくいいステップになると思います。

　1つのキーワードは「ガバナンスギャップ」だと思います。非常に変化が激しく，複雑な社会の中で持続可能な未来をどうつくるか。従来のように政府の代表だけが議論するのではなく，多様なステイクホルダーが参加して議論するという，グローバルガバナンスのあり方が大きく変わってきています。グローバルガバナンスというのは，いろいろな定義がありますが，簡単に言うと，1つの組織だけでは解決が困難なグローバルな課題に対して，政府のみならず，非政府組織やその他消費者団体や労働組合なども含め，協働して取り組み，解決していく枠組みを指します。ここ20年くらいの中で議論が進み，例えばISO26000の場合もMSPで進められたのですが，初めからこういうようにすればいい，こういうガバナンスシステムがいい，と決まったスタイルがあるわけではなくて，それぞれの場の中で，ルールを一緒になって

表3 MSP の類型

類　型	内　容
政策課題の策定・実施，政策決定に情報与える：EUでの動き，UN関係の会議	K.Annan「国連はこれまで政府とだけかかわってきた。今日では平和や繁栄は，政府，国際組織，産業界，市民社会を含むパートナーなしでは達成できない。今日の世界は，相互に依存している。」(WEF1999年での発言)
ガイドラインの作成：ISO/SR，GRI (Global Reporting Initiative)	例えば，ISO26000：組織の社会的責任のガイダンスの作成では，主に6つのステイクホルダー＝政府，産業界，消費者団体，労働界，NGO，その他（それぞれ先進国＆途上国），が参画
個別企業の課題解決・利害調整	例えば，児童労働問題の解決に企業，地方政府，国際機関，NGO が協働

考えながら進めてきたと思います。

　MSP の類型は，先ほど佐藤さんが少し触れられていましたが，大きく3つくらいあると思います（表3）。

　1つ目は，政策課題を考えていく，あるいは政策決定プロセスに情報を与えること。2つ目は，ISO26000の作成スタイルに見られたように，ガイドラインや基準を作っていくこと。3つ目には，個別企業だけではなくて，様々な組織が個別の課題解決のために協働してかかわること。それぞれ，グローバルなレベルから地域の課題まで，様々なレベルでの取り組みがあり得ると思います。

　とくに持続可能な発展を考える時に，1992年のリオでの環境サミットが大きな転換点になっていると思います。そこで，多様なステイクホルダーによる円卓会議のような形で議論していこうということが，アジェンダ21の中で決められ，ヨーロッパでは積極的な取り組みがなされてきました。日本では，そのアジェンダは全く受け止められなかったと思います。その時点からもう少しいろいろな取り組みがなされてくればよかったのではないかと思います。

　次にMSP がかかわる政策課題に関する議論や取り組みに当たっては，グローバル・パブリック・ポリシー・パートナーシップという考え方が重要になります。それはグローバルに限らず，ローカル・レベルでも同じなのですが，どのように多様なステイクホルダーが協働していくか。パブリック・ポリシー・パートナーシップとして，どのようなシステムやガバナンスの仕組

みをデザインしていくか，ということが課題になりますが，そこには決まったルールがあるわけではありません。それは，新しいからというだけではなく，いくつかパターンがあり，1つのポリシーによって作られるわけではありません。伝統的なモニタリングシステムがピタッと当てはまるわけでもなく，どのようにデザインしていくかということが，1つ重要な課題になります。ですから具体的なテーマ毎に，その場のルールをどう作っていくか，ということが求められます。

昨年ドイツでMSPのことを研究・実践されているヘンマティ（Hemmati）[5]さんという方とお会いした時に，日本での状況を議論する機会がありました。ヨーロッパではマルチ・ステイクホルダーによる議論のスタイルがなぜうまくいっているのか，と聞いたところ，そんなことはなく，時間をかけて経験を積んできた，と答えられました。日本での円卓会議もいい経験をしたのではないだろうか，と言っておられました。1対1の関係では，例えば企業と労働組合とか，企業と消費者団体とか，それぞれの議論する場は，これまでにもありました。しかし，マルチ・ステイクホルダーで具体的課題について議論し，実践的に取りまとめていくことは，まだ経験のない難しい問題であります。

最後に，今後日本での課題は何かという点については，これから討論していく中での中心課題になっていくと思いますが，一言だけ言えば，私は政府の位置付けが重要だと思っています。MSPを政策決定プロセスにおいてどのようなものとして位置付けるかということです。各省庁には審議会があって，それぞれ専門的なテーマについて議論を行っています。しかしそれぞれの独自性と縦割りを主張すると，この円卓会議の議論を送り込めなくなってしまいます。円卓会議に根拠法があるわけでもなく，時の政治のリーダーがここに強くコミットしたわけでもない。各ステイクホルダーがそれぞれ頑張ってくれればいいと。確かに各ステイクホルダーが自分たちの責任を理解し，かかわり，自分たちの問題としてそれを持ち帰ることは大事です。しかし，中央レベルで行う円卓会議の場合は，政府の政策決定過程に情報・考え方を提供していくことが重要な役割になります。その際，そのレジティマシー（正統性）はどこにあるのだ，ということが問題になります。地域で展開するもの，グローバルで展開するもの，ナショナルレベルで展開するもの，そ

---

(5) Hemmati, M. (2002) *Multi-stakeholder Process for Governance and Sustainability*. London, UK : Earthscan.

れぞれにおいて政府がどのようにかかわるのか／かかわらないのかという差は，大変大きいと思います。中央レベルの場合には，やはりそこがきちんとしないと，各審議会に影響を与えることもできず，孤立してしまい，MSPにとって難しい状況になる，ということを痛感いたします。以上です。

水口：ありがとうございました。皆さんから，今回の円卓会議は学習プロセスとして有効であったというお話と，ステイクホルダーの中でいろいろな連携が生まれてきたというお話がありました。一方で，「新しい公共」円卓会議ができて，元々の円卓会議が目立たなくなったという指摘もありました。そしてもう1つ，地域の復興に円卓会議というツールが使えるのではないかという意見もありました。

　つまり，今回行われて既に存在している円卓会議という器をどう使うかという話と，円卓会議という方法を他のいろいろなところでもツールとして使っていこうじゃないかという話の2つがあるかと思います。もし円卓会議というツールが有効であるならば，いろいろなところでこの手法が使えると思うのですが，本当に有効な手法であるのか，有効な手法であるためにはどうしたらいいのか，そして，今谷本先生も言われましたが，ではそこに政府というのはどうかかわるのか。最初の関さんからも，政府については難しいというお話をいただきましたが，地域でやるにしても，地域にも自治体という地方の政府はあるわけで，そういったことを考えていきたいと思います。

　まず円卓会議は本当に有効だったのか，ということを考える上で，なぜこの円卓会議は目立たなかったのか。それは，政府の要因もあると思いますが，それでは，ここに来られている皆さんの，それぞれのセクターの中では注目を集めていたのでしょうか？　例えば金融セクターの人たちは，円卓会議を行っているということを認識していたのか。あるいは，NGOやその他のセクターではどのくらい認識されていたのか。まずセクター内での認知度はどうだったのでしょうか。

関　：先ほど少し金融セクターの話をしましたが，やはり当初はかなりセクター内にとまどいがあったというのが，率直な印象ですね。例えば金融セクターとして誰が出るかという代表を決めるのも，NPOセクターは，選挙されたということですが，我々のところは，何となく決まったんです。代表として発言していて，本当に責任を負えるだろうかと自問自答することもありました。ただ，やはり代表の正統性というのは，これはどう選んだとしても非常に難しいですね。

ただ，良かったと実感したこともあります。我々も日頃はやはり縦割りの組織の中にいて，それぞれの損害保険協会とか証券業協会だとかがあるんですが，いわゆる水平協業というか，横のつながりというのが，実はほとんどなかったのです。この円卓会議の1つの効用というのは，セクター内でもセクター間でも，横串を刺すというのが非常に大きいのではないかと思います。
　　　もう1つの問題は，代表が出て何か話を聞いてきてみんなに伝えた時に，連絡会の中で繰り返しなされた議論ですが，「これは，我々が何かオブリゲーションを負うのか」ということです。拘束力があるのか，もし拘束するのなら，例えば業界団体がきちんと認知して，縦のラインで会員企業に下ろすべきだと。このような意見に関して，議論を繰り返しました。そういうことではなくて，それぞれの会社が進んで責任を負うということなのですが，そこは正直言って，なかなか理解されなかったという感じでした。
水口：ありがとうございます。オブリゲーションという意味では，NPO/NGOセクターもなかなか難しいと思いますが，田村さんのところでは，NNネットの36団体の中で選挙をしたんですよね？　日本の全てのNPO/NGOを数えたら，いったいいくつあるかわからないぐらいですが，この辺はどうなんでしょうか？
田村：現在のNNネットの団体数は38団体です。代表協議者を送り出すことが決まれば，会員団体から立候補を募り投票するしくみです。NPOは，特にテーマや地域を限定して活動している団体が多いので，国レベルでの円卓会議に自分たちが参加をする必要があるのか，そこから非常に難しいようです。また，NNネットの会員数はもう少し増えないと代表制は担保できないのではないかとも思います。今回の震災でも見られたように，テーマや地域を限定して活動していることはNPOの強みでもあるんです。しかしそのことと，今回行った円卓会議のようなところで，誰がどんな議論をすべきなのかということがなかなつながりにくい。もう少し機会を重ねる中で，MSPへの参画のあり方は成熟していくんじゃないかと思っています。今のところはまだ個別課題の解決には目が向くが，大きな合意形成や枠組み作りには目が向きにくいというのが，NPOグループの中でもMSPへの関心がいまいち高まらない理由だと思います。
水口：労働の世界では，どれくらい注目を集めていたのですか？
加来：いや，お恥ずかしい話ですが，あまり注目はなかったですね。今のNPOグループと労働組合とは，組織の性格上，真反対にあるような組織ですよね。

物事を決めるプロセスというか、手続きというのが、ほぼきっちり決まっています。ですからこの円卓会議に労働組合の団体である連合という組織が加わっていくということについては、ある決定するための会議に諮れば、イエスかノーかの決断がすぐに出るんです。手続き上は非常にシンプルです。

ただ、先ほど関さんも言われましたが、要はこの円卓会議に参加することによって、我々はどういう責務を負うのかと。あるいは決定されたことは、誰が実行するのかとか、そういう疑問は我々の組織の中で議論した時には、何度も出てきました。紹介にありましたように、国がやっている審議会には、労働側が委員をたくさん出していますから、そのスタイルに比較的慣れている人たちも多いですよね。ですが最後は国が責任を持って、結論を出し、国が実行するのだ、というスタイルが、この種の社会的テーマにかかわる関与の仕方にも、何となく染み付いてしまっています。従来やってきた国主導の審議会と、今回我々が作ろうとしている円卓会議というのは、まず参画の方法、そして意思決定の方法、それからそれを実践するスタイルが、かなり違うんです。ですから全く新しい意思決定システムを作るんだということを説明したり、あるいは会議の中で繰り返されたりしながら、こういうケースにしたというのが最初のスタイルですね。結果、いろいろ紆余曲折もあり、我々の責めではなく不可抗力になったのですが、この円卓会議を広く組織内あるいは社会にアピールするいいチャンスを何回か失って、今に至っているんです。残念ながら連合という組織の中でも、この円卓会議というものの認知度は高くはないというのが現状ですね。

水口：ありがとうございました。円卓会議に参加するといっても、セクター毎にだいぶ性質が違うということですね。

消費者団体の世界では、どうだったのでしょうか。例えば、円卓会議に対して大変期待を持たれたということは、あるのでしょうか？

阿南：十分とは言えないとは思いますが、消費者団体においては、非常に期待が大きいです。というのは、消費者団体は消費者への啓発というのが大きな役割ですので、各地の団体はそれぞれ苦労しながら啓発活動をしています。しかし、多くのところでは、どうも学校の壁が厚いと思っているようです。文科省はもちろん、教育委員会ともなかなかしっくりといかない。いくら消費者団体がすばらしい啓発活動やツールを持っていても、なかなか学校にまで入り込んだりするようなことは難しい状況があります。そのような壁を感じていましたが、去年のモデル事業は、文科省と協力して一緒にやることができ、

その壁を突破するものでした。当日は，全国各地から教育委員会の人たちもずいぶん大勢集まってくださいました。まだ十分に進んでいるわけではありませんが，各地で消費者啓発，そして市民教育のために，何とか協力の方向性を見い出だせたように思いました。ですのでとても期待が高いです。

　その「実」を示していくことがこれから重要だと思います。そして組織的には，私たちは，消団連の中に「円卓会議連絡会議」というものを設けています。そして円卓会議の中央の会議に臨むために，私たちはどういう共通認識を持とうかということを，常に話し合っていますし，円卓会議で何が決まったかについてもみんなで共有して，次はこの段階にということで，そういう運営上の工夫もしてきました。

水口：ありがとうございます。実質的な成果を上げることで，重要性を持たせる工夫が必要だということですね。

　佐藤さんは，政府の立場を離れて，今自由に話せる立場になられたわけですが，政府の中ではいったいどう受け止められていたのでしょうか。また，こちらの円卓会議がすでにある中で，なぜ新たに「新しい公共」円卓会議ができたのか，その辺いかがでしょうか？

佐藤：そうですね，今政府を離れているので，いろいろと言えるのですが，正直言うとやっぱり，政府の中でも認知度は当初から低かったです。それはNGOとかいろいろお話がありましたが，政府も縦割りでして，普段は自分の目の前の仕事にダイレクトに関係しない部分に関しては，基本的にはあまり関心を持っていないというのが，構造的にありますね。それともう1つ，やっぱりリーダーシップの問題がありまして，これだけ総合的なイシューを扱う円卓会議に関しては，やっぱり政治のリーダーシップが非常に重要だと思います。ところがやっぱり，大変不幸なことに，この円卓会議の途中プロセスで総理が3人も交代して，その度に我々は官邸に行って，「これは審議会とどう違うのか」などと1から説明していくというプロセスで3年かかってしまいましたね。これは非常にロスだったと思います。逆に言うと，リーダーシップさえあれば，こういう総合的なものは，非常に機能すると思います。

　個別的に言うと，個別の政府担当者の中にも，こういうマルチ・ステイクホルダーにすんなり入っていく人と，入っていかない人が結構いるんですね。この違いは，個人的なこともあるんですが，1つ重要なのは，政府の力の限界がわかっている人とわかっていない人とで結構違ってくるみたいです。つまり政府が今，世の中の公共の問題を全部片付けられるわけではなくて，他

のステイクホルダーの役割が非常に重要なんだということを身に沁みてわかっている人のほうが，入りやすいのです。そういった認識を，政府内でもしっかり持っていくのが重要だと思います。

水口：ありがとうございました。円卓会議に集まった人たちにとっては，いい学習プロセスだったとしても，それが社会に広がっていかないと，円卓会議の本来の意義は生まれてこないと思うんですが，谷本先生，その辺どうお考えですか？

谷本：まあ，それを議論しなくてはいけないんですけれど，やはり丁寧に発信していくしかないわけです。これまでウェブサイトなどいろいろな形でやったのですが，やっぱり不十分だったということは否めません。しかし，こういったスタイルは，1度オーソライズされた会議体が中央に作られれば，あとは自動的にうまく動くとは，私は全く思わないですね。今回の円卓会議が初めてこのスタイルを試みたというわけではなくて，地域地域で円卓会議的なものはすでにやっているところもあります。地域によっては，そこの住民や，いろいろな利害の代表が出てきてやっているところもあります。しかし，特に中央の政策レベルでかかわるとか，あるいはもう少し大きく考えれば，例えば東アジア地域で共通の問題を今後考えようとなってきた時に，これまで経験がないのでやはり学習していくプロセスを同時に持っていくことが必要です。1つ1つの経験を，それぞれのセクターにおいて語ったり，次につなげていくことも大事ですね。あるいは異なる課題の中でラウンドテーブルを組んでいくとか，あるいは研究者もこういう研究について少し関心を持って政策課題的なものを出すとか，それぞれの立場の中で積極的に関与していかないと，1回やったからもうこれでいい，ということはあり得ないと思っています。

水口：今後の継続が大事だということだと思いますが，もう1つだけ私が質問させていただいて，あとはフロアも含めて自由討論にしたいと思います。

円卓会議というものが1つのツールになってきて，例えば今後の地域復興に円卓会議という仕組みを作っていこう，使っていこうという時に，いったい誰がどう始めるのか，ということが問題になると思います。円卓会議の本来の趣旨は，政府も1つのステイクホルダーなのであって，必ずしも政府が旗振りをして何かをすべきではないのではないかという見方もあると思いますが，現実に今回の円卓会議は政府から始まっているわけです。先ほどの政府の立ち位置という話ともかかわりますが，政府が旗振りをして円卓会議を

仕掛けていくべきなのか，あるいは，こういうものは本来自発的に出てくるものであって，本当にいいものであれば自発的にどんどん出てくる。そういうのを待っているべきなのか，その辺について皆さん，どう思われますか？順番は決めませんので，何か思うことがあれば，アトランダムにお話いただけますか？

田村：場づくりはやはり行政というか，政府がイニシアティブを取っていいのではないかと思います。それは，日本の場合，公共課題の解決に当たるためのいろいろなリソース，財源だったり，場所だったり，こういうものを行政が独占とまでは言わないですが，かなり持っていますので，それを持っている人が提供してくれないことには難しいんじゃないかと思います。例えばNPOも，いろいろな可能性は持っていると思うのですが，行政ほど豊富なリソースは持っていないのです。例えば兵庫県で16年前の阪神・淡路大震災の復興プロセスは，まさにラウンドテーブルという言葉をよく使って，コープこうべや神戸新聞，あるいはNPOだったり，大学の教員だったりがみんな集まって，復興に関してかなり議論したんです。私もそういうメンバーの中に入って，今思えば「ああ，こういうのがMSPだな」と思ったのですが，それはもともとは兵庫県が用意したテーブルなんです。基本的には兵庫県が復興をめぐって議論するテーブルをドンと立てて，そこにどんなインパクトを与えるのかとかいう場だったからこそ，これまでやってこれたのですね。もし「そこで意見が出ても，兵庫県は復興に反映するかどうかわかりませんよ」みたいな場だったら，人は来ないわけですよね。そこはある程度リソースなり決定権を持っている政府あるいは行政が，まず場を作るということはあっていいのではないかと思います。もちろん他のグループが場を作ってもかまわないですけど，その結果がどういうふうに具体的な課題解決につながるのかというところで言えば，今ソーシャルリソースをたくさん持っているというところでは，行政セクターが場作りをしていいんじゃないかと思います。

水口：つまり，行政セクターがリソースを持っていて，それを手放せということではなく，リソースにかかわる権限の部分だけを手放せということですか？

田村：そうです。もう少しそこを剝がしていく作業が必要ではないかと思います。

水口：他の方はいかがですか？

関：先ほどもお話しましたが，私も政府あるいは地方自治体の役割がすごく大事で，円卓会議を立ち上げて継続していく上において，環境作りという点で重要な役割を持っていると思います。この円卓会議の中でも，一時いろいろな

リソースを持ち寄って，例えば会議運営費用なんかも各セクターに六等分しようかという話もあったのですが，それは理想であっても，現実としてはなかなか難しいと思います。

　もう1つ言えるのは，そういう会議体ができたとしても，有効に機能するために大事なのは，議論を進行し活性化するファシリテーターの役割あるいはタレントです。そういう，対話を促進し，セクターとセクターをくっつける役，あるいはネットワーキングする力というのは，地域の中間支援組織など，現時点でNPO/NGOセクターが持っておられるのではないかと私は思います。ですから器作りは行政が中心となり，運営においてはNPO/NGOセクターがファシリテートしていくというのは，1つのあり方かなという気がします。

水口：やはり行政の役割は重いという意見が多いですが，他の方はいかがですか？　皆さんそう思われますか？　自発性というものは重視されないのでしょうか？

加来：実は今この円卓会議には運営委員会という，運営と各セクターの調整をするための会議体を持っているんですけど，場所は全部内閣府の会議室を使わせてもらっています。それから，そういう会議の日程調整も，内閣府の事務局の方にお願いしています。まあ理想を語れば，それぞれが分担し合いながらやるということで，私もそういう主張をしたことがあります。しかし実際「じゃお前がやれ」と言われたら，なかなか難しいわけです。やはり，人的に財政的なそういう蓄積を持っているのは，日本最大のシンクタンクである政府ですから，それは十分に協力してほしいと，みんな思っています。ただ，だからと言って，政府の側が統治の対象手段としてこの円卓会議を使うというのは，いかがなものかと思います。やっぱり政府の役割は，ある意味コーディネーターの役割ということになるから，この円卓会議を運営するに当たってのコツとしては，そういうことになるのかな。そして必要なことについては，政府が下支えしながら，いわゆる市民自治と言いますか，その成長と成熟を，政府は支え見守るということは必要なんじゃないですかね。だから金も人も物も，政府が出したらよくて口は出すなという，そういう乱暴な議論ではないと思いますけどね。

水口：ありがとうございます。

阿南：一言いいですか？　本当に，そのとおりで，各セクターとも，震災復興ということについても，それぞれがそれぞれの取り組みを進めているわけですよ

ね。ですから，政府の役割は，そうした自発的な取り組みをつないで，それが効率よく地域のためになっていくように調整していくことだと思うんですよね。政府はそういう意味でのコーディネート役で，自発性を引き出して，それを実現させていくという重要な役割を担っていると言えるのではないでしょうか。

水口：ありがとうございます。

谷本：水口さんが期待されているように，下からの自発性も大事なんですが，それは私は，テーマや課題によって違うと思うんですよね。特に今回のように，戦略的課題を定め，それを公共政策の中にいかにインフォームしていく場合には，当然政府がきちんとそういう場を作って，その意見を正面から受け止める必要があります。勝手にどこかで議論して，いろいろと政策として提示しても，それは政府にはなかなか届かないわけです。ですから，自発性がないわけではなくて，どういう場合によるか，なんですよね。もちろん最終的には選挙で選ばれた人たちが，代表民主制として決定していくのですが，そこに円卓会議での議論がインフォームされていく。もちろんマルチ・ステイクホルダーのラウンドテーブルが政府と取って代わるのではないわけです。EUでやってきた経験は，1つのモデルになると思います。公共政策の中にどう様々な意見を取り込んでいくか。持続可能な社会を作っていくための大きなビジョンを描いたり，具体的な政策を議論するということです。ただし，議論して終わりになるのではなく，各セクターともその結果に責任を持つということがこれまでと違う部分ですよね。だからテーマによって違うと思います。

水口：はい。ありがとうございました。それでは，ここでフロアからもご意見を頂きたいと思います。あちらの方から早速手が挙がっております。ただ，あまり長く話されても困りますので，簡潔にお願いいたします。

齊藤：私は，弁護士の齊藤と申します。今，円卓会議の総会の専門委員をやっています。今言われた，誰がどう始めるかという辺りでの問題点の話です。政治のリーダーシップという話がありましたが，結局，最初の発足が自民党政権で，すぐにまた民主党政権に代わって，その時に民主党政権にどう伝わるかということで，当時福島瑞穂議員が消費者庁におられたので，私は佐藤さんから依頼を受けて，彼女と一緒に，そういったことを少しお手伝いしたことがあります。結局，今担当大臣もコロコロ代わって，いったい誰が責任をとるのかわからない状態ですよね。仙石さんが少し動いて総会を開いたという

ことですが,結局それ以降,実は総会が1回も開かれていないんですね。今回の協働戦略も,結局持ち回りで決議という形になってしまって,本来の総会というのは,各団体のリーダーが出てきているわけで,そういう意味で,この円卓会議はどう理解すればいいのか,あるいは復興の戦略について,総会の役割というのが私もよくわからないんですが,どういう役割を果たしたらいいのか,あるいは総会にもっと役割を持たせるためにどうしたらいいのか,あるいは例えば総会に対して運営委員会のほうから提案して開かせるようなものの仕組みをどうしたらいいのか,その辺りを少し,もう一度整理していく必要があるんじゃないかという意見です。

水口:ありがとうございました。コメントはございますか？

金井:大阪大学の金井です。2点お話します。1点は,先ほど水口さんが言われましたが,イニシアティブ,自律性は必要ないのかということです。実はこれはおそらく時間との関係によると思います。ところが今回のように,震災とかそういうエマージェントな場合に,政府というのはかなり重要な役割を果たすでしょう。ただ問題は,そういうことをやると,実は重要なのは,多くはエネルギーのない人間が集まるんですよ。なぜかと言うと,今回の円卓会議がどうだったかと,可能性としてどう引き付けていくかということを議論してみたいのです。そうすると,一般的に先ほど言ったイニシアティブをやると,時間がかかるけどエネルギーを持った人間が集まるんですよね。その結果として,実行は早いですよね。ところが政府がやると,政府ってね,意外と知らないんですよ。どこにライトパーソンがいるのか。ライトパーソンというのは,そのテーマにとって非常にコミットメントの高い,能力を持った人ですよ。ところが大体代表が出ているじゃないですか。そうすると,うまく機能しないことが多い。今回の円卓会議が今後可能性を持つかどうかというのは,円卓会議がプラットフォームとして機能できるかどうか,機能するためにはどうしたらいいかということと,もう1つは正統性があるかどうかですよ。どうも今のところを聞いてみると,あまりなさそうです。皆さんが出てきたとするならば,どうやって作っていくのかがポイントです。その正統性とプラットフォーム形成をどうするかということを議論しないと,おそらく今回の円卓会議は一般的に議論してもダメですね。実はやってきているんですから。ということが,私のコメント,ないしは質問です。

水口:はい,重要なコメントをありがとうございました。ライトパーソンが出てくるかどうかということと,正統性をどう保つのかということは,ある意味矛

盾するもので，その矛盾をどう解消するかというところが，実は一番難しいところですね。

金井：そうなんです。政府の審議会が失敗しているのは，そこなんです。ライトパーソンが出てきていない。

水口：そういう，大変示唆的なご指摘を頂きましたが，いかがでしょうか？

谷本：もっともなご意見ですね。ですから，円卓会議の場合は，政府が「こういう人が出てください」と，必ずしも指示してはいなかったわけですよね。各ステイクホルダーから代表を出してくださいということでした。だからそこで従来の審議会とはかなり手続きが違うということはあります。それは1つのステップだったと思います。正統性の問題は，やはり今回のように公共政策のプロセスにインフォームしていくというスタイルであれば，根拠法を作るかどうか別にしても，政府内あるいは政治家の人たちが政府の中でこれをどう位置付けるか，そういう議論がない中では，やはり難しいですね。それぞれがコミットしていくというレベルは，若干温度差がありながらも，皆さん取り込んできた部分ではあるのですけどね。

水口：円卓会議のスタイルに2種類あって，1つは，今言われたように，参加した方がそれぞれそこでコミットメントをして，その課題を持ち帰って各セクターが活動するというもの。もう1つは，公共政策の決定に関与するものと，こういう意味ですよね？

谷本：インフォームするということです。

水口：そうですよね。その公共政策への関与というものを，円卓会議が担う場合の，その正統性と言うのでしょうか，それはどう考えるのでしょうか。そこに代表性があれば，もちろんそれは可能なんでしょうけど，それはどういうものなんでしょうか。つまり，普通に考えて，選挙で選ばれた政治のリーダーが国会を作っていて，国会で予算を決定して政治をしているわけで，もちろんそういうやり方では，事実上うまくいかないことがあるから，円卓会議というのはできたわけですけど，それは理論上どう整理されるべきなんでしょうか。

谷本：これがMSP，グローバル・ガバナンスが機能する時に一番根本になってくる話ですよね。ただ基本は，選挙で選ばれた代表民主制の中で動いているわけです。それが一番正統性を持った，一番強いものであるし，議会もそこで決まっていくわけです。しかし，それはこのグローバルガバナンスのあり方が問われた，まさにそこのポイントであって，グローバルな課題についても，

政府の代表が出ていく，それは一番強い正統性を持っているわけですが，国の利害がぶつかる問題があったり，あるいは調整がつかない問題がたくさんあるというのが，持続可能な未来や社会を考える時に出てきた課題です。地球環境問題だったり途上国の貧困問題であったり。そういう問題について，それぞれの立場から人が出てきて議論し合う，まさにマルチ・ステイクホルダーとして議論していくのです。そこでの多様な議論を受け止めながら，今度は政府がどう対応していくのかという問題になっていくのだと思います。

水口：ありがとうございました。フロアから，あと1つ…はい，どうぞ。

島本：大変おもしろいお話をありがとうございます。京都文教大学の島本です。私，世界銀行のちょうどビジネスパートナーシップあるいはマルチ・ステイクホルダー・パートナーシップという部局で数年やっておりました。そちらのほうの見方ということを少しお話させていただきたいと思います。

今まで，議論のあるところ，つまりこの円卓会議がなぜ必要なのかのロジックがはっきりしていたかどうかということです。正統性という難しい質問は別にして，いわゆる国際機関の中では，市場経済の失敗というものをどういう具合にするかという問題と同時に，公共の失敗ということをどうするかというのが大きな問題になっています。

したがって，市場参加者による円卓会議は，政策の有り方を決めるポリティサイジング・プロセス（政策のための政策決定プロセス）ではないということですね。マルチステイクホルダー・パートナーシップは，全く新しいものになります。ということは，参加者が提言をすることももちろんですが，目標に向けて実行しなければいけない。つまり，ゆるやかなマルチのステイクホルダーが集まって，ゆるやかなメモランダムのもとに提言をするが，実行もする。そういう新たなものが実は求められていて，それがそもそも，1990年の後半に，英国あるいは国際機関等々が起こした1つのキャンペーンです。こういう見方があるということをまず申し上げておきたいと思います。ですから，政策形成のための公聴会ではありませんし，円卓会議という呼び名がそもそもややこしいです。円卓というのは，ラウンドということですから，あまり意味を持ちません。形式的なタームだと思います。むしろ，大事なのはいわゆるアクロス・ザ・ボードです。特に民間が主体ですね。民間企業こそノウハウを持っています。先ほどNGOが，と言われましたが，NGOは残念ながらまだそこまで行きません。したがって，民間企業の持っているノウハウに加え，大事なのはザ・ウィーク（弱者）ですね。現実に排除されて

いる人たちもステイクホルダーに入れないといけない。そうすると，問題解決型の，非常に意義のある円卓会議が成立するということになります。今まで皆様が，どうも何が成果だったのかなと反省され，はなはだ自嘲的なことを言われていましたが，おそらく原因が２つあると思います。

　１つは円卓会議のミッションがどこにあったのか。ミッションをどの程度深く理解していたのか，またそれに基づくゴールがどうなっていたのかということです。それがはっきりしていると，成果はここだったということが出るはずですが，まだそれが出ていない。そして２つ目は，デシジョンメイキングのプロセスが組織化されていたかどうかということです。これは常にパートナーシップの時には問題になります。どういうデシジョンメイキングがセットアップされていて，それが機能的に動いたか動かなかったかです。

水口：ありがとうございました。そろそろ時間が厳しいのですが，もしフロアからご意見やご質問があれば，あと１つぐらいになりますけど，受けたいと思います。どうぞ。

浜岡：三菱総合研究所の浜岡と申します。私，実は今岩手県の復興局に出向いていまして，復興の業務に携わっています。本日は復興に関して，いろいろな議論をしてらっしゃるのを聞いていまして，実は岩手県では「開かれた復興」ということで，それはまさにマルチ・ステイクホルダーの話かなと思いました。

　いろいろな主体を取り込んで復興をしていく必要があるだろうという議論が出ていますが，その具体像というのがまだ見えていない状況にあります。本日，いろいろ議論を聞いている中で，行政が場作りをしたり，ある程度のリーダーシップをする必要性というのが現実的にあると思うのですけど，そうなった場合，従来の委員会との違いというのは，どこに出てくるのかというところが，具体的なイメージとしてよくわからなかったということが１点あります。

　また行政に関する期待というのは非常に大きい部分があると思いますが，リソースに関しては，今回行政も非常にダメージを受けています。NPO/NGOセクターだとか，そういったところに対して社会的なリソースは相対的に大きいかもしれませんが，特に市町村レベルにおいては，今回被災して亡くなった職員の方々も少なからずいます。例えば大槌町という町では，３分の１の職員が亡くなっているということで，行政のリソースも今回非常に不足しているという状況の中で，いかに行政自体のリソースも少ない中で

MSPというのを考えるとすれば，具体的にどういったイメージが考えられるのか，その辺り何かご意見，アドバイス等ありましたらお聞かせください。

水口：ありがとうございました。今のご質問へのお答え，それから前の方へのコメントも含めまして，もう時間ですので，最後に皆さんから一言ずつ，円卓会議に対する期待と可能性も含めて，まとめの言葉をいただきたいと思います。また関さんからお願いしてよろしいですか？

関　：ISO26000策定に長いことかかわった中で1つ実感したのは，プロセスを大事にすることの意味です。第1回目の作業部会の時に，どんな構成にするかという，いわゆる規格の目次みたいなものを議論しました。そこで事務局から原案の提示があったのですが，そこから大混乱が始まって，結局2回目の作業部会が終わるぐらいまで議論がなかなか進まなかったんですね。2回目の作業部会の終盤にA4用紙1枚の目次らしきものがやっとできて，合意に至りました。それは実は最初に事務局が提示したものとほとんど変わらなかったんです。ただ，その半年間に知恵を出し合いいろいろな議論をしてきた中で，明らかにこの案ならばいい，これでいこうじゃないか，という合意が時間をかけて形成されてきたんですね。そのプロセスの重みというのを実感しました。案を出し議論して，決定に自分たちもかかわった，というオーナーシップの感覚ですね。これは本当に大事だなと痛感しました。ですから円卓会議の持つさまざまな側面の中でも，意思決定にかかわり参加して，合意してそれを持ち帰るというプロセスへの関与の意味，重要性というのは，やはり従来の政府委員会などとの大きな違いになってくるのではないかと思います。

水口：ありがとうございました。では佐藤さん，お願いします。

佐藤：まとまった話ができるかわかりませんが，確かにMSPを考える場合，一般論というか，先ほどフロアの方が言われたように，ミッションが何なのか，いったい何を焦点にしたMSPなのかということをまず明確にして，それに従ってプレーヤーだとか，政府の立ち位置とかいうのを考えていくということが必要なのかなと思います。今回の円卓会議は，私が冒頭に申しましたが，結構コミットメントを確保するというタイプのものでしたので，正統性のほうがわりと重んじられた人選が各ステイクホルダーでされたと思います。今回復興のプロセスでは，私も大槌町に行きましたが，行政の職員もほとんど同じように被災して，いわゆるリソースが欠けている中で，現実の課題がありました。コミットメントよりも課題を先に進められる，またライトパーソ

ンをコミュニティの中から探し出していかなければいけない。そこにいろいろなリソースを協働して，イノベーションをしていかなければいけない，という中では，正統性よりもまさにライトパーソンのリーダーシップを確保するようなプロセスをデザインしなければいけない。ですから，課題とかミッションに応じてデザインが変わってくるのかなというふうに思いました。

水口：ありがとうございました。田村さん，お願いします。

田村：今回の円卓会議で言いますと，まずテーマ設定から公募したという点を評価したいですね。NPOは本当にたくさんテーマを出したんじゃないかと思います。そこがやっぱり審議会方式と全く違うところで，国がこのテーマに関してやりますよと決めるやり方ではなく，まさにMSPで検討すべき課題は何なのかというところからオープンにテーマを集めている，これが非常に重要な点だと思います。

　それからプロセスの透明性ですね。どこのグループがどんなテーマを出したのかというのを全部さらけ出すわけですから。誰がどういう意見を言って，どのテーマを採択することになったという，そのプロセスの透明性です。異なるグループから来ていると視点が異なって新しい発見もあります。例えば「共に生きる社会の形成」というグループは，労働グループから出た「ワークライフバランス」のテーマと，NPOから出した「ダイバーシティ」のテーマが1つになってグループを作ったのですが，そこに例えば，消費者グループからも参加がありますので，「ワークライフバランス」の「ワーク」というのは，「まるで働いていない人は価値がないみたいにとられるからワークライフバランスという表現はやめてもらいたい」みたいな意見が出まして，文言を非常に大切にする議論ができた。そういうプロセスの透明性がMSPの魅力だと思います。

　それからダイナミズム。いろいろなグループが来ていることのダイナミズムとか，そのプロセス自体に非常に価値があったのではないかと思います。ですから，アウトプット感が見えにくいかもしれないですが，プロセス自体に非常に意味があるということです。MSPを繰り返していくことで，私たちの社会が非常に強くなるに違いないというふうに思います。復興プロセスにおいてこれが発動されることの意味も同じですね。行政がテーマ設定するのではなく，場作りをするということです。そこで今後の復興でどんなことがこの場でテーマとして議論されるべきなのか，というところからマルチ・ステイクホルダーでやるということです。当然，そこでの決定は全部透明性

が保たれていて，決まったことに対してのコミットメントも同時にあるという，まさにプロセス自体が非常に大きな値打ちではないかと，今回私自身も改めて勉強しました。ありがとうございます。

水口：ありがとうございます。では加来さん，お願いします。

加来：1点だけ。フロアから最初にご指摘のあった齊藤先生に対して誰も答えていないので，私の考えを申し上げます。

　　齊藤先生からは，要するにこの円卓会議というものは，総会という，各界，各ステイクホルダーの代表が参画しての意思決定の場があるのに，それをきちんと活用していないし，役割を発揮できていないんじゃないかというご指摘だったと思います。全くそのとおりで，3月23日に協働戦略というものをとりあえずまとめたのですが，取りまとめの最終段階で文案を含めて詰めている段階で震災が起きてしまったということで，物理的には「えいや！」でやれば総会はできたのかもしれませんけど，それでも気分的にそれどころじゃなかったというのが，偽らざるところです。それで総会はその時飛んでしまいました。それからもう半年経っているわけです。その間，実は円卓会議そのものの機能としては，事実上停止していたと思います。で，ようやく円卓会議をもう1回，どこから動かそうかと始めている状況で，協働戦略の中にいくつかそれぞれのテーマごとに，協働プロジェクトというものを掲げています。掲げたはいいけど，どれを誰がどうやって実践するのかというところを始めるわけですが，まずその議論から始めないといけない。協働戦略を採択したところで動きが止まってしまったものですから，それ以降どうなっているのかの情報共有から含めて，ある意味では今仕切り直しをしているところです。運営委員会は，今回協働戦略をつくるのに当たって，規模を縮小してシンプルにしました。メンバーも実は6つのセクターから1人ずつしか出ていませんので，その人が基本的に議題や課題の整理をしたり，そして総会が守るべき案件も含めて調整をします。あと1，2回でやらせていただいて，しかるべきところでこういう協働プロジェクトをやりたいんですと計り，あるいはその時に総会の委員の皆さんからも，何がしかのサジェスチョンをいただくような場を，できるだけ早く作らないといけないと，私は運営委員の1人として思っています。

水口：ありがとうございました。では，阿南さんお願いします。

阿南：私は「こうあるべき」というのは誰でも言えるし，簡単だと思います。国も，もしかしたら審議会においても，同様のことが言えるように思います。でも，

私はこの円卓会議に参加して，私たち消費者団体の中で一番共有したいと思っているのは，「できないことは言わない」ということです。自分がこうできる，私たちはこれができる，こうしたい，ということをきちんとその場に出して，皆さんに共有してもらって，それを確実に実践していくということが最も大事だと思います。各地でできることは限られているし，本当に力及ばないことも多いと思いますが，しかしそれを他のステイクホルダーの人たちみんなも知っていてくれているということが，何よりも重要なのではないか。そんな"つながっている"感じを励みにして，また日々の実践に取り組んでいけるのでないかと思います。円卓会議というのはそういう場ではないでしょうか。

水口：ありがとうございました。では，谷本先生。

谷本：もう時間がありませんので一言だけですが，今日のお話の中で「円卓会議」と言っても，どういう会議体なのかはテーマ，課題によって，その特徴は大きく違ってくると思います。政策課題を考えるのか，あるいは地域レベルの具体的テーマの解決法を考えるのか。ですから一般論として会議体や代表者の正統性を議論することはなかなか難しいところでもあるし，ガバナンスのスタイルについても全く同じです。今回の円卓会議もそうですが，中央レベルで政策課題について議論する円卓会議の正統性はどう担保するのか，アカウンタビリティはどう持てるのか，ガバナンスの仕組みはどのように作っていけばよいのか，まさに作りながら考えていく。議論の中身も一緒にですね。そういう難しさがあります。

水口：はい，佐藤さん，どうぞ。

佐藤：最後に1点，言い忘れていたことがあります。民主党政権に交代した時に，円卓会議をつぶそうということが，実はほぼ決定に近いところまで行っていました。それは，円卓会議がいい悪いではなくて，やはり政権交代すると，旧政権の遺物というのは一旦壊すということのようでした。もともと円卓会議はむしろ民主党政権にはわりと親和的なものなのですが，圧力はありましたね。それを乗り切れたのは，ここにいらっしゃる方々のご理解をいただいて，政府の中枢に乗り込んで，いろいろな交渉をしていただいたからです。おそらく，官邸にあったいろいろな会議の中で，旧政権の中から生き残っているのはこの円卓会議だけなんじゃないかと思っています。何が言いたいのかというと，この円卓会議，いろいろな仕組みの問題とかがあるんですが，これを存続させたのは，多分ここにいらっしゃる皆様の意志が非常に大きい

のではないかと思っています。今日は復興円卓会議というお話がありました。私もすごく素晴らしいと思っています。ここにいらっしゃる皆様は，それぞれの分野のステイクホルダーのキーパーソンです。意志があれば，次のステップにつながっていくのではないかなと，今日ここから始められるのではないかと思っています。

水口：ありがとうございました。今のが大変いいまとめの言葉になると思いますので，これをまとめの言葉とさせていただきまして，本日の会議を終わりにしたいと思います。ご清聴，どうもありがとうございました。

ISO26000：その国際規格がもつ意味と課題

國部克彦　神戸大学大学院経営学研究科教授

> 「企業と社会フォーラム」第1回年次大会において，「ISO26000：その国際規格がもつ意味と課題」と題して議論が行われた。パネリストの方々は，各界におけるCSRについてリーダー的なお立場にあり，それぞれのステイクホルダーグループを代表して，具体的かつ大変有益な意見交換を行うことができた。その内容については，パネルディスカッションの討議内容をご覧いただくこととして，ここでは，このような討論の前提として，ISO26000の現代的な意義をできるだけ広い視点から考察することにしたい。
>
> ISO26000は，組織の社会責任に関するガイダンス規格であるから，この規格で規定されていることを組織が実践しているのかどうか，そのような実践をどのように担保し，促進するのかという個別の問題に関心が集中しがちである。たしかに，それがISO26000の目的であり，そのような議論が起こること自体がこの規格の効果であるが，本稿では個別の問題ではなく，より広い観点から21世紀の初頭にこのような国際規格が誕生した意義を検討してみたい。それは，ISO26000の文書に規定される内容が，全体として何を目指しているのかを考えることであり，それは個別の主題を検討するだけでは導出できないものである。

1．企業の社会的責任の起点

　ISO26000の現代的意義を考える上において，まず重要なことは，ここで議論されている社会的責任の起点をどこに取るかである。ISOでは，組織一般を対象とするため，社会的責任（social responsibility：SR）という用語が採用されているが，実質的に重要なのは「企業の社会的責任」（corporate social responsibility：CSR）であることに異論はないであろう。企業の社会的責任の歴史は20世紀初頭にまで遡ることも可能であるが，現代的な意味でのCSRは，

10年ほど前にEUがCSRを政策的な課題に取り込んでから始まったと考えてよい。

EUは2000年にリスボン戦略として，経済成長と雇用の創出を柱とする長期の経済・社会政策をまとめ，その中にCSRの考え方も盛り込まれた。これを受けて，EUの執行機関である旧EC委員会（現・欧州委員会）がCSRに関して討議し，CSRに関するグリーンペーパー（2001年），ホワイトペーパー（2002年）をまとめて，CSRの概念的な枠組みを整理して，各国への導入を図った。これによって，CSRはEU構成諸国の政策に反映されるようになり，例えば，イギリスではCSR担当の大臣まで設置された。日本でCSRが喧伝されるようになるのは，その直後の2003年頃からである。

それまでの企業の社会的責任をめぐる議論は，企業の公害問題や人権問題などの個別問題について提起されることが多く，アカデミックな議論は別として，CSRが全体として政策的な課題として認識されることはなかった。しかし，21世紀初頭にEUがCSRを政策的課題として打ち出したことによって，CSRは企業の個別課題から，社会を形成する指針の一つとなる可能性が示されたのである。

EUがCSRを政策的課題として打ち出した背景に，EUが目指す経済成長と雇用の創出や環境の保護のような社会的課題の対立を解消させたいという意図が存在していたことは疑問の余地がない。もともと，欧州では，企業活動を規制し社会の福利厚生を重視する社会民主主義的な政治思考と，企業活動の自由を優先して市場の役割を重視する新自由主義的な政治思考が対立していたが，旧社会主義国の崩壊によって，規制緩和を基本とする新自由主義的な経済・社会政策が中心となり，アメリカの政策と同調して経済のグローバル化が促進された。そこで，政策的に手薄となった社会問題や環境問題に対して，CSRという新しい概念を打ち立てて，対処しようとしたのである。このように経済のグローバル化に対する政策手段として，CSRが登場してきたのであり，ISO26000の発行もこの文脈の中で理解される必要がある。

2．苦悩するCSR

　グローバル経済下では，企業や国家の競争力強化が至上命題となり，そこでは企業に対する規制は極力減らし，企業への税金も減らして，経済的な調整は市場に任せて経済活動を促進しなければならない。しかし，その反動として環境や社会問題も顕在化する可能性が高まる。それを少しでも改善しなければならないが，規制強化はできるだけ避けたいし，何よりグローバル化した企業に有効な規制手段は限られるため，企業自身に環境や社会に配慮した行動を求めることが必要になる。これが政策的課題としてのCSRの本質である。

　しかし，旧EC委員会がCSRのグリーンペーパーを発行してから10年の流れを振り返ると，このようなEUの意図が成功したとは言えないことが明らかとなろう。経済のグローバリズムへの対抗手段としてのCSRは，2008年のリーマンショック，それに続く現在の欧州の金融危機を防ぐことはできず，経済の混迷は深まっている。CSRは，金融業界を含む企業活動全体に幅広く受け入れられたように見えたが，グローバル経済の自己破壊的なまでの膨張圧力を押しとどめるには，有効に機能してこなかった。リーマンショックの原因であるサブプライムローンなどは，本質的に貧困者から収奪する反社会的ビジネスモデルであったにもかかわらず，複雑な金融技術がその問題を糊塗し，本質を見抜いて危険を提唱すべき金融経営者自身が，グローバル経済の中で簡単に流されてしまったのである。

　2012年の現在において，問題は解決されていないどころか，深刻さは増している。欧州の金融危機を中心とする世界的な経済不安から脱却するために，CSRにまだ可能性が残されているであろうか。このような視点からISO26000を見ると，どこかに希望を見いだせるであろうか。

3．ISO26000への希望

　ISO26000の策定の歴史は，欧州においてCSRが提唱され始めた時期とほぼ符合している。2001年頃よりISOでのCSRに関する規格の重要性が議論され始め，2004年に規格へ向けた最初の国際会議が開催され，マルチ・ステイクホルダーが参画するプロセスを経て，2010年10月にISO26000が発行された。作業の開始から規格の発行まで予想以上の時間がかかったことは，CSRの本質である参加型のプロセスに一定の時間がかかったためである。

　ISO26000の中心は，SRの7つの中核主題にあり，それぞれの中核主題ごとに課題が明示されている。課題は全部で36あり，7つの中核主題と36の課題が，ISO26000が具体的に規定する社会的責任の内容となっている。中核主題は，「組織統治」，「人権」，「労働慣行」，「環境」，「公正な事業慣行」，「消費者課題」，「コミュニティへの参画及びコミュニティの発展」の7つである。これらの7つの主題が，現在のグローバル経済の危機的状況において，どのような効能を発揮することができるであろうか。

　すべての主題について，詳細に検討する紙幅はないので，ここでは，グローバルに対抗する概念であるコミュニティについて考察してみよう。ISO26000は，組織が貢献できるコミュニティ問題について，次のように規定している。

> 組織が貢献できるコミュニティの発展の課題として，経済活動及び技術開発の拡大及び多様化を通じた雇用創出が挙げられる。組織は同時に，地域の経済活動を通じた富及び所得の創出，教育プログラム及び能力開発プログラムの拡大，文化及び芸術の普及及び保存，並びにコミュニティ医療サービスの提供及び／又は推進といった社会的投資を通じても貢献することができる。(ISO 26000, 6.8.1)

　ここでは，地域貢献のような寄付行為も当然コミュニティ活動には含まれて

いるが，それよりも経済活動や技術開発によるコミュニティの発展が重視されている。これは企業の本業を通じたコミュニティの発展であり，企業価値の向上にも結びつくはずである。実際に，ISO26000では，「雇用創出及び技能開発」や「富及び所得の創出」をコミュニティに関する主題として提示している。

このような考え方は，共通価値（shared value）の創出を提唱するマイケル・ポーターの考え方とも共通する。ポーターは，グローバル経済下における価値創出の源泉を，企業が拠点をおくコミュニティに求め，そこでの共通価値の創出こそ，今後の企業が目指すべき方向性であると主張する。

グローバル経済の危機の本質は，グローバルに拡大した貨幣経済を支える価値の源泉の喪失であり，その結果，膨張した信用が収縮しかねない危機を迎えている。このような状況を克服するためには，どうしても価値の源泉へ回帰する必要があり，コミュニティの活性化はその方向性を示していると言える。本稿では紙幅の関係で十分議論できなかったが，「コミュニティ」以外の中核主題である「組織統治」，「人権」，「労働慣行」，「環境」，「公正な事業慣行」，「消費者課題」も，経済的利益以外の企業そのものの存立基盤を強化する活動であり，長期的な価値の源泉として捉えることができる。そして，これは企業と社会の共通価値なのである。

しかし，共通価値の重要性はわかっていても，貨幣経済の圧力は，経営者に対して資金提供者の価値すなわち株主価値へ経営者を導こうとしてしまう。これをどこまで抑え込めるかが，CSRに課せられた「責任」である。経営者の意思決定に多様なステイクホルダーの意見を反映させようという，ステイクホルダー・エンゲージメントはISO26000が考えるCSRの中心的な方法であるが，これもグローバルに膨張しようとする経済の力をステイクホルダーが存在するコミュニティに引き戻させようとする力に他ならない。

欧州委員会は2011年に10年ぶりにCSRの定義を改訂し，CSRの目的として，「企業の所有者／株主と他のステイクホルダー及び社会全体の共通価値の創出を最大化がすること」をあげている。その方向へ企業を導くにはどうすればよいのか，これは企業だけの責任ではなく，ステイクホルダー全体の責任である

と理解されて初めて，ISO26000は希望の道を歩むことができるようになるであろう。

参考文献

European Commission (2011) "A renewed EU strategy 2011-14 for Corporate Social Responsibility," COM (2011) 681.

ISO (2010) *ISO 26000 Guidance on Social Responsibility, International Organization for Standardization*.（日本規格協会（2010）『国際規格ISO26000 社会的責任に関する手引き（英和対訳版）』日本規格協会.）

Porter, M. and Kramer, M. R. (2011) "The Big Idea : Creating Shared Value," *Harvard Business Review*, Jan-Feb.（M. E. ポーター・M. R. クラマー（2011）「共通価値の戦略」『DIAMONDハーバード・ビジネス・レビュー』6月号，ダイヤモンド社.）

《シンポジウム》(2011年9月16日)

〔企　業〕冨田　秀実（ソニー）
〔政　府〕平塚　敦之（経済産業省）
〔NPO〕黒田　かをり（一般財団法人 CSO ネットワーク）
〔労　組〕逢見　直人（日本労働組合総連合会）
〔消費者〕古谷　由紀子（日本消費生活アドバイザー・
　　　　　　　　　　　　コンサルタント協会）
〔大　学〕佐久間　京子（ブリュッセル自由大学）
❖司会：國部　克彦（神戸大学大学院経営学研究科教授）

國部：それではまずパネラーの皆様からお話をお伺いしたいと思います。最初にソニー株式会社の冨田さん。

冨田：与えられた課題は2つあったと思います：①グローバル・ガバナンスの中で決まってきたこの国際規格のもつ意味，②今後の日本経済，企業経営に与える影響と課題，です。まず一つ目のグローバルガバナンスの中で決まってきた国際規格のもつ意味ということですが，何と言っても ISO26000 は，全世界的なマルチ・ステイクホルダーのプロセスで，非常に大きな規模で議論をしてきた。これは本当に世界最大規模ではないかと思います。それの成果物であるというのが非常に重要なことであると思います。つまり，国際的に最大限のコンセンサスを得ているということが言えます。

　また，ISO の場合，通常は国の代表が出ていってやるわけですが，こういった一つの国から，違った意見を説く様々なステイクホルダーが出ていくというのは，ISO にとっても非常に実験的なプロジェクトで，ISO の仕組み自体にも影響を与えると言えると思います。ただ一方，非常にいいことだけでは必ずしもなく，これだけ様々な人たちが集まりますと，対立も起きますので，一部のステイクホルダーが必ずしも最終的には賛成票を投じなかったという事実もあります。完全な全会一致ということではなかったということは，理解していただいた方がいいと思います。

　別の観点では，これまで作られていた SR 関係，CSR 関係の規格は，CSR 関連の課題のみしか取り扱わず，組織運営の全体という観点が抜けていたケースが多かったと思います。ISO26000 では WTO ですとか，国際条約との関連なんかも議論されるという意味では，一つ踏み込んだ形の規格に

なったのではないかと思います。

　その観点からするとOECD多国籍企業ガイドライン，これも先頃改訂されたばかりですが，これもある意味CSRのガイドラインでありながら税金の問題なども含んでいますので，どちらかと言うとSRの規格というよりは，SRを組み入れた組織運営の規格に少し近づいたかなという印象をもっています。

　そしてさらに，今回改訂したプロセスを通じて，とくにSRに理解の低かった地域に非常に大きな機転となったと思います。例えば南米の地区ですね。議長国がブラジルだったこともありまして，非常に活発な参画がラテンアメリカの地域からありましたし，途中からアラブ諸国，イスラム系の諸国も非常に活発に議論を交わしたということで，このプロセスがもたらした意味は非常に大きいと思います。そういった意味で，宗教とか文化，イスラム問題なんかも非常に顕在化してしまったということもあります。こういった点からしてみますと，SR百科事典という言い方ができるかなと思います。

　二つ目の課題である今後の影響と課題ですが，期待としてはISO26000が共通のリファレンスになることを期待したいと思います。CSRは様々な規格，標準がありますので，それの統一がISO26000に従ってできていくと好ましいなという期待を持っています。

　例えば同じようなGRI（Global Reporting Initiative）も似たようなことが書いてありますが，組み上げ方が違いますので，今後こういったものの整合が取れてくればいいと思います。

　CSRからSRということについては，多分黒田さんからお話があると思いますので省略します。

　一方，非常に充実しているものの，内容的にやはり難しいことが非常に多いので，これだけを読んだからと言って運用できる状態ではないというのが正直な感想です。これですべて解決するというものでもない。グローバルに適応していくという観点からしますと，国や地域によってISO26000の利用にすごく差がありまして，なかなかこれが普遍的に普及して行くかはまだまだわからない。とくに一部の国ではこのISO26000に関係するような国内規格を作っていますので，逆にその国ではそちらが普及する可能性もあります。日本はJIS規格ができますが，それほど心配はないと思いますが，どうしても国際標準がありながら国内規格との共存が行われる可能性がある。

　最後ですが，これはどんな規格にも付きものだと思いますが，策定の時点

でのみ非常に包括的なものである。つまり策定が終わってしまうと，そこから進化できないという矛盾があります。実際策定プロセスの中でも，3年前ちょうどリーマンショックが起きまして，それから議論がかなり急変したり，ラギーフレームワークが出てきたことで，それまでの人権の条項が全く書き換えられたり，そういうことが実際起こりました。日本ではこの震災が起こって，影響を受けざるを得なくなっていますが，こういったことは加味されていません。また，最近ホットになっている紛争鉱物，そういったことは明示的に出てきていませんので，やはり一度できてしまうと進化ができないということがあります。そういった観点から，今朝の冒頭のオリエンテーションでジェレミーさんが，チェックボックス式チェックリストみたいなのを使うのはよろしくないというようなことをおっしゃっていましたが，私もそれと同じ理解です。逐条ごとにこれはできたできないとやっていくのではなく，大きな理念・考え方をきちんと理解した上で，応用しながら適応していくことが大事じゃないかなと思います。

國部：どうもありがとうございました。それでは平塚さんお願いします。

平塚：経済産業省の平塚です。私の所属する経済産業省企業会計室は，行政の中で初めて対外的にCSR政策を見る部署として位置づけられ，2012年4月1日に立ち上げられました。ただ行政としてなすべきことは何かというのはヨーロッパにおいても悩みがあって，必ずしも規制を作るということではなくて，コミュニケーションがどうやったら良くなるのかとか，リサーチ活動のようなものを支援する役割ではあると思います。今日は少し感想みたいなことを述べたいと思います。私は，政府の一員としてISO26000策定にかかわりました。冨田さんは国際交渉をされていましたが，私は国内でどうやるか，国内委員会のメンバーとして，そういった観点の仕事もやっています。

　ISO26000は，冨田さんと意見が重なりますが，国際的な一つの共通言語を作り上げたところに意義があるのだろうなと一番初めに思います。その上で，これも冨田さんと重なりますが，関係者の手続き的参画というのは非常にエポックメイキングだと思います。これはリオ＋20の手続きにも影響してくるのかなと思うくらいです。とくにNGOの方々にとっては意味があったと思います。産業界とか，国にしてみるとNGOを入れるのか入れないのかということが問題になりますが，もう入ってもらったのだし，今後も入ってもらって当事者になってもらうということになる，と理解しています。CSRは結構奥行きが深いものですから，これから環境の問題を扱っていく

時にどうしたらいいのかとか，労働の問題を扱っていく時にどうしたらいいのかとか，私はかなりいろんなところに波及すると思っています。

会議のためにまわりでデモをやるというスタイルは，もうできないし，ならないでしょう。OECDも変わっていくでしょうね。WTOはもっと典型だと思います。政府セクターが独占するというようにはならないと思います。この規格には，やはり包括性があるというところで，その中で国際トレンドが見えたということじゃないでしょうか。日本の企業の方々は環境の取り組みはこれまで進んでいますが，このような国際標準が出てくると，人権や社会面に対して，国際的な関心が高いということがよくわかったと思います。

次にCSR活動をちゃんと説明しようという議論が日本国内で出てきていると思います。企業の方は「うちはやれている」とよく言われますが，ちゃんと説明しなさいということじゃないかなと思います。性悪説的というと言い過ぎかもしれませんが，ヨーロッパの方などと議論していると，ステイクホルダーが多様であるということを前提にすれば，きちんと言葉で説明しないとわからない。言わずもがなですよとはならないということが，この国際標準化ができた背景にあると思います。

CSRの国際統一みたいなものが問われているものですが，私はとくに人権の問題を含めて，すぐに規制などにならないと思います（表1）。エンフォースメントなんかできません。簡単じゃないと思います。一方で私が思う

表1 CSRの国際統一が問うたもの

- エンフォースメントできるのか。
  → 一方で間違いなく起きる企業間競争。対応の様子見をするとしても，スケジュール観の想定が難しいだけではなく，余りに劣後することはできないというジレンマ。そういった意味でのリスク対応が求められる。
- 事業環境の安定に向けた積極的対応の必要性。規制化と自主的対応の競争が起こることが想定されるため。欧州，米国（紛争鉱物）。
- 企業の説明責任の増大。開示の必要性。
  → 情報のより円滑な流れ，比較可能性の高まりを通じて，高まるプレッシャーへの対応が必要。
- 社会側面までを本当に国際標準化できるのか。リアリティからの乖離はないか。
  → 地域ごとの在りようが別途顕在化する可能性。さらに，経済のグローバル化が起きた際のように，矛盾することはないか。

のは，企業の間では競争が起きます。取り組みのスケジュール観の想定は難しいし，本当の気持ちだと2番目か3番目ぐらいにいたいなと思われがちですが，なかなかそういうやり方は難しいでしょう。全力疾走とは言わないまでも，ある程度走り続けることをやらないといけないという前提にはなってきます。これはいわばレピュテーションの管理みたいなものを含めた，企業のリスク管理になっていくのかなと思います。こういったところで，規制を作ろうという動きも国際的に出てきます。欧州ではCSRに関して開示規制が秋以降，でき上がると思います。先ほどもお話が出ました，英国では紛争鉱物，何でこんなものだけ特出ししたのかな，と思いましたが，ドッド・フランク法[1]，いわばこれまでの有価証券報告書の中で開示しなければいけないと出ているわけですが，そういうものができてくるところへ，自分が説明するからいいだろうという，大きな意味で駆け引きになっているようにも思います。欧州でよくドイツから見ていたのは，ボランタリープログラムでやるからこんなものつくるなみたいな話がよくあるのですが，そういう駆け引きが一つの軸になっていくのかなと見ています。こういう形で今後，企業は開示していくことが求められると思います。やっているのではなくて，説明するということがすごく大事だなと感じます。ここがルール作りの中に出てくるでしょう。

　最後の問題意識ですが，ルールができて経済活動のグローバル化というものが進んだ時に，それに対する反発というのが2000年代に起きています。テロから10年ですが，そこには本当は埋められない南北の壁みたいなものが，実態はあったはずです。この話はどうなるんだろうかと。今はサプライチェーンのつながりもありますから，先進国でモノを売りたいと思っている途上国の政府は，何となく面従腹背というか，従わないとグローバル社会にアクセスできないようなことを言っていますが，本当にそういう均衡した状態が続くのかというのが，私の疑問ではあります。どこかで爆発して，俺は俺の地域のやり方があるというように戻る瞬間があるのではないか。もっと言えば，建て前と本音としての社会のありようというのが埋まらない状況が続いている。例えば日本の企業が中国で操業する時の人権問題というのを，中国政府がどう扱っていくのか。中国政府がグローバルルールに則って扱わない

（1）ドッド・フランク法：リーマン・ショック（2008年9月15日）などを契機とする金融危機に対応して金融規制監督を大幅に強化することを目的とした「ドッド＝フランク　ウォール・ストリート改革および消費者保護法」（2010年7月21日成立）。

時に，日本企業がどうしていくか，結構悩みが深いんじゃないかなということを感じています。
國部：ありがとうございました。それでは続きまして黒田さんお願いいたします。
黒田：CSO ネットワークの黒田でございます。NPO の立場から発言させていただきたいのですが，ISO26000は NPO の中でも様々な議論がありました。最初プロセスにかかわっていたにもかかわらず途中で抜けた団体もありますし，最初からかかわらなかった団体もあったと聞いています。その否定的な意見からまずご紹介したいと思います。これは国際的な NGO の議論ですが，もともと CSR を核として議論が進められていたのが，あらゆる組織を対象としたいわゆる SR 規格となってしまったことで，多国籍企業の行動へのインパクトが薄れてしまうのではないかという意見です。また規制の話も出ましたが，ISO26000は認証を必要としないガイダンス，手引書というものなので，それ自体のインパクトが薄いという意見もありました。
　中には，認証規格であったとしても不十分とする，法的拘束力がないボランタリー規格に対する否定的な見方もありました。こういった点に関しては，ドッド＝フランク法のように，規制というものが進んでいく分野もあると思っています。
　そういった否定的な見方もありましたが，NGO のグループは常時70名ちょっとが参加していました。それはこの策定プロセスにはきちんと参加したほうがいいという考えが強かったからです。参加する意義として，国も参加しているマルチステイクホルダープロセスであるということがあります。とくに最終的に99カ国がかかわって，その３分の２以上が途上国だったわけですが，そういった国において ISO26000が，NGO に自国の産業界，政府，その他のステイクホルダーとダイアログを推し進めるきっかけを与えているということが，一つの評価に値するのではないかという考え方です。他に，ISO26000がいわゆる社会的責任に関する議論を時代の最先端に行くように仕立てているのではないかということであります。多国籍企業だけでなく中小企業や政府自治体，NGO などの異なる組織がガイダンスとして活用するので，中身は大事，だったらしっかりかかわっていこうということなどがありました。NGO と言っても，国によってかなり違います。日本の NGO や NPO が，この規格をどう活用するかということについては，大体次の３点に絞れるかなと思います（表２）。
　まず「社会的責任」をしっかりと理解して，より効果的に企業と対話する

表2　NGOはISO26000をどう活用するか

```
NGOはISO26000をどう活用する？
社会的責任の理解を深め……
 ◆企業との対話・エンゲージメントに
    ◆ステークホルダー・エンゲージメント
    ◆社会的責任の推進に貢献，実践のチェック，監
     視とモニタリング，協力や連携など
 ◆地域の社会的責任を進めるツールとして
    ◆地域の多様な担い手と連携して地域課題を解決
     する際に
 ◆自組織の社会的責任向上に
                    ……活用する。
```

エンゲージメントに使うということです。

　二つ目に，地域の中の課題解決をする時に多様な担い手と連携をしていく，そういった時にそれぞれの組織が，社会的責任ということを意識しながら連携していく時に，ISO26000が共通のツールとして使えるのではないかということです。

　三つ目は，自分たちの組織の社会的責任というのを向上させていかなければならないということです。

　次に，社会的責任向上のためのNPO/NGOネットワーク（NNネット）についてですが，それまでNPO/NGOの中に，一部の人権団体や環境団体を除いて，「社会的責任」やCSRの推進などに組織として取組むところはそれほど多くありませんでした。そういったことから日本のNPO/NGOは，CSRに対して消極的だと言われてきました。しかしこのISO26000の規格作成に参加するということがきっかけとなって，環境や地域貢献，国際協力，ダイバーシティ等様々な取り組んでいる団体がネットワークを組んだことは意味のあることだと思います。NNネットを中心に出版やセミナーを通して「社会的責任」というものを広げていこうという動きは各地で出てきています。

　具体的にどういうことがされているかというと，地域のNPOセンターがセミナーをやったり学習会を行ったりしています。一つの例ですが，岡山NPOセンターは，月に1回金曜日に会員向けのセミナーを実施しているそうです。昨年度はメインテーマにこのISO26000を取り上げて，自組織にど

のように当てはめ，反映していくかを考える場を持ったそうです。他にも地域ではSRを推進するマルチステイクホルダーのネットワークが生まれています。例えば茨城の「地域のパートナーシップを拓くSRネット茨城」であるとか，名古屋の「SR連携プラットフォーム」などです。他にもISO26000を参考に様々なステイクホルダーが企業をレビューしていくCSRレビューフォーラムというのもできました。

　またNGO自身も人権のことをもっと勉強しないといけないということで，私も数名の仲間とともにジョン・ラギーの企業と人権のフレームワークを勉強する研究会を立ち上げています。

　ISO26000のポテンシャルという点に関しては，まだ未知数のところもあり，すぐに取り組まなくても当面支障は出ないのかもしれませんが，ただこれが社会的責任のデファクトスタンダードとなる可能性は高いと思われます。

　これまでのCSR規格とは異なり，日本を見てもNPOセクターなどを始め，他セクターが関心を高めているということが，そのISO26000を活用する意義を高めていくのではないかと思います。またISO26000の中にある，例えば「デューデリジェンス」であるとか「人権侵害の加担」「ステイクホルダー・エンゲージメント」などの考え方や概念は今後ますます重要になってくるのではないかと思います。また，先ほど冨田さんのお話にもありましたが，途上国の関心の高まりも，ポテンシャルの大きさを感じさせます。ISO26000のもつ意義をあらためて考えてみると，先ほどからお話に出ていますように，国際的な合意事項として，社会的責任の原則と中核主題となったことと，あとはステイクホルダーの重要性ということが明確になったこと，そして，お2人がすでに言われたことですが，ステイクホルダー間，あるいは国を超えた共通言語というものができたということが挙げられるのではないかと思います。

國部：ありがとうございました。それでは続きまして逢見さん，よろしくお願いします。

逢見：私からはISO26000発行までに労働セクターとして，連合がどういう取り組みをしてきたか，また，それがISO26000にどのように反映されたかということについてご報告をしたいと思います。

　ISO26000を作るにあたって，労働組合の国際組織でも議論が行われました。東西冷戦時代には労働組合の市場経済を基本とする西側の組合と，旧ソ連などを中心とする東側の組合に組織が分かれていたわけですが，その東西

が分かれていた時代に市場経済をベースとする世界組織がICFTU（国際自由労連）でありました。国際自由労連が，2004年に宮崎で大会を開きまして，ここでISO26000についての決議が行われています。その後国際自由労連は，キリスト教系の世界組織と統合し，国際労働組合総連合（ITUC）となって，2010年にはバンクーバーで世界大会が開催され，そこでもISO26000についての決議がされています。

　これらの論議経過を見ますと，労働セクターとして最も懸念をしていたのは，労働基準についてはILO条約という国際条約があって，ここには労働と人権を含む中核的な労働基準が定められていて，ISO26000がこうした国際労働基準を緩めることがあってはいけないということでした。労働組合は，経営者と団体交渉をし，合意したものについては労働協約を締結する権利が認められております。仮に要求が入れられない場合は，争議権を行使するということも含め，歴史的に培われてきた労働基本権というものがあります。こういう形で成り立ってきた労働のルールが，ISO26000の中できちんと位置づけられるのかという懸念がありました。これらを，労働セクターとしてISO26000の中にどのように組み込むことができるか，あるいは組み込むことができないとしたら，そういったものを認めていいのかというのが懸念事項だったわけです。

　2005年3月にILOとの覚書の締結がなされました。この，ILOとISOとの覚書によって，当初労働セクターとして懸念していた点について大きく前進があったということが言えます。

　ILOとISOの覚書では，どのような内容が確認されたかといいますと，第1条1の2の但し書きで，「ISO，SR国際規格の開発プロセスの条項など，第2章のすべての条項に関するISOの決定，国際基準の委員会案，照会ドラフト最終ドラフトは，国際労働基準や実施手続きの分野などILOの管掌事項を含む全諸事項に関連するすべての要素に関係するものである場合はILOの全面的かつ正式の支持を求めることに先だって，投票やコメントのために配布しない。」とあります。つまり，ドラフトを出す前にILOがこの内容について支持をするということが条件になっているというのが第1条です。第2条は了解事項として，ILO法律ロジックに組み込まれたものを決して貶めるものではないというものです。これによって，労働側が当初抱いていた懸念は払拭されたと言えます。

　連合は2005年1月にCSRに関する考え方をまとめて，これをベースにし

て策定作りに関与してきました。

　2005年3月の中央執行委員会で，ISO26000の規格化にあたって対応する方針を確認しましたが，そこでは5点挙げております。①国際基準を適切に補完するものであること，②ILO等との緊密な協力関係のもとに策定すること，③ICFTU・グローバルユニオンなど国際労働団体の見解に十分配慮すること，④そして明確な基準と実効性を確保すること，⑤労働組合の参加，労使協議，ステイクホルダーの参画を保証すること，の5つです。

　連合はこの方針に基づいて策定に関与してきたわけですが，最終案が出た段階の2010年8月に，これまで連合として確認してきたものがどの程度活かされたのかということについての検証を行いました。結論として，最終案は連合が主張していた見解はおおむね反映されたものであるということで，これに賛成することにいたしました（表3）。

　先に挙げた5点のうち，ILOの明確な基準と実効性の部分については，今後さらに詰めなければいけない部分はあるという認識はありましたが，それ以外のところは策定プロセス，中身についてはほぼ満足している内容ではないかと思います。

　次に，わが国では，労働CSRについて企業の関心が低いということを指摘しておきたいと思います。環境とかコンプライアンスについて企業側は非常に強い関心がありますが，労働については関心が薄いということです。ISO26000の発行を契機に労働についての関心が高まってくることを期待しています。

　ISO26000発行の意義については，私は4点あると思います。①人権や労働環境の問題が深刻化している中で国際規格が発行されたことにより，ソフトローとしての機能が期待できること，②組織の社会的責任にかんする権限と基本的コンセプトが明確になったこと，③実際の標準的な手引きが示されていること。④ステイクホルダー・エンゲージメントというものが推奨されているということ，の4つです。

　労働CSRをさらに進めることで，労働組合としてはグローバル枠組み協定の締結化を進めていきたいと考えております。グローバル枠組み協定は，日本ではまだ1件しかありませんが，国際的にはグローバル枠組み協定は約90件，すでに締結されています。

　連合は2010年12月に，「ワーカーズキャピタル責任投資ガイドライン」というのを策定しました。これは労働者自らが持っている資金を，責任投資と

表3 ISO26000最終案への連合の対応（2010年8月）

「組織の社会的責任に関する国際規格（ISO26000）最終案への対応」（2010年8月）
(1) 結論：国際規格最終案には連合が主張してきた見解が概ね反映→賛成する
(2) 2005年3月中央執行委員会確認事項の反映状況
① 確立した国際基準を適切に補完するものであること
　評価：最終案は，関係機関との緊密な協力関係により策定されており，国際基準を実質的に切下げるものではない（ILO事務局も確認）。
② ILO等との緊密な協力関係の下に策定すること
　評価：策定段階で事前にILOとの覚書きを締結し緊密な協力を確認したことに加え，発行後における労働の規格及び関連する慣行に関する照会への判断はILOに委ねるなど，協力関係を維持。
③ ICFTU・グローバルユニオンなど国際労働団体の見解に十分配慮すること
　評価：規格策定のプロセスの中枢にITUCと労働グループの代表が参加して意見反映に努めた結果，ITUCは最終案に賛成を表明。
④ 明確な基準と，実効性を確保すること
　評価：実施方法について自主的なチェック項目を示し，報告や評価などを求めているものの，国際規格自体に認証メカニズムなどを組込んでいない。このため，実効性の確保については課題が残されており，わが国での規格化等とともに今後の国内委員会等で議論していく必要がある。
⑤ ILO等との緊密な協力関係の下に策定すること
　評価：組織は，組織の決定や行動に影響を受ける可能性のあるステークホルダーの見解を考慮すべきであり，意思決定には，その参加を推奨するとしている。その上で，労使関係については，結社の自由，団体交渉，労使協議，労働協約の意義と役割を明記している。また，組織が対話するステークホルダーを恣意的に選定すべきでないこと等ステークホルダーの関与について規格内で具体的に触れている。

いう形で使っていくということを明らかにしたものです。また，ステイクホルダーとしての企業へのかかわりとして，従業員から選任された監査役制度の導入を提言しています。

　ISO26000発行を受けたこれからの対応としては，我が国での規格化と普及の在り方ということで，今JIS化の取り組みが進んでいるところで，今年度内にはJIS化が発効されるということになると思います。国際規格であるISO26000，国内一致規格としてのJISの両方を推奨しながら進めていきたいと思っています。

　最後になりますが，ILO「グローバル化の社会的側面に関する世界委員会報告」の中にこうした文言があります。「CSRのイニシアティブは企業独自

の原理的認識から，または NGO 労働組合の倫理的投資家，社会的意識の高い消費者からの圧力によってなされている」。CSR を進めていくためにはある種の圧力，これを推進するための力というのが必要になると思います。そういった中での労働組合の役割を果たしていきたいと思います。

國部：どうもありがとうございました。古谷さんお願いします。

古谷：私からは一点目，消費者から見た ISO26000 の意義。二点目 CSR について。ISO26000 は SR ですが，消費者側から見た場合は，企業の CSR が大きな関心事ということです。三点目としては消費者団体の SR として，どういうふうに役割を果たしていくかという観点でお話をしたいと思います。

　まず ISO26000 についてですが，もともと CSR ということが消費者団体としての関心事であるというだけではなくて，当初 SR の規格は消費者政策委員会で CSR の規格として提案されたということもあり，最後まで消費者団体としては SR ということを重々承知しながら，CSR に関心を持っています。まず，消費者側から見た ISO26000 の意義について，さらに三つの意義があると思います。

　一点目は，策定における協働ということで，どなたもおっしゃっているように策定自体が消費者団体を含めたマルチ・ステイクホルダーで作られたということに大きな意義があります。消費者側も有識者として意見を述べるのではなく，策定自体のプロセスに参画したというのが非常に大きな意義であると思います。もちろん消費者団体の要求がすべて入れられたわけではありませんが，合意によって作られたということに大きな意義があると思います。

　二点目としては，策定後の各組織の実践による協働です。例えば企業が実践する時に消費者側のステイクホルダーとステイクホルダー・ダイアログを開き課題に取り組んでいくわけですが，そのような協働が今後 ISO26000 を実際に導入していく中で加速されていく意義が大きいのではないかと思います。

　三点目ですが，各組織の協働が進むと思われます。一つの組織がステイクホルダー・ダイアログを行う中で協働が行われるという面ではなく，各組織が一緒になって問題解決をしていくという意味の協働が進むと思われます。円卓会議などがいい例ですが，このような取り組みとが考えられるのではないかと思います。ISO26000 自体はそれを語ってはいないのですが，各組織が実践をしていく中で，当然協働して発展していくことを促していくだろうと思います。3.11 の震災のあとに企業と消費者団体の協働が見られるのも，

こういったISO26000の策定の大きな意義ではないかと思っています。

　二点目のCSRについて，とくに個別の消費者課題について，お話をしたいと思います。例えば日本の企業は従来消費者課題に対してどのように取り組んできたのかというと，いわゆるCSという顧客満足という発想で取り組んできたと思います。しかし，消費者課題を具体的に読んでみていただくとわかるのですが，いわゆるCSの発想では実は取組むのが難しいのではないか，根本的に企業に対して価値観の変革を迫っていくものではないかと思います。具体的に言うと，例えば図1に書いてありますように，いわゆる顧客だけではなく消費者という考え方，それも目の前の消費者だけではなく未来の消費者も考えていかなければいけないということで，今ある考え方では通用しないのではないかと思っています。

　一つの具体例ですが，例えば消費者課題を展開する時に原則というのが掲げられています。

　図2は消費者の権利を中心に記載したものですが，このような定め方からも消費者の権利の考え方を基底に持たないCSの発想ではできないだろうと思います。

　また，取り組み課題の範囲の問題を挙げてみても，①公正なマーケティング。事実に即した偏りのない情報，および公正な契約履行。②消費者の安全衛生の保護。③持続可能な消費。④消費者に対するサービス，支援，並びに苦情および紛争の解決。⑤消費者データ保護及びプライバシー。⑥必要不可欠なサービスのアクセス。⑦教育及び意識向上，という七つの課題があります。これらを見ても従来のCSという発想では，とても捉えきれない幅の広さです。

　さらに，パートナーとしての取り組みということも考える必要があります。単純にお客様という考え方ではなくて，消費者の課題を企業やNPOも含めて一緒にパートナーとして共に解決していくという発想が必要ではないかと思います。これも従来と変わってくるだろうと思います。

　最後になりますが，三点目として消費者団体のSRについて，その役割の充実をいくつか挙げたいと思います。四点挙げたいと思います。まず一点目ですが，持続可能な発展への企業の役割への関与です。企業がCSRを実践していく中で，消費者団体がいかに関与していけるか，企業のCSRを促進していけるかということになります。これについては実は消費者団体の中でもSRの規格自体の認識が十分でないということもありますので，人材育成

図1 消費者課題：顧客満足的取組みの発想に加えて社会課題の取組みへ

未来の消費者
消費者
顧　客

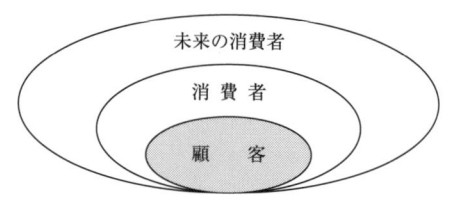

図2 消費者課題の原則

取組みの考え方：消費者課題の原則
- ◉〈国際消費者保護ガイドライン〉
  - ①説明責任
  - ②透明性
  - ③倫理的な行動
  - ④ステークホルダーの利害の尊重
  - ⑤法の支配の尊重
  - ⑥国際行動規範の尊重
  - ⑦人権の尊重
- ◉〈追加原則〉
  - ①プライバシーの尊重
  - ②予防的アプローチ
  - ③男女の平等及び女性の社会的地位の向上
  - ④ユニバーサルデザインの推進

CSの発想
↓
取組みの考え方の見直し

　も含めて我々自身から充実していかなければ，結局CSRも発展していかないのではないかと思います。

　二点目としては，実は企業に対してCSRとして迫っていくだけでは問題解決はできない。例えば，消費者課題の中に持続可能な消費が課題として挙げられていますが，これは企業がやればいいということではなくて，消費者側にも意識の変革を迫るものです。そういう意味で消費者側に対して，消費者団体から十分な消費者教育や啓発をしていかなければいけないと思っています。

　三点目としては，社会の仕組みの中で，消費者利益を確保するための消費者政策にもそのような考え方を取り入れていくこと，あるいは消費者政策以

外の社会システムに対して消費者団体がどこまでかかわっていくかということも必要になってくると思います。

　最後になりますが，消費者団体自身がSRを実践してくことが，企業のCSRへの説得力を持ってくる，あるいは発展につながっていくことになると思いますので，消費者団体自身のSRの実践の充実が求められていると思います。

國部：ありがとうございました。それでは最後に佐久間さんお願いします。

佐久間：佐久間です。本日は「外部定義された経営手法未導入機関は無責任組織か」というやや挑発的なタイトルを付けさせていただいていますが，本日はメッセージとしては仮説を検証するリサーチの重要性について皆さんと考えていきたいと思っています。

　図3は，テーマはISO26000ではないのですが，私の研究テーマでありますESG投資です。いわゆる持続可能性を投資判断に組み込んでいく投資手法について研究してきましたが，ESG投資手法とISO26000に定義された金融手法を取り入れるか取り入れないかという議論に大きな共通点があります。

　私は学者の卵ともいうべき存在で，大変おこがましい発言をさせていただきますが，欧州でも日本でも現在のCSR，SRIアカデミアの課題といたしましては，こういった外部定義された査定方法を導入することが必要であることがスタートラインに立ったリサーチアジェンダが中心になっています。以前SRI調査をしていましたので，いろんな疑問がある中こういう仮説の検証をしないまま今まで来てしまいました。例えばESG情報を使うことによって，長期投資につながるのか。ISO26000を導入することで長期的成長ができるのか。素朴な質問ですが，こういった仮説が検証されないまま今も残っています。こういうリサーチアジェンダとして，どのような日本企業へ

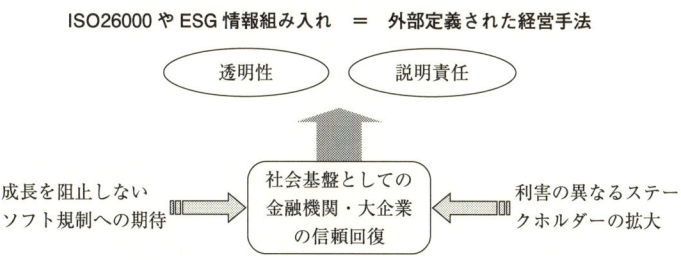

図3　外部定義された経営手法のコンテクスト

ISO26000やESG情報組み入れ　＝　外部定義された経営手法

透明性　　　説明責任

成長を阻止しないソフト規制への期待　→　社会基盤としての金融機関・大企業の信頼回復　←　利害の異なるステークホルダーの拡大

表4　ESG情報採用・未採用ファンドマネジャーの調査

Research question： 　サスティナビリティーを考慮する上で，なぜあるファンドマネジャーは外部定義されたESG情報を採用し，他のファンドマネジャーは採用しないのか。採用しないファンドマネジャーは短期思考で社会的責任に欠けているのか。 理論基盤：'Conformance strategies and decisions in institutional, behavioral and sensemaking theories 　　　　　（組織論・行動理論・経営戦略論） 調査方法：A qualitative longitudinal study（2007年6月-2011年4月までの長期的リサーチ） 　　　　　based on a grounded theory approach（グランデッド・セオリー手法） 　　　　　　データ：欧州13投資運用機関の17人のグローバル・エクティ・ファンドマネジャー 　　　　　　　　　　取材（UK, NL, BE） 　　　　　　　　　　調査期間中の13機関・ファンドマネジャーに関するメディア記事・公開資料 　　　　　　　　　　（Annual report, CSR report, Press release），ESGプラクティショナーとのインフォーマルな情報交換 　　　　　　　　　　取材ファンドマネジャーによるフィードバック 結果：　導入しないファンドマネジャー：長期的モチベーション 　　　　外部定義情報は不要・独自哲学との衝突。「長期オーナーシップ」という独自投資哲学の中に持続可能性の考慮を織り込み済み。金融危機と無関係に顧客と投資先企業からの信頼を維持。 　　　　導入するファンドマネジャー：短期的モチベーション 　　　　「持続可能な成長」アジェンダへのコミット・貢献を担保するために不可欠。金融危機中・後の評判リスクを回避・新経営情報の導入によるブランドを追求。

出典：Sakuma, K.（2012）Conformance and Non Conformance of Asset Managers-sensemaking capacities and the use of externally defind information-, unpublished Ph. D. dissertation. Solvay Brussels School of Economics and Management, Université Libre de Bruxells.

　の影響があるか課題があるのかですが，課題を検証しないままリサーチが進んだ結果，例えば政策の提言に使われてしまうという流れができてしまう。欧州の場合，今そうなる危険性が見えつつあります。外部定義されたツールへの依存度が非常に高くなる。例えば独自の哲学や方法論で，今も昔も将来もステイクホルダーからの信頼をかって，信頼関係を非常に維持して，長期的な成長をとげている組織というのが制度的に不利になってしまうというリサーチアジェンダのセッティングが見えます。私の調査としては企業組織として投資運用機関を見てみました。ファンドマネージャーが働く組織企業です。ファンドマネージャーがどういう動機でESG情報を使ったり使わなかったりしているのか。別にESG情報を使わなくても企業の持続可能性を考慮した投資はできるわけです。

結果としてはこういった外部定義された情報，経営手法というのを使わないファンドマネージャーのほうが内発的動機に基づいてシステマティックに投資をしている。内発的動機ですから，投資先の企業をよく見ていて，普通企業が外圧なりコンテクストの変化によっていろいろ状況が変わっていけば，当然当たり前のこととしてその企業のコンテクストを見ていく。別にESGとかSRIとか言わなくても，自然に持続可能性について考えている。こういう長期的な思考を持ったファンドマネージャーがいました。一方，ESG情報を積極的に導入して，ESG投資手法という定義されたものを積極的に導入しているファンドマネージャーもいました。こういった方の動機というのを取材，またいろいろなドキュメントで検証してみたところ，外発的動機が非常に浮き彫りになりました。彼らがどのように考えているかと言うと，ステイクホルダーの外圧に対していかに自分たちがやっていること，即ち金融セクターの持続可能な社会づくりへの貢献，を見せることにすごくウェイトが置かれている。そこに一番エネルギーが置かれているのです。ヨーロッパでも気候変動とかいろんな政策課題が公共政策として挙がっていますが，政府に対して自分たちがいかにサステイナブルな金融組織であるかということを見せるところに非常にウェイトを置いた動機が見えてきました。最後にディスカッションにつなげたいと思いますが，こういった外部定義された非財務情報を採用しないロジックというのを2つ紹介したいと思います。

　まず一つ目のロジック，ステイクホルダーによる一時的な盛り上がりで，いろいろな投資手法やフォーカスというのが台頭しています。私たちは，エンロンの倒産から始まっていろんな危機を経験しました。そういう危機を経ることによって，いろんな組織がいろんな革新的な経営手法を作り出し，次の危機の防止に備えようとするわけです。でも，長期的にサステイナブル投資をやっているところというのは，こういった一時的なステイクホルダーの盛り上がりは循環的な景気動向の問題であると考えているので，目の前に見える好機やスキャンダルに対する関心のウェイトが非常に低いということがわかりました。

　二つ目のロジックですが，彼らは持続可能性をシステマティックにバリュエーションや投資判断に埋め込むことを良しと考えない。例えばシステマティックに考えるとどういうことが起こるかと言いますと，企業スコアーをはじき出したりとか，経営プロセスに重視するところにフォーカスが置かれて，BPがもっともグリーンな企業になったり，東電がSRIファンドに積極的に

組み入れられたり，そういう現象が起こるわけです。システマティックではなくて各種ステイクホルダーの力関係や状況を読み込みながら，柔軟に状況の変化に合わせてケースバイケースで判断するというマインドセットを自分たちの強みと考えているということがわかりました。こういったロジックは日本企業にも一部通じるものがあるのではないかなと思いますので，後のリサーチにつながっていければ幸いです。

國部：どうもありがとうございました。大変短い時間で6人のそれぞれの専門の立場から，非常に貴重なお話をいただきましてありがとうございました。またパネリストの方々には大変時間が少ない中非常に要領よくまとめていただきました。ディスカッションの時間も十分残っています。まず私のほうからは今日の6人の方々の議論を少しまとめさせていただいて，質問をさせていただきます。そのあとフロアの方々のご意見もお伺いしたいと思います。

今日の6人のパネリストの方々は，それぞれ異なるバックグラウンドから，CSRあるいはISO26000にかかわってこられたことをベースに，ISO26000についてのお考えを示されたと思います。そこでは，いくつか共通のところが浮かび上がってきました。

一つは，社会的責任というものに対する国際的な共通の理解ができたということ，もう一つは，午前中からの議論とも重なってきますが，ISO26000ができていくプロセスそのものが，これからの新しいガバナンスを示しているということ，です。

今回のセッションの目的はISO26000が本当に社会に対して影響力をもつのか。あるいはもうできてから1年近くなるのに現状はどうなのか，という点です。また，最後の佐久間先生のお話では，外部定義されたものを入れるということについてもっと慎重に考えないといけないという点も指摘されました。そのあたりをもう少し掘り下げて考えてみたいと思います。

今日はISO26000を積極的に導入していけばよいという立場の方が多いので，その方向で議論をしていくと，抽象的な規範論になりやすいので，できるだけ具体的なところに引き付けて進めていきたいと思います。

このテーマは谷本先生が選ばれたと思いますが，そこではガバナンスが非常に大きなポイントです。特に議論をしなければならない問題は，ガバナンスの在り方だと思います。ガバナンスの在り方については経済産業省の平塚さんが，これが出てくるとどんどん規制という方向が強まるということをご指摘になったと思います。しかし，もともとISOでSRの規格をという話

が出てきた時には，法規制をするのではなくて自主性に任せるということが重要な側面だったと思います。この点について，ISO26000ができると，例えば労働でも消費者の問題でも，あるいは人権でも今は法規制になっていないものでもISO26000でスタンダードになっているから，もしかしたら法規制が進んでいくような可能性があるのか，それともISO26000で企業が自主的に守るから，これはむしろ法規制ではなくて規制緩和，もっと企業の自主的なところあるいは組織の自主的な判断に任せるような方向のガバナンスに動くのか，このような論点がでてきます。まず，そのあたりをどう考えておられるかを伺いたいと存じます。最初に，冨田さんからお願いします。

冨田：一律にどっちがいいという話ではないと思います。

國部：どっちがいいかではなく，どっちの方向に行こうとするのか。

冨田：傾向という意味では課題によって多分違うと思います。課題によって法規制化のほうに向かったほうがいいものと，より規制緩和をして自律的にやるほうがふさわしいもの，それがより明確に見えていくということが大事だと私は感じています。

國部：平塚さんはどのようにお考えですか。

平塚：間違いなくわかっていることは，国境の問題です。規制をすることが企業の国際競争力を削ぐということがヨーロッパの悩みです。したがって規制をやるところには絶対にブレーキがかかります。規制をやったらその国に属している企業は死ぬだけで終わりますから。生きられるものに対してどういうことをさせるかというところで，唯一やれる領域が情報開示だと思います。情報開示の部分だけは規制強化が進んでいく。その説明の仕方というのは，さっき申し上げたように，企業競争を招くようなことになるので，コンポレートガバナンスの問題でもあります。イギリスでは，言われている法規制するか自主的に開示するかみたいな世界がものすごく増えている。そういう規制ができるところで，それ以上の法規制にはもちろん歯止めがかかっていますが，行かせないような形にするところで説明をしていくというようなダイナミズムが生まれていくのかな，ということが私の想像です。

國部：ありがとうございます。平塚さんがさっきおっしゃっていた規制というのは，情報開示のほうの規制ですね。規制には直接的な規制と，情報開示のような間接的な規制があります。逢見さんと古谷さんはそれぞれの領域でどのようにお考えですか。労働問題とか消費者問題というのはガバナンス，規制も含めて，もっと法規制に落とし込んでいったほうがいいのか，それとも企業の

自主的なところの強化のほうが望ましいのか，どうお考えですか。

逢見：労働については先ほど申しましたように，ILOの国際基準があるわけです。そうした国際基準があるということと，それが守られているということは違います。例えば，児童労働はなくなっているかというと依然としてあるわけです。実際の企業活動の中では，法に書かれているものと実際のとくに途上国に行った時のビジネス環境に大きなギャップがあることは，よく経験することだと思います。企業行動を通じてその溝を埋めていく。それはルールを緩めることによって達成するのではなくて，ルールの中にどう近づいていくか，実際に児童労働がある中で，その児童労働を少しでも少なくするために，自分たちが行動する。少なくとも，自らの行動が児童労働を逆に助長することがあってはならない。こういうことを検証しながら続けていく。ISO26000はこうした課題の解決に役立つのではないかと思います。

國部：ありがとうございます。古谷さんお願いいたします。

古谷：消費者団体を代表しての意見ではないという前提でお話をしますと，ISO26000の内容を議論している時も，国内の消費者団体から3人，のちに4人になったわけですが，実はみんな意見が違いまして，企業がやっていることをどこかでより確実に検証して保証してもらいたいという意向の人から，そうではなくて企業の自主的な取り組みを促すような消費者団体の力をつけることで，取り組みを進めるという人までいました。どちらかと言うと後者は私ですが，このように全くスタンスが違います。私自身は，規制をすれば消費者が安全・安心な暮らしが確保できるかというと，決してそうではないだろうと思っています。最低限の規制は当然必要だとしても，基本的には自主的な取り組みという考え方を尊重していくということが大事だと思います。しかしそのためにはやはり条件があって，消費者団体が力を付けないとそれはできないことです。そういう意味で同時進行的にやらなければいけないと思っています。個人的にはソーシャルガバナンスが大事なのかなと思っています。社会全体で，ガバナンスの仕組みを作っていくということが必要になっていくと思っています。

國部：ありがとうございます。戻りまして黒田さん，NGOの立場から全体的にいかがですか。

黒田：NGOの立場からというより，私個人の考えになりますが，サプライチェーンにおける人権に関しては，最上流の原材料の生産現場，例えば資源採掘などでは様々な問題が出ています。そういったことにおいては情報開示を含め，

規制が進んでいくのではないかと思いますし，必要なのではないかと思います。一方で先ほど古谷さんのほうからソフトローという言葉が出ていましたが，ISOの話をあるドイツの弁護士の人と話をしていた時に，こういったソフトローというのは今の時代に非常に重要だという話をされました。ハードローだけでは不十分なので，ソフトローという社会的規範が必要というようなことをおっしゃっていました。その時に議論をしていて思ったのは，政府だけではなくて非政府を含めて，様々なセクターや立場の人が参加するようなガバナンスのシステムというのがあってこそ，多分ソフトローは機能するのではないかと思います。ISO26000は，「手引書」ではありますが，こういったものが実効性をもつためにも，様々なステイクホルダーが参画できるシステムが必要ではないかと思います。

國部：ありがとうございます。それでは佐久間さんのほうには外部定義された経営手法ということで，これまでのパネリストの方とは全く違う観点からご報告をいただきました。そのポイントは外部定義された経営手法を無批判に組織に入れるということは，必ずしも組織にとってプラスではないということであると理解していいですか。

佐久間：そうですね。一部はオブラートに包んだつもりですが，今日のキーノートスピーチにあった，レジティマシー（正統性），リスク管理，そしてストラテジックディレクションの関係を使ってお話します。この最後のストラテジックディレクションが競争の差異化だと思います。しかし，こうやってスタンダードができてしまうと，おそらくすべてがレジティマシーとリスク管理のほうに集約される。セオリーのレベルでは企業の評定の差異化とか一生懸命説いていますが，結局は競争の差異化に繋がっていかないのではないでしょうか。スタンダードができた時，もちろんセクター，業界によって違うと思いますが，例えばナイキとかでは，スポーツシューズ業界のコンプライアンスレベルがものすごく高くなっており，ほとんどすべての課題がリスク管理になっていると思います。そういう業界にある企業は最も厳しいと思います。

國部：なるほど，わかりました。ありがとうございます。重要なポイントだと思います。佐久間さんのご意見を極端に言ってしまうかもしれませんし違う意見かもしれませんが，外部定義されたものを無批判に導入するだけなら会社はすごく楽ですが，それを入れてしまうことによって，本来会社が本質的に考えるべきところを考えないようにしてしまう危険性があると思います。この

あたりはいかがでしょうか。

冨田：佐久間さんのお話に同感するところですが，ISO26000は標準ですので，最大公約数と言いますか，それを拾って作ったものだと理解することが大事で，これだけをやっていけばすべてが満たされるとか，これでもって優位性の確保になるとかを考えてしまうとこれは大きな誤解になると思います。この部分はあくまでリスク管理，レジティマシーということを考えるのであれば，ある程度最低限はこれくらい準備したほうがいいですが，これだけで終わるものではないというふうにきちんと理解しておく必要があると思います。

國部：ありがとうございました。いろいろなご意見をお持ちのフロアの方もおられると思いますので，フロアの方にご意見を伺いたいと思います。ご意見のある方はまず手を上げていただけますか。4名ですね。では連続でコメントをいただきまして，私のほうで論点を抽出して，パネリストの方に聞くという形にさせていただきたいと思います。所属とお名前を言っていただいてからご質問をお願いしたいと思います。

島本：京都文教大学の島本と申します。問題はこのISO26000が，ポジショニングがどうなのかということだろうと思います。懸念事項が必ずあるし期待事項もあるということで，その度合いがそれぞれのパネリストで異なっているということだろうと思います。今直近の問題として，具体的に出てきているのは，さっき平塚さんが言われた問題ですね。JISの規格化を図っているということです。これは法的な規制なのかソフトローなのか，自主的なボランタリーシステムをうまくこれで誘発するものなのか，この辺をもっと慎重に考えていけばということですね。自主的な環境づくりであれば，もっと別のやり方がいろいろあるだろうと思います。例えば業界レベルで，いろんなディスカッションテーブルを働きかける。あるいは報奨制度をどんどん活発にやっていく。これを単純に規格ということでやると，平塚さんも指摘された懸念事項が当然出てきます。バンドワゴン効果それぞれアウトリーチ競争になるということです。この辺をもう少し，日本はどっちに行くんだろうということを僕はちょっと疑問に思いました。

國部：ありがとうございました。では後ろの方お願いします。

緑川：バルディーズ研究会の緑川と言います。人権労働に関して，労働勧告の中に同一価値の労働に対しては同一の賃金を支払うこと，という具体的な指摘があります。それからもう一つ年齢差別。これは人権のほうの差別の問題のところにありますが，規制が非常に緩やかです。そして新卒さえも年齢差別が

あると思います．3年間一つの実績をかまえれば採用しようということで，そうすると答えた企業は厚生労働省の調査では27％あります．日本のシステムが非常に欧米と違うので，最初の同一賃金の問題は三つの課題があります．男女の格差の問題と雇用形態別格差，正社員と非正規社員の格差です．それから年功格差というのがあります．

　女性の格差は非常に取り組みが進みつつありますが，残る二つはそう簡単に解決できない．欧米とシステムが違う．それから年齢差別は法令が非常に緩やかなので，公務員の採用もそうですが年齢28歳までとか，そういう年齢差別も法令違反ではないです．規制の問題と自主的な対応．規制をかけないとできない問題もあるし，労働慣行として非常に定着していることができないとかそういう問題もあるわけです．この問題をどう考えたらいいか，実はこの問題はNACという団体がありまして，人権平等について具体的にISO26000に対応して情報開示のKPIを作っていこうと．そういうチームでやっているわけですが，その問題をどう解決したらいいか，非常に悩んでいます．

國部：ありがとうございます．

吉田：しんきん信託銀行の吉田と申します．2点教えていただきたいことがあります．1点は規格，さっきJISの話も出ましたが，ISO14000に関して，これは結局認証を取ったら環境管理の事故が減るかというと，実は結構増えている．認証機関を儲けさせるためだけにできているのではないか，という仮説を検証した研究者がいました．そういう恐れというのは実際あるわけです．これはISOがJIS規格に変わっていく時に，結局これがどういうかかわりになってくるのかということです．例えばJISになった時に，企業がそれに直面した時にどうするか．形だけそろっていればいい，法律が規制なら規制に沿った形であれば内容はどうでもいい，という形で対応される可能性もある．それをどうクリアしていくかなという疑問をもっています．

　もう一つはサステイナビリティというのは二面性があって，一つは社会の中で生きることを許されるという立場．これはマルチステイクホルダーの立場の中でわかります．逆に企業の立場からいけば，どうやって社会の中で生きていくのか．戦略的CSRと言っていますが，それはすごくわかりやすい話だと思います．この二つの立場をどうやって一致させていこうというように考えていらっしゃるのか，この二つをお伺いしたかった．

國部：ありがとうございます．では，一番後ろの方，お待たせいたしました．

熊谷：国際労働財団の熊谷と申します。スピーカーの皆さんの短時間での素晴らしい発表を，ありがとうございました。私の質問はISO26000というのは，国際社会でのソフトローの重要性というのを個別の組織に伝えるのに非常にいいチャンスだと思います。それをどう具体的にするかということです。私も冨田さん，関さんと一緒に5年間この策定にかかわってきましたが，既存委員会の国際組織から来ている人たちはソフトロー論に非常に熱心で，CSRと宇宙開発というのはほとんど国際的にはソフトローで行われている。国際条約は二つだけであとは全部ソフトローだと言います。世界の大きなことを動かしているところにソフトローは活きている。しかし法律の立場から軽視することがある。それではだめだということを主張することにこれはいいタイミングではないかと思います。その中で議論が分かれたのは，この規格というのは社会の利益のための規格なのか，それともここで集まった何百人かの委員の申し合わせ，コンセンサスができましたということなのか，という議論がありました。これは社会の利益に帰着するのだということで最後完結をしたわけです。それはそもそもどうしてかということになって，それを組み立てていったということで，集まった人の合意ではなくて，いわば地球人の意志であると思っていきたい。そういう目で見ると，外部定義から入る入らないという議論とは別に，共通の部分をシェアする。それによって従業員や組織メンバーが活性化する。そういう世界の共通ルールができるという方向をより強調する時期であって，各企業の個別の文化・いいところは当然重要ですが，そのように理解すべきではないか。実践を通してISO26000を点検する。それに関しては参加国の中小組織で実際のトライアルをやってみて，やり方によってはそれほど面倒くさいことはない，ということは言えます。私はこのように考えていますが，皆さんはどのようにお考えか教えていただければと思います。

國部：ありがとうございました。最後の熊谷さんのご指摘は，全体の一番あとのまとめ的なところでお伺いしたいと思います。最初の3点。島本先生，緑川さん，吉田さんのコメントはかなり対象を絞られたご質問ですので，それぞれお伺いしていきたいと思います。まず，島本先生のほうのご質問は，経済産業省の平塚さんにお答えいただくのが一番いいと思いますが，ISO26000の実施ということで，これは法的な規制ではないですが，法に準ずるような影響力をもつような規制，あるいはソフトローなのか，この方法でやるのが一番いいのか，もっと違う方法があるのではないか，そういう趣旨のご質問だ

ったと思いますが，平塚さんお願いします。

平塚：そもそもこのISO26000のでき方から考えていくといいと思うのですが，ISO14000との違いは，認証を取るタイプの規格ではないということです。普通，産業規格は，経済産業省の意見ですが，安全規格だったり環境の規格だったりしますが，ある形にはめ，それが守られていることがきちんとチェックされれば，認証されると。そういうものを普通規格と呼んでいます。今回は作る段階からこれはガイダンスに過ぎないと，型にはめてあとからマルとかバツとか言わないよ，というように作ってしまっているというところです。

　本当は規格というものは，その運用や実効性まで含めて規格なのですが，これはそもそもそういうものではないんじゃないかと。だからこそ我々がこの規格を作った時に，逢見さんが言っていましたが，この規格がなぜ各国で訳された瞬間に，お金を払って買わなければいけないものになるのかおかしいのではないか。本来は先ほどご指摘があったとおり，誰がどう引用してもいいから，本当に普及をするというところに徹する，というのがいいのだろうというのが私の考えです。ガイダンスである以上，多様性を確保するというのが前提にあったし，産業界から出た意見で認証して何の意味があるのかと。認証機関が儲けるだけじゃないかという意見もあって，これは制度として選択をしていないということです。その上で何で経済産業省はこれを実施化することにしているのかということですが，悩んでいました。やろうと決めていますが，ここで言われたことの意義は，規格を作ろうとすると政府の中でまたディスカッションが始まります。もっと言うと日本語でちゃんとしたのを作ってほしいという要望がとくに消費者団体のほうから強くあって，やることにしようかなと考えています。そのプロセスの中で関係する省庁ともきちんと話をして，こういうものを入れてもいいかとか，そういう政府内啓発の意味があるなと思っています。ただこのような自主的なやり方を徹頭徹尾やらないといけないというよりは，規格を作ることに目的があるのかと言えば，日本としてはもう一回それをエンドースしたよというアナウンスメントの効果を除けば，効果があるとおっしゃってくださる方もいますが，もう少しその先を目指して行く必要があるだろうと。

　私たちが今やろうとしていることは，中小企業に対してはきちんと啓発をしなければいけないだろうということです。これはガイドラインを作ったりケーススタディをやって普及することをやっていますが，この時の悩みは二

つあります。

　先ほどからお話があるように，自分で考えてやってくださいという人にこうした方がいいよと言うとミスリードするリスクがあります。片や中小企業に普及する時には，こういうようにやった方がいいですよ，に近いことを言わざるを得ないので，やや型にはめたお願いをすることになるでしょう。いわば，とりあえずフリーサイズの服をダブつくかもしれないけど，まず着てから1年か2年してまた考えてみましょう，というような普及をしてしまっている。全く何もやらないよりも，その後の活動の裾野が広がる方がいいだろうということで，そういうガイドラインを作って今普及をしているところです。

　加えて今おっしゃるように，産業団体ごとに啓発するような活動を，やったらいいのだろうという気もしなくもないわけです。ただ出口のところが，皆さん考えて下さいということになってしまうものですから，割とこういうことをやった方がいいですよみたいな見せ方をすれば，商工会議所などでもやっていくことになると思います。むしろせっかくこういう場所なので，何かいい知恵があれば，会議が終わった後にでも聞かせていただければと考えています。

國部：ありがとうございました。今の答えでISO14000についても部分的に答えていただいたということで，ありがとうございました。続きまして緑川さんのほうから労働問題について，かなり細かい問題を特定したご質問が出ています。同一価値の労働には同一賃金を与えること，とくに男女，雇用形態，年功の格差という問題。中でも雇用形態による格差や年功による格差，年齢差別というのはなかなか是正がしにくいものですが，このISO26000という方針の中でどこまで対応可能なのかというご質問だったと思います。逢見さんお願いします。

逢見：緑川さんの質問は，日本的雇用慣行と普遍的市民法原理というか，あるいはそれに基づいて作られた国際基準との，あつれき，衝突の問題で非常に大きな問題です。日本的雇用慣行の理念型というのは，正規常用社員によって安定的な雇用が保障されるわけですが，そこに女性はどこまで入っていたのか，あるいは正規常用の周辺には非正規の縁辺的な労働力があったのではないか。そして雇用形態の違いが処遇の差につながっていたのではないか，という問題が修正を迫られてきたということです。それは立法という形で修正を迫られることもありますし，裁判における判例法理という形で修正を迫るという

こともあります。

　例えば男女差別の問題で言えば現在の判例法理によって，女性であることを理由にして男女別に定年制を作るとか，男女別の賃金表を作るとかいうことは，明らかに違法ということになっています。雇用形態による差別というのは裁判例もありますが，パートについては均衡処遇という形で是正を図ってきているという経緯があります。それが十分なのかどうかということについては，まだ多くの議論があります。有期雇用についてルールを作る必要があるのではないかということが，最近議論になっています。来年あたり国会に有期雇用のルールというのが，立法化される気運にあります。労使で激しい意見の対立がある中で，徐々に修正をしているというところがあります。さらに年齢による差別も，いわゆる生涯現役という社会を目指して行くべきなのか，それとも一定の年齢が来たら定年というかたちで，労働からの引退ということを一斉に求めるという姿で行くべきなのかということです。様々な修正を迫られる中で，解決手段を徐々にではありますが作っていくという経過があります。そういう状態は今後もまだしばらくは続くということになるだろうと思います。しかし10年，20年という単位で考えていけば，国際的ルールとの修正による調和ということは，徐々に図られてきているのではないかと思っています。

國部：ありがとうございました。それでは次の質問に移りたいと思います。次も非常に難しい質問で，吉田さんのほうから出ています，サステイナビリティの二面性ということで，これはISO26000を守ることで社会の中で生きていく資格が出てくるという側面，その一方でそれをしたからといって，社会の中で企業が生きていけるという保証はない。企業は社会の中で経済活動をして食べていかなければいけないので，どのように社会の中で生きていくのか。その意味で出てきた戦略的なCSRという考え方と，ISO26000の二つをどうやって調和させていくのかというご質問だったと思います。この点を冨田さん，ご回答いただければと思います。

冨田：私には厄介な課題だと思いますが，先ほどから出ていましたが，レジティマシーの問題，リスク管理の問題，戦略の問題，やっぱり一つは企業経営を取ってみても，様々なイシューを見ていかないといけませんので，やはりこれをどうやって見ていくかということではないかなと思います。つまりISO26000みたいなものは，当然のことながら認証規格ではないということで，これが非常に複雑でわかりにくさを増していくところかもしれません。

ステイクホルダーからの期待という意味での最低限守るべき身だしなみみたいなものがあり，一方でそれに記述されていない組織として生き延びていくためのより積極的な戦略というのがあります。この両面をうまくやっていかなければいけない。これは組織経営の中で，どれぐらいきちんとやっていかなければいけないかという，結果的には経営戦略みたいなところにかかわってくる問題ではないかなと思います。

國部：ありがとうございました。これはなかなか難しい問題で，理想的には社会に対して貢献することで社会が良くなって，良くなったことが企業活動にプラスになるというループが回れば一番いいと思います。しかしループが回る途中で，企業活動のほうの調子が悪くなると困ってしまうという大きな問題があります。これは時間の問題にもかかわってくると思います。最後のご質問，熊谷さんのほうから出ました問題に関しましては，ISO26000のソフトローとしての重要性をどのように具体化していくのかという問題です。これは非常に重要な問題だと思います。ISO26000の制定にかかわられた黒田さんのほうからご意見いただけますでしょうか。

黒田：先ほど申し上げたことを少し繰り返しますが，社会的責任向上のためのNPO/NGOネットワークでは，復興支援を含めて地域づくりというものに注目しています。そういったところに多様な担い手が主体的に参加する，マルチ・ステイクホルダー・プロセスというものを推進していく時に，このISO26000というのは非常に効果的なツールではないかと考えています。地域で実際に地域づくりや課題解決を進めてきている人たちが，これはもしかして使える道具かもしれないと考え始めていることは注目に値することだと考えます。ソフトローとかそういう大きな話とは異なるかもしれませんが，ISO26000の「コミュニティーへの参画，コミュニティーの発展」のところにも書かれているように，地域社会には様々な主体というものがあって，中には対立するような構造もあるわけですが，そういった様々な主体が共に手を携えて何かをするというのは非常に大変なことです。何のために連携するのかを考える時に，社会の利益のためであるとか，持続可能な社会の実現に向けてであるとか，直接的な利害関係を超えた共通な目的を共有できないと非常に難しい。そういった時にそれぞれの主体が，自分たちも社会的責任というのを果たす役割をもっているということを認識しながら，他の立場の人たちと連携をすることで，これまでお付き合いがなかったステイクホルダーの人たちをさらに巻き込んでいったり，地域の課題にいろいろな角度やレベ

ルで取組んでいけたりするのではないかと考えています。すでにそういう取り組みが，あちらこちらではじまっているということも言い添えておきたいと思います。

國部：ありがとうございました。古谷さん，消費者の立場から疑問点にお答えいただけますでしょうか。

古谷：私自身はISO26000を形式的に導入してしまうと，先ほど佐久間さんがおっしゃったような完結された検証ということで，導入しても結果的にはうまくいかないということになるのではないかと思います。ISO26000が本質として何を要求しているのかというところをしっかりつかまえながら入れていく必要があります。その時に目の前にISO26000を入れる入れない，あるいは先ほど消費者課題のところでお話したように，消費者の権利がベースにあるといった時に，消費者団体側がそれができていないことで企業に対してノーと言っては実は問題解決にはなりません。時間的な経緯も見ながら，こういうことが本質的に要求されていて，今企業に対してこうすべきではないかということを，時間的なプロセスを見守りながら具体的に共に課題解決をしていくというスタンスが我々には求められています。企業だけではなく，我々の側も本質は何で，将来を見据えた時に今何をすべきかということを，協働して行うべきところをしっかりやっていけば，ソフトローとしてうまく機能すると思います。

　それとまた一つ観点が違うと思いますが，ISO26000だけで今の社会問題が解決できるわけではない。どういうやり方をすればいいのかという中の一つとして，ISO26000という見方も必要であると思います。これだけに頼るのではなく，将来どのような社会を作っていって，我々がどのようなことをしていけばいいのかという中で，本質を見ながら時間も見ながら，共に一緒にやるというところが，求められているような気がします。

國部：ありがとうございました。今の見解を受けて研究者の立場から，佐久間先生コメントをいただけますか。

佐久間：私には難しすぎて，質問に回答することはできませんが，こういう例をお話して，皆さんに考えていただく材料を提起するということにさせてください。

　昨日飛び込んできたイギリスのニュースですが，イギリスのビジネス・イノベーション大臣であるヴィンセント・ケーブル氏が，株式市場の参加者によるショートターミズム（短期思考）の実態の調査をロンドン大学のジョ

ン・カーイ先生に外部委託したということです。この委託調査では，年金基金，年金コンサルタント，ファンドマネジャーや企業取締役会といった市場参加者の関係から生まれる利害の衝突インセンティブやモチベーション，株式保有期間に焦点を当て，その上で解決策を探るというものです。

　全部詳しくは読んでいないのですが，おそらくこういう背景があると思います。先進的なことをやってきたイギリスであっても，ISO もあれば ESG 情報開示もある，いろんなことが起こってきたわけです。コミットメントを非常に担保した国であっても，デリバリーにつながらないという問題を今になって抱えているのではないか。今になってモチベーションを継続していくためには，自主的，自律的に継続させることがいかに大切であるかということを検証しているのではないかと思います。おそらく ISO もそういう危険もはらんでいると思います。ISO は一つの点であって，ISO 以外にもいろんな点があるわけです。社会的責任に到達するために，点をつなげた時に線にならない問題というのが欧州は進んでいる，そういう問題が浮き上がってきているのだと思います。

國部：ありがとうございました。最後にショートターミズムのお話をいただきまして，私も昨年12月，今年3月ヨーロッパでCSR関係の会議に出た時に，どちらもショートターミズムあるいは金融危機の問題が議論されました。これはグローバルでないと解決ができない問題で，一国だけの法規制で解決することはできません。いろいろな方法を使ってそれを押さえる必要がある時に，CSR というのは役に立つのではないか。あるいはさっきおっしゃった ESG 情報開示が役に立つのではないか。つまり長期的な視点を与えることができるのではないかという議論があったのを思い出しました。

　ISO26000というのが発行されてほぼ1年近く経ち，それをどのような意義があるのかというのを，今日は6人のパネリストの方々と，フロアの皆さまと議論をしてきました。本日は非常に大きなテーマで議論をしてきましたが，ISO26000は具体的な場面で活用して初めてその意義がわかってくる。今日はあまり議論になりませんでしたが，ISO26000の非常に重要な精神にステイクホルダー・エンゲージメントというのがありまして，ステイクホルダーと組織が出会うところが，社会的責任が実際に自覚される場面だと思います。それが今までなら国内的な問題で解決できていたのですが，企業活動がグローバル化したために，グローバルな範囲で解決しなければならない。でも解決する場面はローカルです。ですからその接点のところでいろいろな

問題が出てきて，そこで ISO26000 でどう解決していくのかということが，このセッションの次の課題だったと思います。

平塚：普及するというご指摘が先ほどあって，ここにかかわっている皆さま方に一つだけ考えていただきたいことがあります。企業の立場に立つと，ある規格を守ればいいことという判断になると，すごくやりやすいですね。しかし単に規格に従う，また二番煎じをやっている人がいたら，それは「カッコ悪いぞ，この企業は」と。絶えずすごい工夫をしていくことが必要です。ソフトローというのはまさにそういう意味ですよね。やることが決まっていればハードローになるわけで，ハードロー的な運用をさせないということだと思います。

　そうじゃないと，私，今東京電力の問題にかかわっていますが，安全規制を守っているから全部いいんじゃないか，とかなっちゃうわけで，もうちょっと何か変な話ですが，原子力発電所も，東電も東北電力も，女川みたいに少し高いところにできるんじゃないか。いろんな議論ができるわけです。状況に応じた，タイミングに応じた判断があって，この人は新しいことをやっている，と見つけてあげて，頑張ってくれと。差を見つけてあげることが，さっき話にあったようなサステイナビリティの二面性を埋めていくようなところに，そういう運用を厳しい目で見ていくようなことをやっていただくのが，ソフトローの本当の意義じゃないかなと思います。

國部：ありがとうございます。企業と社会フォーラムのメンバーが，実際にエンゲージするということがこのセッションの結論だということでよろしいでしょうか。どうも長時間ありがとうございました。

III 特集論文

- ◆ 新庄方式の生成移転過程（佐々木利廣）
- ◆ ソーシャル・ビジネスにおける協働（横山恵子）
- ◆ 社会的協働の形成プロセス（大倉邦夫・田邉和男）
- ◆ ソーシャル・ビジネスの本質（大室悦賀）
- ◆ 事例：持続可能なビジネス（辻井隆行）
- ◆ 事例：ソーシャル・ビジネスの現状と課題（中間大維）

新庄方式の生成移転過程
――マルチ・セクター協働によるリサイクルシステム――

佐々木利廣　京都産業大学経営学部教授

1．マルチ・セクター協働への注目

　地域活性化，環境リサイクル，福祉医療，子育て，ホームレス，貧困など複雑な社会課題を解決する仕組みとして，これまでの伝統的な行政主導型政策立案と実行に代わり多様なステイクホルダーの参画を基礎にした政策決定と実行システムに注目が集まっている。たとえば2010年11月には政府，産業，労働，消費者，NGO，その他の6つのマルチ・ステイクホルダー参加によって組織の社会的責任（SR）についての初のISO規格（ISO26000）が策定された。また国連のグローバル・コンパクト，GRI，世界ダム委員会，森林管理協議会なども，異なるステイクホルダー間の協議をもとに標準化を推進し知識共有や共同学習を促進することを目的にした組織体である（山田高敬，2009）。日本でも，安全・安心で持続可能な経済社会を実現していくための協働戦略として，企業，NPO，行政などのステイクホルダーが一定のルールと役割をもって当事者として参加し協働する場が機能しつつある（佐藤正弘，2010，小島廣光・平本健太，2011）。こうしたマルチ・セクター協働の事例として，本論文では障がい者福祉と連動した環境リサイクルを考えることにする（佐々木利廣他，2009）。

　循環型社会のために企業・NPO・行政・市民が協働しながら3R（リユース・リデュース・リサイクル）活動を行っている例は全国に見られるが，㈱ヨコタ東北を中心にしたP&Pトレーリサイクルシステムである新庄方式もその一例である（佐々木利廣，2011）。P&Pトレーリサイクルシステムの中心として活動しているヨコタ東北は，1979年食品プラスチック容器の形成メーカーとして創業している。業務内容はプラスチック製食品容器の製造販売であるが，横

田健二社長は食品容器メーカー＝ごみ製造業といわれたくないという想いから1998年に環境に配慮したはがせる容器「P&Pリ・リパック」を開発している。また横田社長が知的障がい者の自立支援という社会課題について強い関心を有していたこともあり，2002年9月に環境と福祉の融合を目的とした食品トレーリサイクル事業を新庄市に提案している。それ以降食品トレーリサイクルシステム（新庄方式）は，最上地域，横浜地域，四日市地域，鶴岡地域，東海地域などにも移転し，それぞれの地域特性に合ったシステムとして定着している。さらに最近では，NPO法人地球船クラブが事業主体になり江東区役所と区民と企業との協働による本格的な市民リサイクルモデル事業がスタートしている。

　食品トレーリサイクルシステムは，多様なセクターの相互学習により長期的に持続可能なシステム（エコシステム）として機能している。そして最終的にはソーシャル・イノベーションを引き起こすことで，リサイクルという社会課題を解決することを前提にした組織間関係システムである。こうした新庄方式の発展を，内部に矛盾や対立を含む1つのまとまった学習システムの進化と考えると，つぎの3つのステージに区分することができる。第1ステージは，観察と試行錯誤による新庄方式形成期（2002年～），第2ステージは，仲介者をもとにした新庄方式移転期（2006年～），そして第3ステージは，新たなアクターとシステムによる新リサイクルシステム転換期（2010年～）である。

　第1ステージでは，ヨコタ東北は日本生協連の要請により桶川リサイクルセンターにエレマー製プラントを導入して魚箱処理を行いながらリサイクル技術

図1　新庄方式の形成・移転・転換のステージ

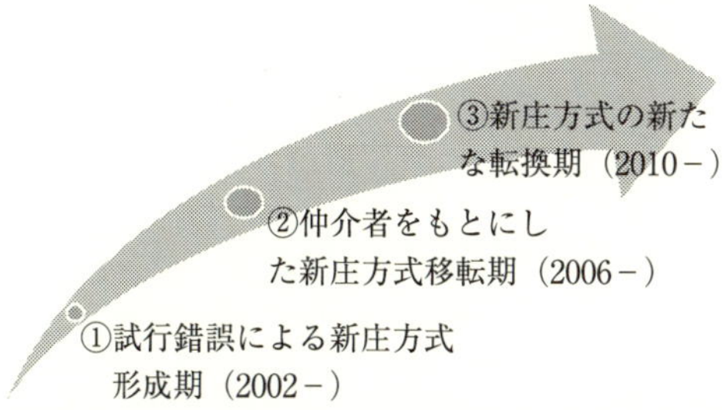

③新庄方式の新たな転換期（2010-）
②仲介者をもとにした新庄方式移転期（2006-）
①試行錯誤による新庄方式形成期（2002-）

を試行錯誤で学習していった。同様に2002年にはみずなぎ学園（舞鶴）にエレマー製リサイクルプラントを導入しリサイクル技術を学習しながら，そこで働いている知的障がい者固有の特性を観察している。その結果，知的障がい者はモノを作ることよりも作ったものを壊して元に戻すことに楽しみを見出す，というリサイクルの発想に近い特性をもつことを発見している。そして新庄市役所の助役や職員，横田社長，企業関係者がみずなぎ学園を視察（2002/12）した後に新庄市役所内にプロジェクトチームが結成されることになる。2003年5月にはヨコタ東北，友愛園，たんぽぽ作業所の3者によりP&Pトレーリサイクル研究会が設立されている。トレー回収に関しては，最初は学校を回収拠点として収集から資源化処理までを市の事業として行うシステムを検討したが，最終的にはスーパーが自主的にトレーを回収して，福祉施設，トレーメーカーの三者の協働により資源化処理を行うシステムに変更して実施されている。

2004年度中には，友愛園ペレット工場の用地建物の無償提供，リサイクルプラントの無償貸与，産業廃棄物処理業の許可取得，たんぽぽ作業所の産業廃棄物収集運搬業の許可取得などが進み，2004年11月にはP&Pトレーリサイクル研究会による食品トレーリサイクル「新庄方式」が稼働している。

第2ステージは，新庄方式見学者の増加による障がい者の社会参加と仲介者による他地域への移転のステージである。2000年に環境教育の拠点としてアメニティセンターを設立後，そのアメニティセンターには毎年3,500人以上が訪問している。さらに，たんぽぽ作業所や友愛園の活動が軌道に乗り始め，工賃アップなど新庄方式の成果があらわれる時期でもあり，食品トレーリサイクル「新庄方式」全体を見学する人も増大している[1]。2005年には，たんぽぽ作業所は小規模作業所からNPO法人格を取得し，産業廃棄物収集運搬業の許可を取得し，補助金活用により作業台・トラック・ごみ置き場・減容機を購入している。同様に友愛園も2004年に一般廃棄物処分業（プラスチック溶融）の許可

（1）　2000年から2010までの見学者数の推移は，1,733人，1,852人，1,660人，2,571人，2,608人，2,896人，3,011人，2,788人，3,460人，2,514人，1,617人である。なお2008年以降は年度表示に変更されている。2008年（度）まで見学者が増加していることが伺える。

を取得している。たんぽぽ作業所や友愛園で働く障がい者の自立や社会参加の現場を見学した他地域からの見学者によって，食品トレーリサイクルシステム「新庄方式」は他地域へ移転していくことになる。すなわち2005年1月にはスーパー富士シティオ・㈳同愛会幸陽園リプラスによる横浜方式が稼働し，2005年6月には福祉施設をトレー回収拠点とする最上ふれあい学園による最上方式が稼働している。さらに2006年11月にはスーパーサンシとNPOみどりの家による四日市方式が稼働している。2007年4月には，東海市とスーパーヤマナカの全面的協力を得て㈳さつき福祉会がリサイクル施設エコラ東海を稼働している。また新庄方式は2007年4月に鶴岡市に拡大され，小規模作業所「工房せい」が収集・選別作業を行い，友愛園で資源化処理している。

さらに第3ステージとして活動がスタートしているのは，行政セクターの江東区と区民，企業セクターのヨコタ東北やデンカポリマーなど食品容器メーカー，NPOセクターの地球船クラブがトライセクター協働で進める行政と企業とNPOと市民によるリサイクル事業である。2010年から3年間の試行期間で活動がスタートしている。江東区は，9000ヵ所のごみ集積所からトレー等を回収運搬し，回収されたトレー等はNPO法人地球船クラブが運営主体のエコミラ江東で障がい者の社会参加によりペレット化される。ペレットは発泡スチロールの原料としてプラスチック食品容器メーカーに納品される。第3ステージはまだスタートしたばかりであるが，活動範囲は東京都の隣接区にも広がりつつあり，新しいリサイクルシステムへと転換しつつある。こうした3つのステージの変遷を通じてマルチ・セクターシステムがどのように形成され他地域に移転され新たなシステムに転換していったかを議論したい。

2．「新庄方式」形成期（第1ステージ）

　福祉と連動した食品トレーリサイクル事業である「新庄方式」のアイデアは，2002年9月ヨコタ東北の社屋建設に関係した大手ゼネコン社員が社長の思いを新庄市役所商工観光課職員に伝えたことから始まる。このアイデアを「茶飲み

話で終わらせない」ためにどうすればよいかを相談するなかで,国土交通省から出向中の伊藤助役に話をすることになる。この時点で横田社長からの条件は,学校回収を基本にすることと,福祉施設を参加させることの2つであった。この提案を受けて,2002年10月から新庄市役所内で小学校を回収拠点に一般廃棄物処理のシステムについて検討することになった。その後新庄方式の具体的内容を検討するために2002年12月に京都府舞鶴市の社会福祉法人みずなぎ学園を視察している。参加者は市役所からは伊藤助役,伊藤東京事務所長,今川高齢障がい支援室長,ヨコタ東北からは横田社長夫妻,安部専務,そして企業(建設)関係者である。視察先のみずなぎ学園で,障がい者が社会に役立つ仕事に取り組んでいるという自覚をもち活き活きと働いている姿に感激した助役のリーダーシップにより,2003年1月新庄市役所内にプロジェクトチームが発足することになる。メンバーは企画(とりまとめ役),環境,福祉,商工の課長補佐クラスである。

　プロジェクトチームでは,まず小学校3校を対象にトレー回収やアンケート調査を行うモデル事業の事業費の一部を対象に補助金申請している。しかし補助金申請の条件が民間部門に限定されていたことから,民間ベースのP&Pトレーリサイクル研究会という組織を立ち上げることになる。研究会の構成は,㈱ヨコタ東北,社会福祉法人山形県手をつなぐ親の会友愛園,たんぽぽ作業所の3者である。当然のことながら行政としての新庄市役所は後方支援に徹することになった。研究会メンバーについては,新庄市にも多くの福祉団体が存在していたが,結果的には以下の2つの団体が選ばれた。友愛園については,母体が堅実であり社会福祉法人として各種資格が獲得しやすいこと,葬儀関連品(棺桶や骨箱など)で高収益を上げていたが中国の追い上げにより収益減に直面し新たな事業を模索していたこと,施設の手狭さを解消するために移転の可能性を検討していたこと,などが影響している。ただ過去に食品トレーリサイクルを手掛けた経験がないこともあり,収益面から躊躇する場面もあった。またたんぽぽ作業所については,廃油石鹸やクッキーなど低収益事業が大半であり新たな事業を模索していたこと,小規模作業所で廃棄物処理に関する資格取得

が難しいことからNPO法人への脱皮が迫られていたこと，3人の女性指導員による運営であり運営支援やテコ入れが必要であったこと，などが影響している。

　P&Pトレーリサイクル研究会では，当初一般廃棄物処理のシステムとして実施するために市内11小学校を回収拠点にするという考えであった。しかしこうしたシステムの運用については全くゼロからのスタートであったこともあり，準備事業として環境教育の視点から小学校3校でモデル事業を実施することになった。2003年5月以降，現況アンケート調査，トレー回収総量調査，収集・分別・運搬の試行などが行われた。こうしたなかで新庄市の財政難の影響もあり，小学校を回収拠点にする方法に限界があることも明らかになってきた。研究会メンバーがリサイクル事業の社会的有用性を認識するなかで，横田社長の提案のもとスーパー（郷野目ストアーやマックスバリューなどの13店舗）を回収拠点にする方式に方向転換することになった。この方針の転換は大きな意味をもつ。まずスーパーを回収拠点にすることは回収トレーを一般廃棄物ではなく産業廃棄物として取り扱うことになり，運搬処理の許可が必要になる。さらに回収拠点のスーパーに対して研究会3者が事業説明をすることも必要になる。しかし福祉施設だけでその役割を担うことは難しく，新庄市役所の職員と福祉施設の職員がチームを組んで各スーパーの事業所に説明していくことになった。また最初は，回収拠点のスーパーが日本容器包装リサイクル協会に支払う負担金が処理費用として福祉団体に還元されることも期待していたが実現せず，各福祉団体への利益配分について難しい選択を迫られることになる。

　ここで新庄方式の仕組みについて簡単に触れておく。まず地域の各家庭から出る使用済トレーがスーパーの回収箱に持ち込まれる。P&Pリ・リパックであればフィルムをはがしたもの，それ以外のトレーについてはきれいに洗った状態で回収箱に投函される。なおP&P（ポリプロピレンフィルム＆ポリスチレンパッケージ）リ・リパックは，ヨコタ東北が製品化したトレーであり，トレーの内側にフィルムが貼られており，使用後はそのフィルムをはがしてスーパー店頭に設置している回収ボックスに戻される。ごみになるのは汚れのついた

フィルムだけになる。スーパーは，回収箱を点検し袋交換を行いまとめて保管しておく。その後産業廃棄物収集運搬許可を受けた NPO 法人たんぽぽ作業所が，定期的にトレーの回収運搬作業を行ったあと，持ち帰ったトレーの選別作業を行う。たんぽぽ作業所では，10名（女性6名，男性4名）の障がい者が再生できる資源とできないごみを選別するという作業を行っている。持ち帰ったトレーのうちの3割程度は，回収対象外のトレーや汚れのひどいものが含まれているという。

再生資源としてのトレーは社会福祉法人山形県手をつなぐ親の会「友愛園」に運ばれ，そこで再生機によってプラスチックシートの原料になるペレットに資源化される。なお友愛園は産業廃棄物処理業者としての認可を受け，7名の知的障がい者がこの作業に関わっている。また作業所の土地建物は新庄市が提供し，リサイクルマシーンはヨコタ東北が無償で貸与している。出来上がったペレットはヨコタ東北が購入し，リサイクルトレー（P&Pリ・リパック）として製造された後，大学祭などのイベントやスーパーに販売されるという循環である。

こうした仕組みは，スーパー，一般市民，障がい者福祉施設，トレーメーカーなどが参加し，自治体が間接的に支援するという地域総参加の協働リサイク

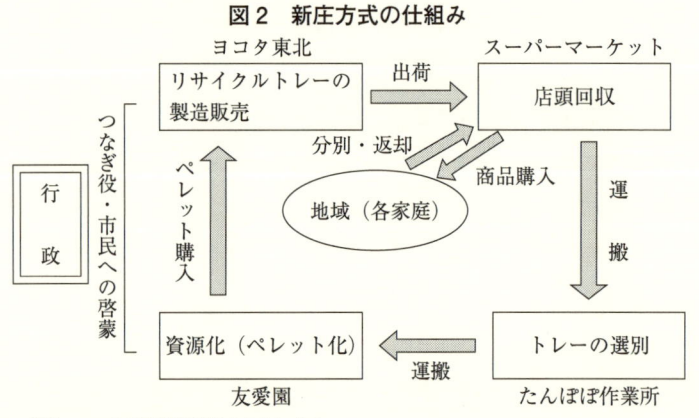

図2 新庄方式の仕組み

出所：ヨコタ東北提供資料をもとに作成。

ルシステムである。そして企業・NPO・行政など多様な主体の協働による使用済トレーの回収・資源化の仕組みは「新庄方式」とよばれ、以下のような特徴を有している（阿部正人・柴田いずみ・東浦永子, 2006）。第1は、すでに述べたようにスーパー、一般市民、障がい者施設、トレーメーカーが自治体の支援を受けて運用する地域総参加の方式であるという点である。第2は、回収できる種類が多くごみの減量効果も高いという点である。第3は、企業・NPO法人・社会福祉法人の3者による「P&Pトレーリサイクル研究会」での民間運用であることから公的税金の投入がないという点である。最後に障がい者雇用や障がい者支援を進めることで障がい者の社会参加や自立を目指している点である。

現在友愛園で処理されたペレットは、1kg当たり80円でヨコタ東北が買い取ることになっているが、そのうち友愛園が21円、残り59円がたんぽぽ作業所に配分する協定になっている。その背景には、当初のたんぽぽ作業所の経営状況が厳しかったこともあり、ヨコタ東北が買い取り価格を上げていったという事情がある。そして障がい者の経済的社会的自立に関しては、友愛園の場合は食品トレー処理と破材（プラーク）処理の2本立てで障がい者月2万数千円程度の工賃を払える体制になっている。障がい者年金（約6万6千円）と合わせて月10万円というのが目標である。またたんぽぽ作業所の場合も、障がい者に払う工賃が月5千円から1万5千円にアップしている。いずれにしても工賃は他の福祉施設に比べて高額であり、障がい者の社会的自立や社会参加に向けた第一歩を踏み出したといえる。

このように新庄方式の形成過程では、企業とNPOと行政がそれぞれの利害のもとで食品トレーリサイクルという社会課題に取り組んできた。その過程で、横田社長の夢と現実のギャップ、回収拠点の変更に伴う一般廃棄物処理から産業廃棄物処理への変更、業務フローや利益配分をめぐる福祉団体間での調整不足や軋轢、学校教育課をはじめとする新庄市役所内の利害の相違など多くの課題が生まれている。一枚岩で取組みがなされたわけでは決してない。それにもかかわらず2004年11月食品トレーリサイクル新庄方式が稼働した背景には、いくつかの要因が関係している。第1にプロジェクトチームの発足以降、マルチ・

ステイクホルダー間のつなぎ役（触媒役）として継続的に機能してきた新庄市役所内コアグループの存在が大きい。しかし異動等もあり新庄方式稼働までの知識やノウハウを共有化し継承していくことの難しさに直面している。第2は，タイミングを挙げることができる。友愛園やたんぽぽ作業所などの福祉団体の事業が岐路にさしかかっていたときに新庄方式への参加の機会を得たことで，「環境と福祉がつなぐリサイクルの輪」というビジョンが全国に広まることになった。そして以後，全国の社会福祉法人や行政機関からの見学や視察が相次ぐことになる。第3は，環境と福祉に対する関心から「新庄方式」を全国に広めるために友愛園にリサイクルプラント2台を無償貸与し，ペレットを買い取る決断をした横田健二社長の存在が大きい。

3．「新庄方式」移転期（第2ステージ）

第2ステージは，新庄方式が全国から注目され始め見学者の増加とともに仲介者によって他地域への移転が試みられたステージである。表1は新庄方式がそれぞれの地域でどのように移転されてきたかをまとめたものである。

3-1．横浜方式（社会福祉法人同愛会幸愛園リプラス）

まず2006年1月には，社会福祉法人同愛会幸愛園リプラスによる横浜方式が稼働している。90年代後半から新庄方式のスキームに関心を抱いていた同愛会職員小川貴志氏が高山理事長に提案したことがきっかけである。その後2005年8月には同愛会職員3名が見学と現場実習のためヨコタ東北を訪れている。他地域と同様にヨコタ東北からは半額補助でエレマー製のリサイクルプラントが提供された。しかし事前に大型スーパーとの協力関係がないままにスタートしたこと，行政の環境基準が非常に厳しく産業廃棄物の処理認可上の障害に直面したこと，など他地域と異なる点も多い。前者については，県内のスーパー10数社を回りながら最終的には富士シティオの全面的協力を得ることができた。現在は富士シティオ（40％）以外に，コープ，西友，相鉄ローゼン，マックス

表1 新庄方式の移転と各セクターの機能

	企業	行政	NPO
舞鶴（京都） (2002/11)	ヨコタ東北（マシーン貸与） スーパーフクヤ	なし	㈳みずなぎ高野学園 利用者17名
新庄方式（山形） (2004/11)	ヨコタ東北（マシーン貸与） 郷野目スーパー各店 マックスバリュー ヨークベニマルなど 共立社鶴岡生協	立ち上げから現在まで後方支援 友愛園土地は新庄市提供	NPO法人たんぽぽ作業所 利用者10名 ㈳友愛園 利用者7名 NPO法人工房せい 利用者6名
最上方式（山形） (2005/6)		収集運搬費用の負担	㈳最上ふれあい学園 利用者11名
横浜方式（横浜） (2006/1)	ヨコタ東北（マシーン貸与） スーパー富士シティオ	なし	㈳同愛会幸愛園「リプラス」 利用者22名
四日市方式（三重） (2006/11)	ヨコタ東北（マシーン貸与） スーパーサンシ	なし	NPO法人みどりの家 利用者17名
東海方式（愛知） (2008/4)	ヨコタ東北（マシーン貸与） スーパーヤマナカ	土地は東海市提供，高齢・障がい者雇用支援機構が助成	㈳さつき福祉会「エコラ東海」 利用者19名
江東区（東京） (2010/4)	ヨコタ東北（マシーン貸与） デンカポリマーなど	土地は江東区 建設費はデンカポリマーなど	NPO法人地球船クラブ「エコミラ江東」 利用者11名

バリュー（1店舗）などの地元中堅スーパーと関係をもつようになっている。横浜という大都市圏の消費立地でもあり食品トレー等の回収量は年間330tと他の地域に比べて格段に多い。もともと同愛会幸愛園ではクリーニング事業（リネン）が主であったが，リサイクル事業を手掛けることで職種の増加と新たな挑戦につながることになった。また22名の障がい者の工賃も約4万円と平均よりも高い。

このように幸愛園リプラスによる横浜方式は最も早い時期に新庄方式を移転したケースであるが，この移転が順調に進んだとは言いがたい。まず食品トレーは容易に集まるしヨコタ東北が積極的にサポートするという事前の了解で準備がスタートしたが，実際は手探りで一からスーパーを説得するところから始めせざるを得なかった。そのこともあり，学校参加や祭りをはじめとする地域参加など新庄方式の特徴である地域密着という視点は薄くなっている。また行政が環境基準の規制機関という立場で機能していることもあり，行政とNPOの連携までに至っていない。

3-2．四日市方式（NPO法人みどりの家）

2006年11月にはスーパーサンシとNPO法人みどりの家による四日市方式が稼働している。NPO法人みどりの家は，石谷有里氏によって2000年4月に設立され，①リサイクルプラザ（不用品回収作業・回収素材の選別・加工作業・バザーショップの管理運営に伴う作業)，②廃プラスチックの再生加工（溶融・ペレット化)，③パン製造事業，④食肉加工品事業，⑤その他食品事業，などのほか山林・川の保全活動やレクレーションなど多彩な活動を行っている。こうした事業を通じて障がいのある人が地域住民と日常的に触れ合うことで社会性を身につけ自立生活ができるように，地域資源を活用したネットワークづくり，職場開発や雇用支援や就職後サポートを行っている。こうした活動の背景には，理事長石谷氏がアメリカ在住のときに経験した欧米人の日常的な寄付文化とボランティア活動の先進性の認識にある。NPO法人みどりの家が行っている活動の核になるのは②廃プラスチックの再生加工に関する事業である。

この事業スタートのきっかけは，2005年1月1日に石谷有里氏が『環境新聞』のある記事を見たことから始まる。その記事には環境と福祉を融合するトレーリサイクルと障がい者支援に関するヨコタ東北と友愛園の取組みが書かれていた。その当時スーパーサンシをはじめ地元商業施設の駐車場でエコ（リサイクル）ステーションを運営し，廃品回収を行っていた石谷氏は，ヨコタ東北の食品トレーの回収活動と障がい者支援活動が自分たちの活動に近いのではと

いう思いから，早速ヨコタ東北に連絡をとり四日市から近いヨコタ京都を紹介してもらい視察することになる。

みどりの家によるスーパーサンシ駐車場を利用しての拠点回収では，週に数回廃品回収を行うだけで一つの商業施設で1日1,500人から1,600人のお客が訪れていた。このエコステーションの運営はスーパーにとっても販促効果は大きく，これがみどりの家とスーパーサンシとのパートナーシップ関係の基盤を形成してきた。さらにもう一方で，スーパーサンシの高収益事業として育っていた宅配サービス事業において，各家庭の宅配ボックスに商品を届けるだけではなくて，家庭の資源ごみを積んで拠点に集めることも行っていた。またスーパーサンシグループの鈴鹿ハンターもまた地域貢献を重視し，直接利益を目的としないNPOに対して活動場所を無償提供するという試みを行っていた。このように様々な活動を通じて，スーパーサンシの代表取締役会長高倉 護氏とNPO法人みどりの家の石谷有里理事長との関係は，10数年間に少しずつ信頼関係に基づくWIN-WINの関係を築いてきた。

こうしたなかでヨコタ東北からの提案があったとき，初期段階ではリサイクルセンター建設予定地を探していたが，最終的にはスーパーサンシ本社隣の土地を借りることになった。建物費はスーパーサンシが提供し，リサイクルプラントはヨコタ東北が無償貸与し，代わりに家賃をみどりの家がサンシに返済するという取決めになった。

2005年3月にはみどりの家理事長が新庄方式を見学し，5月にはスーパーサンシ会長とみどりの家理事長が見学し，2006年10月にはスーパーサンシ社員とみどりの家の職員4名が見学を行っている。そして2006年11月に四日市方式が稼動することになる。

四日市方式の特徴の第1は，無償貸与されたリサイクルマシーンが週5日程度稼動できるだけのトレー等をどのように回収し処理するかを徹底的に考えたことである。このためには大量回収・大量処理という方法しかなく，みどりの家はスーパーサンシが回収したトレー等を有価で買い取るという方法をとっている。

第2の特徴は，理事長石谷氏のユニークな障がい者支援の思想である。河原田リサイクルセンター利用者17名の平均工賃は月3～5万円で他の福祉施設と比べると2倍近い。しかし石谷氏は，高い工賃で利用者の継続的就労を保障するだけでなく，リサイクルセンターで社会人としての知識や技能を修得した後に他の企業で働く機会を提供することが重要であるという。実際に河原田リサイクルセンター利用者のうち年間5人程度がスーパーサンシをはじめリサイクル企業や産廃業者で働く機会を得ている。もちろんミスマッチのために再度センターに戻るという利用者もいる。石谷理事長はこうした考えを「ハイブリッドサービス・ハイブリッドワークス」という言葉で説明している。

3-3．東海方式（社会福祉法人さつき福祉会エコラ東海）

2007年4月には㈳さつき福祉会がリサイクル施設エコラ東海を稼働している。ヨコタ東北が行っていた食品トレーリサイクルや障害者雇用の取組みに賛同していた中部圏の大手地域スーパーの㈱ヤマナカ（中野義久社長）が，愛知県内で協働できるパートナーを探していたことが契機になっている。ヤマナカは本社が名古屋市，物流センターが東海市と名古屋市にあり，店舗は愛知県に59店舗，岐阜県に2店舗，三重県に4店舗である。愛知県内でいくつかのパートナーと交渉した結果，最終的には社会福祉法人さつき福祉会が具体的提案を受けることになった。提案の内容としては，リサイクルプラントはヨコタ東北からの無償貸与であり，製品の引き取りはヨコタ東北が定額で引き取るというものである。なおこの交渉の窓口になり間接的に支援役として機能したのが㈱東海研創（森口吉幸社長）という包装資材問屋である。

さつき福祉会の基本的スタンスとしては，将来的には産業廃棄物処理という作業種を視野に入れていたこともあり，条件が整えば受け入れ可能な提案として検討したいというものであった。実際にリサイクル事業を開始するに当たり検討した条件は，以下のようなことであった。まず工場建設用地であるが，適当な空き工場を探したが見つからず，さつき福祉会利用者の親族の所有する土地（大府市）を転用することで工場建設する方針を決定し東海市長に報告した

が，市長から東海市内で建設する旨の要望が出され市有地の無償貸与が決定した。市有地貸与の決定の翌日には，市役所内で関係課長会議が招集され，それぞれの部局の対応が確認されるというスピードで進展していった。なお市有地にはもともと東海市老人福祉センターが建っていたが，移転することになり跡地利用を検討した結果ゲートボール場ぐらいしか利用価値がないと考えられていた。

建設資金9,000万円に関しては，自立支援基盤整備事業・障がい者作業施設設置等助成金と市の補助金で計5,500万円の助成が見込めることになった。また事業の採算性についても，当初B型事業での展開も考えていたが，就労継続事業A型でも十分に展開可能という結論になった。さらに知的障がい者の作業内容の適切性，職員の機械操作の適切性などについても検討したが問題はないことが明らかになった。

このような経過を経て2007年4月に㈱ヤマナカとさつき福祉会「エコラ東海」との間で容器リサイクル事業委託の取決めがなされることになる。参加店舗は愛知県内62店舗，処理対象は店舗で発生した発泡スチロール製魚箱と店頭で回収した発泡スチロール製トレーである。委託処理量は年間300t（魚箱200t，トレー100t），初年度2,500万円の売り上げを目指す計画である。

現在エコラ東海の利用者は10名であり，他に工場長1名，機械オペレーター兼ドライバー2名，支援員3名という人員構成である。利用者10名のうち7名は重度障がい者である。利用者の工賃は，以前であれば月17,000円から18,000円程度であったが，現在は時間当たり745円で1日6時間，月97,000円程度の工賃を支払えるまでになっている。容器リサイクル事業のパートナーもヤマナカ（65店舗）だけでなく，ユニー（2店舗），バロー（3店舗），スーパーアオキ（1店舗）と拡大している。

エコラ東海の設立経過と事業内容を見てきたが，新庄方式が東海方式としてかなり順調に移転した背景にはいくつかの好条件が存在していた。最も大きな要因は東海市（鈴木淳雄市長）という行政との協力体制である。もともと「さつき福祉会」の前身が小規模授産施設である市立のさつき学園であったが，規

模が大きくなり認可施設に移行する時点で専門性を担保するため社会福祉法人としての独立運営が望ましいという結論になっている。こういう背景もあり，市からの支援や援助を受けやすい体制になっていた。さらに鈴木市長自身が，「障がい者が健常者と対等に生きていくうえで税金の投入は必要なことである」という基本的考え方を持っていることも大きい。さつき福祉会の棚瀬英明事務局長は「市の協力体制はおそらく全国一である」と述べている。

さらに地域スーパーのヤマナカの抱える問題もプラスに作用した。ヤマナカの物流センターが名古屋市と東海市にあり，この一角で発泡トレーの自社処理を行っていたが，名古屋市の物流センターが閉鎖されることになり発泡トレーの処理に関して思い切った決断が必要だった時期に㈱東海研創を介してヨコタ東北からの提案があったことも大きい。

さらに付け加えるならば，エコラ東海の作業所設置費用をどこから捻出するかを考えていたときに障がい者自立支援法の施行が行われたこともあり，補助金活用の目処が立ったこと，たまたま未利用の大規模な市の所有地があり跡地の処理を検討している時期と重なったこともプラスに作用している。

エコラ東海のケースはさつき福祉会単独ではなく，県内の5つの社会福祉法人またはNPO法人と協力して取り組んでいるところに大きな特徴があり，全国のモデル地域として地方自治体をはじめ多くの見学者が訪れているが，実際にはうまく進んでいることころは少ない。最も大きな要因は，回収可能なトレー量が確保できる程度の人口をもつ都市でないと難しいという点である。さらに回収運搬にかかる膨大な費用についても慎重に検討する必要がある。

4．「新庄方式」転換期（第3ステージ）

第3のステージは，旧来の「新庄方式」から脱却し，区民・行政・企業・NPOの4者が一体になって区民リサイクルを展開していくという段階である。具体的には，2010年4月に東京都江東区が新しい発想のもとでリサイクルモデル事業を稼働させている。事業主体はNPO法人地球船クラブであり，江東区

清掃事務所・環境学習情報館の敷地内にモデル施設としてエコミラ江東を建設している。地球船クラブは，施設の建設と運営の主体であり，知的障がい者の雇用の拡大をはかるための活動を行っている。また江東区は行政機関として区内9,000ヵ所を回りながら区民が使用した食品トレー等の収集運搬を担当する。さらに支援企業3社がこの区民リサイクル事業に協力している。ヨコタ東北は他地域と同様にリサイクルプラントの無償貸与，ペレットの全量買取りなどで支援をしている。またプラスチック食品容器メーカーであるデンカポリマーなども建設費等を支援している。さらに2012年からは事業規模の拡大に向け区内処理業者2社との連携も視野に入っている。

　このように行政の江東区，NPOの地球船クラブ，ヨコタ東北をはじめとする支援協力企業5社，そして江東区民という4者がリサイクルで連携するという取組みが本格化しつつある。こうした発想が生まれた背景としては，リサイクルという時代の要請と地球船クラブからの提案という2つの要因が有利に作用した。第1は，東京湾の最終処分場が限界に近づきつつあるなかで，2000年代後半に最終処分場延命のため不燃ごみの8割を占める発泡スチロール処理についての議論がなされた。23区のうち7区は焼却処分で残りの区がリサイクル処分であったが，過去にごみ戦争を経験した江東区はリサイクル先進区を目指すことになる。こうしたなか，都議会議員時代から環境スペシャリストであった山﨑孝明氏は，江東区長当選後の2007年8月には職員4名とともに新庄方式を視察している。職員のなかには江東区の環境清掃部長から社会福祉法人江東区社会福祉協議会に調査役として就任し，所長としてエコミラ江東の実質的運営を担当している鳥海　武氏も含まれる。そして環境と福祉の融合を目指した新庄方式に共感した山﨑孝明区長の英断により，短期間で自区内処理資源循環システム工場を稼働することになった。

　もう一つの要因は，地球船クラブからの提案のタイミングである。地球船クラブは，自然環境保護に関する情報を様々なアクターに提供し人間社会と自然との共生を実現していくことを目的にして2006年に発足したNPO法人である。具体的目的としては，地域住民が支えるリサイクルシステムを構築すること，

障がい者を積極的に雇用し自立の支援機会を創出すること，リサイクル意識の高まりを促進するような環境教育を実践することが含まれる。ただこのようなNPO法人としての理念や目的があるにもかかわらず，理念先行で実践が伴っていないという厳しい評価も下されていた。こうした批判に応えるために，地球船クラブが自らリサイクル工場を建設し知的障がい者を雇用するという提案をまとめ，最終的にこの提案が江東区に寄せられた。NPO法人がリサイクルの事業主体として機能し，行政はごみの収集運搬と土地の無償提供を行うという提案である。その後，新庄方式の社会貢献度に関心をもち，2007年8月に現地での視察見学をもとに事業化可能という判断をした山﨑孝明江東区長のリーダーシップにより，区長になって2年で江東方式が2010年4月に稼働するまでになった。図3は江東方式の仕組みを簡単に図示したものである。

まず江東区清掃事務所のごみ収集車が区内約9,000ヵ所のごみ集積所から発泡スチロールのトレーを収集する。可燃ごみ収集以外の日に収集することで収集運搬費だけで年間1億2,000万円のコストが余分にかかるという。集めたトレーは，エコミラ江東で選別・洗浄されペレット化される。ペレットはプラスチック食品容器メーカーのヨコタ東北がリサイクルトレーにし，食品工場で食品をトレーで包装しスーパー・コンビニで販売するという仕組みである。

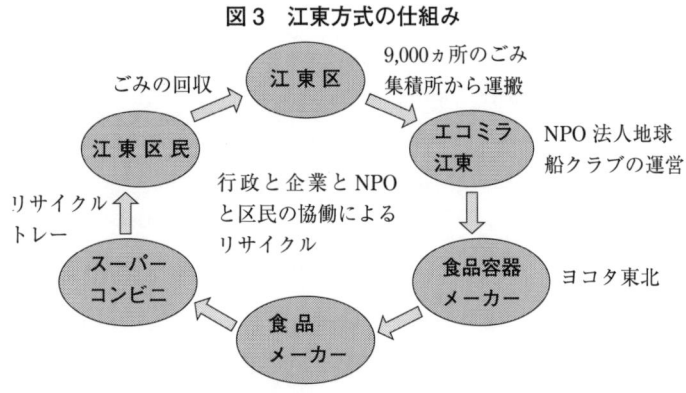

図3 江東方式の仕組み

出所：「地球船通信3」『地球船』第13号，p.37に一部追加。

エコミラ江東の従業員は16名でうち11名は知的障がい者である。11名の平均年齢は37歳であり，内4名は重度知的障がい者である。作業内容は白物と柄物の区別などトレー等の選別作業であり，長時間正確に同じ作業を繰り返すことが求められる。また都の最低賃金も保証し社会保険も適用している。837円/時の6時間週5日勤務で11万円弱の工賃を得るまでになっている。また障がい者の労働意欲や作業能力は格段にアップし，今後は個人の能力別の賃金体系や柔軟な勤務体系も考えている。さらに将来的には，このリサイクル事業を収益事業としてさらに展開し障がい者雇用を拡大していくことを目指している。そしてエコミラ江東を隔離された施設ではなく，社会に開かれたオープンな施設へと発展させていくことを考えている

　これまで企業とNPOあるいは企業とNPOと行政というマルチ・ステイクホルダーによるリサイクルシステムとしての「新庄方式」の形成と他地域への移転さらにはシステムそのものの転換について触れてきた。こうした過程のなかで特定の組織やキーパーソンがつなぎ役，仲介役さらには戦略的架橋[2]として大きな役割を果たしてきたことがわかる。たとえば新庄方式形成期においては，新庄市役所有志職員が団体間の調整や法にもとづく許可届出等手続のアドバイスを行ってきた。とくに東浦永子氏は，行政（新庄市環境課）と企業（ヨコタ東北環境企画チーム）の両方の職場を経験するなかで団体間の調整役を果たしてきた。また新庄方式移転期においては，社会福祉法人さつき福祉会に対して仲介役として具体的提案を行ったのは㈱東海研創（森口吉幸社長）という包装資材問屋である。さらに新庄方式転換期においても，山﨑孝明江東区長が自ら戦略的架橋として行政（江東区）とNPO（地球船クラブ）と企業（ヨコタ東北）との連携を企画してきた。これ以外にも藤本祐一（環境コンサルタン

（2）　Westley＝Vredenburgによれば戦略的架橋とは，第三者が主体間での交渉を行いながら協働関係を築き主体の目的達成のために活動するだけでなく，第三者自体も協働の主体となり目的達成にむけて活動することである。
　　Frances Westley and Harrie Vredenburg "Strategic bridging : The collaboration between environmentalists and business in the marketing of green products", *Journal of Applied Behavioral Science*, 30, 65-85 (1990).

ト），住谷茂（前環境省環境事務次官）や環境福祉学会などの人や組織が大きな役割を果たしている。マルチ・ステイクホルダーによるリサイクルシステムにおいて，こうした人や組織が具体的にどのような役割を果たしてきたのかについては稿を改めて論じたい[3]。

＊本稿は日本学術振興会平成23年度科学研究費補助金（基盤C：課題番号21530369）に基づく研究成果の一部である。なお本研究のもとになったインタビュー対象者は以下のとおりである。長時間のインタビュー調査に御協力頂いたことに対して厚く御礼申し上げる。また東浦永子氏には本文全体の事実確認や貴重な追加資料を提供頂いた。記して感謝申し上げる。なお本章の誤謬についてはすべて筆者の責任に帰するものである。

セクター	担当者	インタビュー日時
ヨコタ東北	社長　横田健二	2011年8月5日
	元環境企画　佐藤正子	2008年12月15日
	総務　柴田いずみ	2008年12月15日
新庄市役所	環境課室長　小嶋達夫	2011年7月27日
	福祉事務所長　今川吉幸	2011年7月27日
	元環境課主幹　東浦永子	2011年7月27日，7月28日
友愛園	園長兼所長　高橋聖一	2008年12月15日 2011年7月27日
たんぽぽ作業所	指導員　星川明美	2008年12月15日 2011年7月27日
エコミラ江東	総務担当部長　上垣外健治 調査役　鳥海武	2011年9月12日 2011年12月20日
四日市みどりの家	プラント事業部長　川崎孝雄 理事長　石谷有里	2011年9月22日 2012年2月22日
同愛会幸愛園リプラス	リプラス開発企画室室長　大川貴志 同愛会幸陽園総括所長　小林浩一	2011年12月19日
エコラ東海	さつき福祉会事務局長　棚瀬英明 さつき福祉会工場長　竹上義信	2012年1月17日

（3）　なお新庄方式での回収量の2005年度から2010年度までの6年間の推移（kg）は，47,952 kg, 47,879 kg, 46,680 kg, 49,318 kg, 52,602 kg, 43,842 kgである。また2008年からはスーパーだけでなく小学校や市町村など回収ルートが増えている。

参考文献

阿部正人・柴田いずみ・東浦永子(2006)「環境と福祉がつなぐリサイクルの輪『食品トレーリサイクル新庄方式』について」炭谷茂編著『環境福祉学の理論と実践』環境新聞社。
小島廣光・平本健太編著(2011)『戦略的協働の本質』有斐閣。
佐々木利廣ほか(2009)『組織間コラボレーション:協働が社会的価値を創造する』ナカニシヤ出版。
佐々木利廣(2011)「多様な主体の協働によるソーシャル・ビジネス―企業・NPO・行政によるリサイクル事業」大室悦賀編著『ソーシャル・ビジネス』中央経済社。
佐藤正弘(2010)「新時代とマルチステークホルダー・プロセスとソーシャル・イノベーション」『季刊政策・経営研究』Vol. 3, pp. 109-132。
山田高敬(2009)「多国間主義から私的レジームへ―マルチステークホルダー・プロセスのジレンマ」日本国際政治学会編『日本の政治学第2巻 国境なき国際政治』有斐閣。
Westley, F. and Vredenburg, H. (1990) "Strategic bridging : The collaboration between environmentalists and business in the marketing of green products", *Journal of Applied Behavioral Science*, Vol. 30, pp. 65-85.

ソーシャル・ビジネスにおける協働
──多様性と類型分析──

横山恵子　神戸学院大学経営学部教授

1. ソーシャル・ビジネスと協働

1-1. ソーシャル・ビジネスにおける協働の意義

　社会問題にビジネスの形で取り組む上では，革新的なビジネスモデルが必要だ。なぜならば，従来不可能もしくは放置されていた社会的問題の解決に，組織が持続可能な形で取り組む上では，それを可能とする新しい方法（革新性）が必要になる。これが，谷本（2006）や経済産業省のソーシャル・ビジネス研究会（2008）で定義された，ソーシャル・エンタープライズ（社会的企業）およびソーシャル・ビジネス（社会的事業）の3要件，社会性，事業性，革新性である。

　ソーシャル・ビジネスという革新的なビジネスモデルを構築する上で，1つの手段となるのが，クロスセクター・パートナシープ（cross-sector partnership）である。複雑な社会的課題に対して，多様なネットワークを活用しなければ解決できない現実がある（Waddock 1988）。Selsky and Parker（2005）は，社会問題に取り組むクロスセクター・パートナーシップが，①企業とNPO，②企業と政府，③政府とNPO，④政府・企業・NPOの3者連携といった4つの領域で活発にみられるようになったことを指摘している。

　3セクターの強みを生かし，弱みを補完して，社会的課題解決に取り組む動きは，3セクターの経営資源・能力の質と量を補完し合い，シナジーを生む試みである。さらに，協働が効果的にデザインされれば，協働に参画する固有組織の独自経営資源や能力についても，同様に活用しあえる。また単に社会問題が解決されるだけでなく，協働に参画する個別組織に対しても，意図した，も

しくは意図せぬさまざまな成果や影響が生じる。たとえば，パブリシティやレピュテーション効果，多様な参画主体との学習効果，保有資源やステイクホルダーの拡充などである（横山 2003）。

1-2．ソーシャル・ビジネスの多様性と研究動向

　ソーシャル・ビジネス，ソーシャル・エンタープライズ，ソーシャル・アントレプレナーシップと呼ばれる現象は，世界各国で勃興している。このような企業や事業の存在は，1990年代から注目されるようになった。日本の学会において，企業が担うソーシャル・ビジネスに対するコンセプトの嚆矢は，ソーシャルダイナミクス企業である（金井ほか 1994，金井 1999）。経済・社会の価値軸と，自律・他律のコントロール軸をかけあわせたマトリックス内の1つとして，社会的価値創造を自律的に行う企業モデルを明示した。

　その後，ソーシャル・ビジネスはCSR戦略（CSR strategy）における1つの取り組みとしても注目を集めた。横山（2003）は，CSR戦略を社会戦略と表現して，企業の社会性と収益性を両立，もしくは相乗効果を期待するような，革新的な取り組みについて，NPOとのパートナーシップに注目したフレームワークを提示した。これらは，企業からみたソーシャル・ビジネスにおける協働の研究として考えられる。

　本格的なソーシャル・ビジネスの研究は，谷本（2006）から，経済産業省（2008），塚本・山岸（2008）と続く[1]。

　谷本（2006, pp.5-15）は，「ソーシャル・ビジネス（社会的事業）」を①政府・行政の対応を超える領域と②市場の対応を超える領域にかかわる活動としている。この際，「社会的」という領域は固定的・確定的なものではなく，時代とともに変化すること，国や地域によってもその対象は異なること，一般企業の事業との間に必ずしも明確な線引きができるわけではないことも示唆している。

（1）　この他にも多くの研究がみられる。事例を紹介する研究が多い。たとえば，京都産業大学ソーシャル・マネジメント教育研究会（2009）は多様な視点から事例を収集して紹介している。

その上で，ソーシャル・エンタープライズの形態として，NPO（NPO法人，社会福祉法人など），中間法人，協同組合，企業（社会志向型企業，CSR事業）を挙げて，各々の事例紹介と各事業形態の位置づけを整理している。

経済産業省（2008）の取り組みは，地域活性化を目標に，全国の事例の発掘と紹介，その波及や移転を中心に考えて行われており，その後もいくつかの関連研究会を立ち上げて実践的な検討を続けている。

塚本・山岸（2008）は，ソーシャル・エンタープライズの現状と研究に関する世界的動向をまとめた。社会的企業の多くが，NPOの組織的変化の中で生じてきたという事実から，従来のNPO研究との連続性を踏まえた社会的企業研究の発展が求められているとしている。また日米欧のソーシャル・エンタープライズの特徴を概観している。特にアメリカのソーシャル・エンタープライズの特徴について，Dees, et al.（2001, pp. 89-72）他の研究をもとに，以下の3点にまとめている。①非営利組織（NPO）の「市場」との関係の変化，すなわち商業化の肯定的な側面に光をあて，市場への戦略的対応の可能性を示唆していること，②ソーシャル・エンタープライズのようなハイブリッド型組織は，「営利」と「非営利」の「連続体」の中でとらえ直す必要があること，③ソーシャル・エンタープライズとは，「ソーシャル・イノベーション」を企業化する組織であることと整理している。

また日本のソーシャル・エンタープライズの特徴として，組織形態はさまざまであるが，社会的イノベーション志向，企業家志向，ハイブリッド志向（社会貢献的側面とビジネス的側面の混合），ネットワーク志向の強さがみいだせるとしている。そして，日本で実際に持続可能な形で実践されているソーシャル・エンタープライズは，それらの社会性，事業性，革新性が一定の社会的評価を得ているとした（塚本・山岸 2008）。

このように，谷本（2006）は経営学的な視点から総合的にソーシャル・エンタープライズを検討しているのに対して，塚本・山岸（2008）はNPO側からの考察に力を入れて，ソーシャル・ビジネスの研究への示唆をまとめている。

大室（2011）は，先にあげた谷本（2006）および経済産業省（2008）の定義

と要件,主体(担い手)を取り上げ,さらに土肥(2009)の研究を援用しながら,ソーシャル・ビジネスの概念整理を試みている。そして,ソーシャル・ビジネスはNPO,企業,中間法人など多様な組織形態を採用していることを,事例を提示しながら論じている。

その一方で,Short, et al. (2009) は,ソーシャル・エンタープライズに関連する研究において,それらの定義が氾濫していて,統一の定義はまだみられないと述べている[2]。査読論文(152論文)に絞って,ソーシャル・アントレプレナーシップに関する論文を幅広くサーベイした結果,命題や仮説を提示した研究,フレームワークを使用した研究は少ない(6論文)。実証研究についてはインタビューや事例研究が主であり(54論文),定量的研究は相対的に手薄(16論文)だとしている。

Austin, et al. (2006) は,氾濫するソーシャル・ビジネス関連の定義について,狭義と広義に分けた上で,これらの定義に共通する特徴は以下の2点だとする。
① 社会的価値の創造を第一目的に置く
② 現存する企業や実践の模倣ではなく,イノベーションや新しい何かを創造する活動

1-3. 先行研究の小括と本稿の射程

上記の先行研究から,ソーシャル・ビジネスと協働に関する研究について,以下のことが言えるだろう。

第一に,ソーシャル・ビジネス関連の研究は急速に増えており,概念定義においても論議が重ねられ,ホット・イッシューになっている。「ソーシャル」および「ビジネス(事業)」の意味するところの概念定義のあいまいさ,多様さ,そして難しさがみてとれる。したがって,狭義と広義の概念定義が多様な

---

(2) 初めて査読論文として公刊されたソーシャル・ビジネス関連の研究が1991年であり,その後約20年間に多彩な研究領域で152の論文がみいだされたとする。その内訳は,概念的研究が80論文,実証的研究が72論文である。

形で提示されている状況にある。

　第二に，広義の定義からみると，下記の点については共通見識がある。Austin, et al.（2006）の上述の①社会的価値創造の第一優先，②イノベーションや新しい何かを創造する活動といった定義，および谷本（2006）の①社会性，②事業性，③革新性といった3要件は，おおむね普及している広義の概念定義である。

　第三に，組織形態は企業，NPOを中心に多様であること。これは社会的ミッションを効率的・効果的に達成するために，最適な組織選択が行われるためである（谷本 2006）。

　第四として，ソーシャル・ビジネスにおいて，パートナーシップや協働，ネットワーク構築の重要性と意義が指摘され続けている[3]。

　最後に，この分野の研究は，欧米での査読論文の初出が1991年であることからもわかるように，研究の歴史が浅い。Short, et al.（2009）が指摘しているように，命題や仮説・フレームワークの創出を含む理論構築の必要性と，定性・定量問わず多様な研究の蓄積が望まれている。

　本稿では，広義の定義に基づき，企業とNPOのソーシャル・ビジネスを検討する。企業とNPOを連続体としてとらえることの重要性が指摘されている（塚本 2008）が，本稿ではあえて企業主導・NPO主導のソーシャル・ビジネスに類型化して検討する。本稿の主目的は，その検討作業をとおして，ソーシャル・ビジネスの特質と，そこから得られる理論的・実践的含意を仮説的に提示することにある。

2．ソーシャル・ビジネスと協働の類型化

2-1．類型化とリサーチ・クエスチョン

　谷本（2006）およびAustin et al.（2006）の定義を参考にして，本稿では，

（3）　横山（2003）では，パートナーシップに焦点をあてて分析している。その後もソーシャル・ビジネスとパートナーシップ，協働に関する論文は数多く公刊されている。

ソーシャル・ビジネスについて，「ソーシャル」を社会的課題への取り組みとしてとらえ，「ビジネス（事業）」は組織体として持続可能なビジネスモデルをつくっていること，そして両者を可能にするイノベーティブもしくはユニークな取り組みであることと解釈する。

またソーシャル・ビジネスの担い手として，NPOと企業の2主体に注目して，「協働」という観点を踏まえて考察する。表1は，「ソーシャル・ビジネスにおける協働」をNPO主導，企業主導で類型化したものである。

以下のリサーチ・クエスチョンを解明するために，表1の類型化に基づいて複数事例による比較事例分析を行う。

① 多様な形態の協働とその進展がみられるようになった中で，この類型化は役に立つのか。意義はみいだせるのか。
② NPO主導，企業主導の典型例とされる事例の特徴を分析して，比較考察することで，ソーシャル・ビジネスにおける協働の意義と，参画主体が果たす役割について再考する。

2-2．研究データと方法

日本では，パートナーシップ・サポートセンター（PSC）が2002年から

表1　ソーシャル・ビジネスと協働の類型化

- NPO主導のソーシャル・ビジネスにおける協働
  - 企業は，主に社会貢献として参画する
- 企業主導のソーシャル・ビジネスにおける協働
  - 企業の社会的価値創造に，主にNPOが協力
    - ソシオ・ダイナミクス企業とNPO（金井 1999）
    - BOP（bottom of the pyramid）市場開拓
    - 協働による製品やサービスの共同開発
- ハイブリッド型の協働
  - 両者が融合，グループ化

横山（2003, p. 63, p. 222）の図表をソーシャル・ビジネスとして援用・作成。

NPO と企業の協働を進めるためにさまざまな取り組みを実施してきている。本稿では，その中でも「パートナーシップ大賞」入賞事例をもとに分析する。パートナーシップ大賞では，申請書による1次審査（予備・本審査），インタビュー結果に基づく2次審査（予備・本審査），プレゼンテーションによる最終審査といった方式で，多段階においてきちんとスクリーニングがなされた上で，入賞事例と大賞事例を決定する。パートナーシップ大賞の入賞事例をデータベース化して，NPO 主導，企業主導の典型的とみられる事例を比較考察した[4]。

本稿では，その分析結果を，いくつかの事例を交えながら検討していく。

3．NPO 主導ソーシャル・ビジネスの協働の事例分析

3-1．「飛んでけ！ 車いす」の会[5]

札幌の NPO 法人「飛んでけ！ 車いす」の会のメイン事業は，日本で不要となった車いすを（発展途上国の）必要としている人へ届ける事業である。企業だけでなく多くの市民を巻き込む，非常にユニークなビジネスモデルとなっている。

NPO の事務局長が，知り合いの札幌通運（以下，札通）労働組合書記長に「飛んでけ！ を立ち上げるのでぜひ参加してほしい」とファックスしたことが始まりであった。その後，企業レベルで「よいことだから，応援しよう」と発展していく。図1のように，不要になった車いすを提供してくれる人が NPO に連絡すると，札通がそれを引き取りに行き，札通の倉庫で保管してもらう。NPO は，そこでボランティアにも手伝ってもらいながら，車いすの修理と管理を行う。そして，寄贈先が見つかれば，そこへの旅行者（市民）に預け入れ手荷物（20キロまで）として持参してもらう。旅行者がボランティアとして車

---

(4) パートナーシップ・サポートセンターの活動についてはホームページ参照。事例に関しては，筆者がパートナーシップ大賞運営委員として参画している関係上，詳細を把握した上でデータベース化している。
(5) 事例の詳細はパートナーシップ・サポートセンターほか（2003）および（2010）を参照。

ソーシャル・ビジネスにおける協働　149

図1　飛んでけ！車いすの会の協働とビジネスモデル

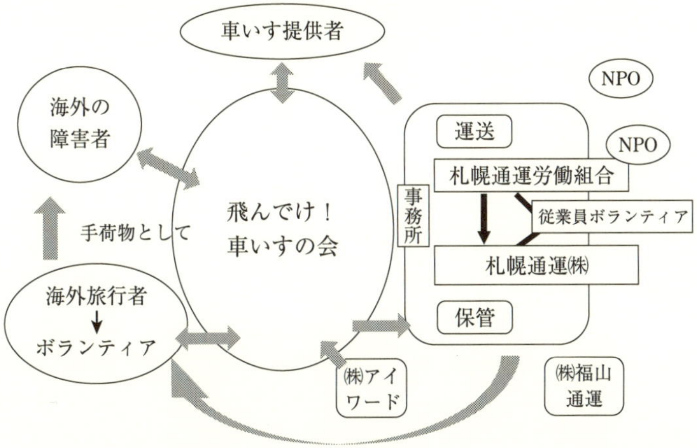

パートナーシップ・サポートセンター資料に加筆。

いすを現地まで運び，必要としている人に手渡すという事業だ。

　札通は無償ボランティアとして，倉庫の空いたスペースを提供して，車いすの国内の輸送を行う。社員は，本業業務の一環として，車いすの輸送に関わり，無理のない形で協力を続けている。この活動は，自然と企業のイメージアップにつながり，社員のモチベーションを高めることにもなった。

　10年間で2,083台の車いすが，74カ国の必要としている人々へ届けられている[6]。またその10倍以上もの人が関与することで，このビジネスモデルは成立している。NPOが中心となって，車いすの流れと，関わる人や情報の流れをつないでいる。海外の受領者からは御礼の手紙が事務局に届く。NPOは年に1回，スタディー・ツアーとして，車いすが届けられた現場を視察する企画も行っている。このように，車いすの提供者，事務局，整備者，旅行者，受領者が輪になってつながるビジネスモデルになっている。そこでは，さまざまな価値が生まれている。例えば，ボランティアの車いすの運搬を担う旅行者は，直

（6）「飛んでけ！車いす」の会ホームページ参照。

接現地の受領者に手渡すので，草の根交流が可能になり，さまざまな経験と刺激を得る。ブルキナファソに車いすを運んだことがきっかけとなって，JICA（ジャイカ）の青年海外協力隊としてブルキナファソに赴任した人もいる。

このように，多様な背景をもつ人々が介在するビジネスモデルにおいては，直接的な目的（車いすのリサイクルという社会的価値創造）だけではなく，多様な人との出会いの中から豊かな価値が創造されている。

3-2．LEAF 企業プロジェクト[7]

「企業ができるこどもたちへの環境学習支援プロジェクト」とは，子どもたちの環境学習を支援するために，市内の小中高校の「総合的な学習の時間」などにおいて，継続的に環境学習プロジェクトを提供することを目標に2003年から実施されている。このソーシャル・ビジネスの特徴は，ネットワーク型の協働ビジネスモデルであること，体験型の学習スタイルをとっていること，そしてその学習プログラムの開発には複数の企業が集まって，「循環」というコンセプトのもとに半年かけて準備している点にある。

そもそも，LEAF は行政だけでも，企業だけでもできないことを，NPO，企業，行政の3者が連携して取り組むことを目的の一つに設立されたNPOである。このソーシャル・ビジネスでは，NPOが中心となって，企業メンバー31社とさまざまなレベルの会議を積み重ねて，独自で明確な協働コンセプトとデザインをつくりあげた。表2にあるように，31社の企業が6つのテーマ（衣，食，住，エネルギー，びん，エコ文具）に分かれて，プログラムを作成した。6つのテーマでは，循環プロセス（図2）がわかるように，各企業が教材の素材開発を担当して，テーマごとの分科会で環境学習プログラムが練られる。そして，依頼のあった小中高校に全員で出向いて，図2にあるような環境学習プログラムを提供している。

NPO と企業連合体は，半年におよぶ準備と活動報告会を，テーマごとの分

（7）事例の詳細はパートナーシップ・サポートセンターほか（2007）を参照。

表2　LEAF 企業のプロジェクト（こどもたちへの環境学習プロジェクト）

6つのテーマ（分科会）		衣	食	住	エネルギー	地域性	
						びん	エコ文具
参画企業・団体 2003年〜2005年にかけて参加した企業		・㈱チクマ ・帝人㈱ ・㈲村田堂 ・グンゼ㈱ ・日光物産㈱（2003年）	・生活協同組合コープこうべ ・大栄サービス㈱ ・伊藤ハム㈱ ・㈱アンリ・シェルバンティエ ・JA兵庫六甲 ・㈱東洋精米製作所	・㈱新井組 ・中北幸 環境・建築研究所 ・難波電話電気工業㈱ ・日本リビング㈱（2003年） ・有恒製品工業㈱（2003年）	・㈱アポック社 ・㈱今井電気商会 ・大阪ガス㈱ ・新明和工業㈱ ・ダイキン工業㈱ ・西宮市 ・日本気象㈱ ・関西電力㈱ ・東邦レオ㈱（2003年） ・松下電器産業㈱（2003年）	・辰馬本家酒造㈱ ・日本山村硝子㈱ ・㈱山村製壜所 ・㈱吉田製作所 ・新日本流通㈱ ・㈱山一商会	・コクヨ近畿販売㈱ ・㈱サクラクレパス ・㈱ユアサ ・㈲松田商会
循環プロセス	生産	・繊維業	・営農支援業 ・農家	・建築家 ・総合建築業	・電力事業 ・ガス事業	・金型製造業 ・ガラスびん製造業	・製糸業
	加工	・衣料メーカー	・食品加工業 ・製菓業	・造園施工業	・電気工事業 ・電子機器製造業	・清酒製造業 ・ビール製造業	・文具メーカー
	販売	・販売店	・食料品小売店	・木材卸売り業 ・建築物管理業	・家電メーカー	・酒造販売業 ・清酒流通業	・文具店 ・小売店
	消費	こどもや保護者が，自分たちの生き方と産業がどのようにつながっているのかを学ぶ					
	廃棄・再生	・古着回収業	・廃棄物処理業	・リフォーム業 ・再生緑化業	・リサイクル業 ・行政	・洗びん業 ・びん原料再生業	・古紙再生業 ・古紙回収業

出所：LEAF（2006）p.18をもとに作成。

科会と全体会議を通して行っている。

　この取り組みに参画している企業は，本業に密接に関わる環境問題に対して，ボランティアで参加している。結果として，地域のステイクホルダーからの信頼が向上することによる営業効果やブランド向上がみられた。また人材育成の一環として参画する企業も多い。参画する企業人にとっては，自分の仕事の意義や社会における役割を再認識することができる。また他企業の人々との交流で得られるものは大きい。

　このような仕組みと学習プログラムが，地域や関わる人々に対して，環境学習に留まらない，さまざまな気づきと波及効果を生み出している。大人とこどもが相互に学び合う場，自社や仕事を再考する場，ふだん出会えない人々と協働する場，生きる力・働く意味を考える場…このソーシャル・ビジネスではた

図2　環境学習支援プログラム（食のテーマ）

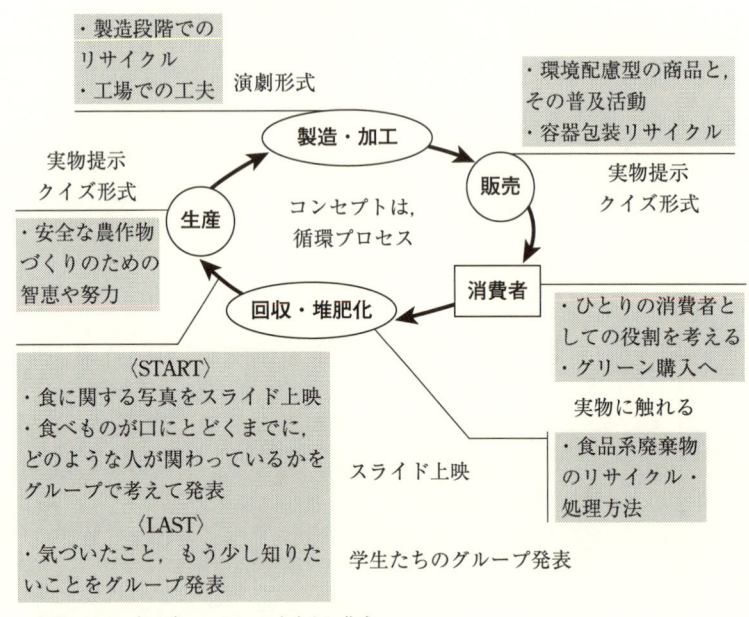

- 製造段階でのリサイクル
- 工場での工夫

演劇形式

- 環境配慮型の商品と，その普及活動
- 容器包装リサイクル

実物提示
クイズ形式

製造・加工 → 販売

生産　コンセプトは，循環プロセス

実物提示
クイズ形式

- 安全な農作物づくりのための智恵や努力

回収・堆肥化 → 消費者

- ひとりの消費者としての役割を考える
- グリーン購入へ

〈START〉
- 食に関する写真をスライド上映
- 食べものが口にとどくまでに，どのような人が関わっているかをグループで考えて発表

〈LAST〉
- 気づいたこと，もう少し知りたいことをグループ発表

スライド上映

実物に触れる

- 食品系廃棄物のリサイクル・処理方法

学生たちのグループ発表

出所：LEAF (2006), pp.32-33をもとに作成。

くさんの価値を伴う場が提供される。関わり合いの中での気づきが，参画する企業やNPOに参画する意義のストーリーを生み出している。

3-3．特徴の考察：NPO主導のソーシャル・ビジネスと協働

　以上の2件を含めた，PSC大賞入賞事例を検討すると，以下のような，NPO主導ゆえの特徴が見いだされた。

　第一に，ソーシャル・ビジネスを実現させる上で，ネットワークを生み出し広げる力である。ソーシャル・ビジネスと協働を考える上で，ネットワークの「中核」としてのNPOの役割は大きい。NPOだからこそのネットワーク構築力がある。インタビューにおいても，公共的課題に対して，NPOという非営利の器が多様な参画主体への働きかけと資源動員を可能にしていることが判明した。NPO主導のソーシャル・ビジネスの協働は，コミュニティ（共同体）

の再形成とソーシャル・キャピタルの再構築という効果が期待できる。

　第二に，ネットワークがある程度自由に広がりをみせることで，重層的な場が形成され，そこで多様な価値提供と創造・享受が循環している。ソーシャル・ビジネスの目的達成だけでなく，参画主体の人生が豊かになる価値の交流がみられる。

　第三に，ソーシャル・ビジネスの協働コンセプトとデザインといったビジネスモデルには，以下のような特徴がある。まずNPO主導のソーシャル・ビジネスのビジネスモデルは，協働しなければ不可能な内容になっている。従来まで見過ごされていた公共的課題に取り組むため，多様な（地域）資源を巻き込むことが不可欠なビジネスモデルである。

　次に，「無理をしない」で実施するビジネスモデルともいえる。ネットワークのコーディネート役であるNPOは，協働に参画する企業やその他組織に対して，無理のない範囲でできるように意識して，協働をデザインしている。NPO主導のソーシャル・ビジネスは，参画主体に金銭的価値を提供することは基本的にないので，何らかの非金銭的インセンティブがなければ続けられない。インタビューでは「協働は楽しい，だから続けられる」というコメントが皆の口から聞かれた。

　第四に，NPO主導のソーシャル・ビジネスの成功の鍵となるものが，信頼関係と，各参画主体の責任感の維持である。参画者が広がっていく中で，集団浅慮（グループシンク）等，協働の意思決定に関する問題が生じやすい。先の「無理しないビジネスモデル」というものも，集団浅慮や集団圧力[8]の形で協働の意思決定にマイナスに働く可能性を高くする。したがって，明確なミッション・ポリシーに基づく戦略立案やネットワーク構築力に長けたマネジメント「チーム」がNPOに必要となる。それこそが，チームとしての社会的企業家である。

　第五に，多層的，もしくは，頻度の多いコミュニケーションが挙げられる。

（8）　集団浅慮とは「集団で考えるとかえって深く考えないで決定がなされてしまう病理」であり，集団圧力とは「多数派に同調してしまう傾向」を言う（金井 1999）。

4．企業主導ソーシャル・ビジネスと協働の事例分析

4-1．バルーンシェルターの開発事例[9]

　ピース ウィンズ・ジャパン（以下，PWJ）と帝人テクノプロダクツ株式会社（当時，以下，帝人）は，難民や避難民に対して緊急支援を行うためのシェルターを共同開発した。企業のビジネスベース[10]で商品開発した協働であり，企業主導のソーシャル・ビジネスと位置づけられる。

　ビジネスベースでのパートナーシップではあるが，企業間のパートナーシップとは性質の異なる協働が展開され，NPOと企業の担当者，ひいては両組織，社会にとって非常に意味のある取り組みに発展していった。当初目的である「シェルター」を開発できただけでなく，NPOのニーズと日本企業のシーズを組み合わせて，社会的に意義ある製品をつくりだしていくという新しいモデルまで生み出したといえる。

　PWJは紛争，災害，貧困，社会システムの崩壊等により，生命を脅かされている人々を支援する活動を行うNPO（NGO）である。緊急人道支援においては，紛争や災害が起こった直後の初動が大切になる。例えば，テントをすぐ搬入しなければ，被災民は野外で過ごさなければならず，命にかかわる深刻な問題になる。したがって，PWJは，以下のような特徴のテントを持つ必要があった。①初動段階で日本から飛行機に乗せて運ぶことができる「コンパクト・軽量」で，②多くの被災民を一時的に避難させることができる「大きさ」で，③過酷な自然状況に耐えうる「強度」のあるテントだ。

　このような軽量・コンパクト，大型，強度の高いという特徴を併せ持つテントはどこにもなく，今までにない新しいタイプの緊急人道支援用シェルターを求めていたときに，帝人のイベント用テント「エアロシェルター」の存在を知

（9）　事例の詳細は，パートナーシップ・サポートセンターほか（2005）を参照。
（10）　ビジネスベースでの協働ではあるが，相手はNGOのため，開発経費は帝人の該当部署の製品開発費を充当している。

る。PWJ のシェルター開発担当者が，帝人のエアロシェルター技術営業担当者に連絡をとったことが，シェルター共同開発のきっかけとなった。2000年7月から，緊急人道支援用シェルター「バルーンシェルター」の共同開発が開始する。

共同開発は，帝人の既存製品エアロシェルターを大幅に改良することとなった。可搬性と強度という，相反する2つの性質を両立させるために，どのレベルでバランスをとるのか，試行錯誤を繰り返している。何度もシミュレーションと解析を行って試作モデルをつくり，PWJ が現地テストを行って検討した。デザインと生地素材を変えて，その組み合わせによって，既存のイベント用テント「エアロシェルター」よりも強度が高く，しかも重くならないテントを開発した。その他細かい工夫までいれるときりがないほどの改良を施して，緊急人道支援用テント「バルーンシェルター」は開発された。

2000年6月からの1年間は，週に1回打ち合わせを重ねている。試作モデルの設計図ができたのが，2000年9月。試作モデル完成が10月。この間デザインして，設計して，型紙をつくり，縫製工場で縫製してもらい試作モデルをつくり，検討して，だめだったら次のものという試行錯誤を繰り返した。2001年1月に，インド西部大地震の被災民キャンプで原型バルーンシェルターを初めて使用する。そして，さらなる改良を加えて，現在のスタンダード・モデルのバルーンシェルターが完成した（図3，4）。このバルーンシェルターを，PWJ とジャパン・プラットフォームが各々3セットずつ購入する。その後，行政の災害用備蓄や，企業の社会貢献の一環としての防災用シェルターとして購入したいという問い合わせを受けるようになり，バルーンシェルターを国内用にマイナーチェンジしたものも販売している。

このパートナーシップは，緊急人道支援のためのシェルター開発を目指して組まれたものであり，目的と到達点が非常に明確であった。そして，帝人側もゼロからの開発ではなく既存製品をベースとした改良であり，社内的に納得を得られた事業ベースでの協働だったため，ソーシャル・ビジネスとして順調に展開していった。PWJ と帝人の担当者たちがいろいろ話し合いながら進めて

図3 バルーンシェルター　　　　図4 運搬用に折りたたんだ状態

出所：PSC (2005) より。

いくうちに，ソーシャル・ビジネスとしての位置づけや見通しがストーリーとして描けるようになり，企業担当者は成功する確信を得たという。完成したバルーンシェルターは実際に海外・国内で使用されている。

4-2．特徴の考察：企業主導のソーシャル・ビジネスと協働

　企業主導ソーシャル・ビジネスの協働の特徴として，以下の点が挙げられる。
　第一に，NPO 主導よりも，明確な契約関係を結ぶことが多い。覚書や秘密保持契約を交わしている事例がほとんどである。また NPO 主導と比べると緊張感のある協働が多い。プロ同士，目的・ゴールが明確であること，企業のメリットが明確であることが必要不可欠となる。
　第二に，企業は，NPO と協働することで得られるソーシャル・ビジネスの利点を早期の段階でストーリーとして描くことが必要だ。
　第三に，NPO 主導と比べた場合に，ネットワークの広がりは簡単にはみられない。
　第四に，企業間の協働と，ソーシャル・ビジネスにおける NPO と企業の協働を比べると，合意の仕方が大きく異なる。ビジネスライクには進まず，コミュニケーションに時間をかけて，オープンさや討論しつくすといった点が必要

となり，合意形成に時間がかかる。

　いずれにせよ，ソーシャル・ビジネスにおいて，協働は非常に効果的なツールであるとともに，両者にとって広報的なバリューも高い。ただし，なぜその組織と協働するのかという「正当性」などのリスクも考える必要がある[11]。まだ萌芽的な現象であり，今後の新たな取り組みが大いに期待される分野でもある。

4-3．地域新聞発行における協働事例[12]

　NPO主導・企業主導のソーシャル・ビジネスの特徴について，代表的事例を交えて検討してきたが，それにあてはまらないような事例も登場している。以下に紹介するのは，今回の類型化と各類型の特徴を考える上で興味深い事例である。

　地域新聞社である上越タイムス社とNPO法人くびき野NPOサポートセンターによる新聞紙面上の協働である。くびき野NPOサポートセンターの理事長が倒産寸前の上越タイムス社の社長になったことから，このユニークな試みは始まった。いわば素人である，くびき野NPOサポートセンターに，月曜日の上越タイムス紙面の一部（4頁分）を任せている。

　当時6,000部を発行していた上越タイムスは，お悔み情報を100％カバーして掲載していて，それは貴重な地域新聞ならではの情報であった。毎日出さなければお悔み情報も不十分なのだが，人員不足から月曜日を休刊にしていて，そのことが問題となっていた。

　一方，地域活性化のための中間支援組織である，くびき野NPOサポートセンターをはじめとする市民活動の人々にとっては，「自分たちの情報を自由に安価に発信できる方法が欲しい」という満たされないニーズがあった。そこで，

---

(11)　Seitanidi and Crane（2009）では，パートナーシップの最初のステージであるパートナーを選択する際には，リスク評価が必要だとしている。NPOの方が，パートナー（企業）から派生するレピュテーション・リスクが高くなるとも指摘している。
(12)　事例の詳細はパートナーシップ・サポートセンターほか（2005）を参照。

図5 地域新聞社とNPOによる新聞

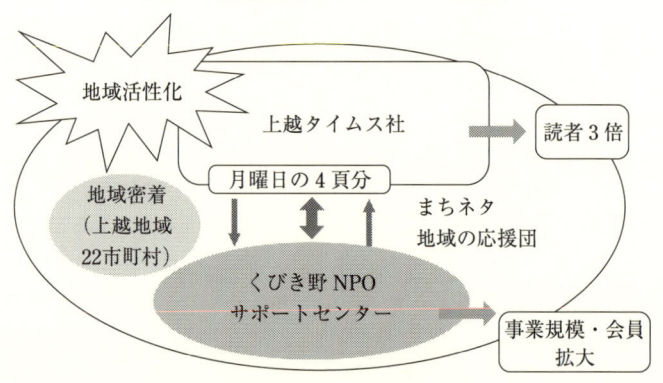

```
         地域活性化
                           上越タイムス社 ──→ 読者3倍
    地域密着            ┌───────────┐
   (上越地域)          │ 月曜日の4頁分 │
    22市町村           └───────────┘     まちネタ
                              ↕            地域の応援団
                     ┌─────────────────┐
                     │  くびき野NPO     │
                     │  サポートセンター │──→ 事業規模・会員
                     └─────────────────┘      拡大
```

出所：パートナーシップ・サポートセンター資料に加筆。

　新聞社が月曜日の紙面の2頁（当初，現在は4頁）をくびき野NPOセンターに提供して，センターはそのページを「NPO PRESS」と銘打って，NPOや市民活動の記事を掲載することになった。

　NPOは，新聞社からノウハウを学び，問題があれば修正に関する協議や意見交換を行って協働している。また取材，編集，広告すべてをNPOに任せることで，上越タイムス社も市民やNPOの視点から大いに刺激を受け，紙面もジャーナリスティックな記事から，地域でがんばっている人や企業や団体を紹介していく記事に変わっていく。つまり県紙にはできない「地域の応援団」という地方紙の役割を再認識する。

　週1回ではあるが，お互いに紙面を協働でつくりあげることで，影響しあい，切磋琢磨する育ちあいの関係がそこに生まれている。ときには，取材対象や広告獲得を巡って，両者間に競争関係も芽生え，ある種の緊張感も生まれている。その結果，NPOの事業規模は5倍に拡大して，会員も大幅に伸びた。一方の新聞社の発行部数も3倍に増加した。また地域の皆が，地域新聞もしくはNPO PRESSによってスポットライトを浴びて，「主役になれる」という事実が，地域活性化に役立っている（図5）[13]。

5. 考　察

5-1. 類型化の難しさ

　くびき野の例を考えると，この事業ははたして，NPO主導，企業主導のどちらのソーシャル・ビジネスと考えることができるだろうか。新聞発行という企業のビジネスにおいては，NPOと協働することで，月曜日の発行を可能にした。地域の応援団として，地域活性化を目的とするソーシャル・ビジネスである。一方，NPOにとっても，中間支援組織として，市民や地域組織の活動を質の高い情報として提供することで，地域密着の支援活動を展開するという主目的を果たすソーシャル・ビジネスになっている。

　このように考えると，初めに想定した表1のような類型化には，実は解釈の難しさが伴う。NPO主導のソーシャル・ビジネスの場合では，企業は収益事業と直接的には無関係な立場で協働するが，企業の経営資源やステイクホルダーを活用し，他組織と広く交流する。その結果，企業の収益事業に直結する経営資源の活性化やステイクホルダーの拡充がみられる。このようにNPO主導のソーシャル・ビジネスも，広い意味では企業のソーシャル・ビジネスとも解釈することが可能だ。

　また企業主導のソーシャル・ビジネスの場合は，企業の収益事業としてソーシャルな製品やサービスを開発する上で，NPOと協働する形態が主流である。しかし，企業の社員教育を目標として，NPO主導のソーシャル・ビジネスの場で，能動的に協働する場合は，企業のソーシャル・ビジネスとも解釈できるだろう。つまり企業のガバナンスや事業プロセスの社会性向上のために，NPOのソーシャル・ビジネスと協働するような形態もみられる。

　これらはNPO主導ソーシャル・ビジネスでありながら，企業主導のソーシャル・ビジネスとも解釈できる。さらに，企業主導のソーシャル・ビジネス

---

(13) 人口30万人のエリアにおいて81ものNPO法人があり，活発に活動している（PSC 2010）。

(典型的なソーシャル製品・サービス開発)におけるNPOの協働とは，NPOのミッションに基づく真摯なニーズがあるからこそ協働するのであり，NPOから企業に声をかけることも多い（上述のバルーンシェルターのケース）。したがって，NPOのソーシャル・ビジネスと解釈することも可能だ。

5-2．類型化の意義

上記で考察した点については，図6のようにまとめられる。協働において，NPO主導，企業主導という純然たる区別に基づく類型化は不可能である。

しかしながら，パートナーシップ大賞入賞事例をもとに検討した結果，NPO主導のソーシャル・ビジネスと企業主導のソーシャル・ビジネスには，異なる特徴がみられる。この異質性を検討することが，各々の形態の可能性と課題を明らかにする。以下では，仮説的な考察を行う。

第一に，NPO主導のソーシャル・ビジネスでは，NPOという制度が資源をつないで，コーディネートするネットワークの中核として適していることがわかる。企業主導の場合には，金銭的利害関係が大きく関わり，NPO主導の大きく広がる関係性に比べると，契約や覚書，機密保持といった条件を介した

図6 類型化の難しさ

【純然たる区別は不可能？】	
NPOのソーシャル・ビジネス	企業のソーシャル・ビジネス
・NPOが主導	・企業の収益事業上で実施
・企業は，収益事業と<u>直接的には無関係</u>	・企業の<u>収益事業と直接関係</u>
・企業は，経営資源の交換 　－経営資源の活性化 　－ステイクホルダーの拡充	・製品・サービス開発が典型 　－ガバナンスや事業プロセスの社会性向上のための事業も
・<u>広い意味では</u>，企業の社会的事業でもある	・もちろん，NPOの社会的事業でもある

閉じた関係性がみられる。

　第二に，ソーシャル・ビジネスの関係性（ネットワーク）が広がるほど，多様な場を創造して，そこに多様な価値提供・創造・享受の関係性がみられる。金銭的な価値には換算できない非金銭的インセンティブが活かされて，その結果，ソーシャル・キャピタルの醸成を果たしている。

　第三に，ソーシャル・ビジネスの協働のビジネスモデルの性質に違いがある。NPO主導の場合も企業主導の場合も，明確なコンセプトと協働デザインの存在が重要であるが，各主体のビジネスモデルにおける取り組み方・位置づけのストーリー展開に大きな違いがみられる。NPO主導の場合，企業のスタンスは「無理をしない」取り組みで，基本「楽しくて継続」というように非金銭的報酬で動機づけられており，広い視野で「本業への好影響」をとらえることになる。

　しかし，企業主導のソーシャル・ビジネスの場合，企業とNPOの間にはある種の「緊張感」が存在して，金銭的価値も創造する立場のタイトさが伴う。

　このことは，一方で，NPO主導のソーシャル・ビジネスには，強力な社会的企業家の存在が必要になることを暗示している。すなわち，ある程度「ゆるい」ビジネスモデルを構築しているとも言えるため，その継続性に関しては，熱意を持った社会的企業家（チーム）のリーダーシップが不可欠である。

　両者のソーシャル・ビジネスに共通する点は，NPOと企業といった参画主体の間でのコミュニケーション頻度が高まる点である。合意にいたるまで，議論をしつくし，企業間協働に比べて，オープンに情報を提供しあっている。ソーシャル・ビジネスにおける協働は，他のビジネス形態に比べて，民主的運営や時間をかける合意形成に特徴があると言えるだろう。

6．ま　と　め

　ソーシャル・ビジネスと協働の類型化には困難がつきまとう。純然たる区別は不可能であり，まさに営利と非営利のハイブリットなビジネスモデルが多く

みられるようになっている。

しかし，表1の類型化は，社会的事業や協働の本質を分析・考察する上で，一定の有効性を示した。NPO主導の社会的事業は，ソーシャル・キャピタルの醸成，関係性の広がりを促進しやすく，地域活性化においてNPO主導で実施することの意義と役割の大きさを明らかにしている。特に目の届く範囲におけるソーシャル・ビジネスは，責任感と信頼関係醸成にも大きく貢献するため，地域活性化において，NPO主導で実施することの有効性を示している。

一方，企業主導の社会的事業は，企業のシーズである本業資源活用と，NPOのニーズである公共的課題解決という面において，具体的で有効な解決策を創造することが可能な協働である。関係性は相対的には閉じているものの，企業間協働と比べて，オープンさ，コミュニケーションと合意形成の重視といった特徴も持つため，今後このような取り組みが増加することで，豊かなソーシャル・ビジネスのバリエーションと価値が創造されることになるだろう。

しかしながら，本研究は，複数のサンプルをもとに考察したとはいえ，事例分析の手法をとり，仮説発見の域を出ない。今後の課題の1つとして，より精緻化した概念操作とインディケータ（仮説的フレームワークの構築）に基づく定量的研究によって仮説検証を行うことが挙げられる。

参考文献

Austin, J., Stevenson, J., and Wei-Skillern, J. (2006) "Social and Commercial Entrepreneurship : Same, Different, or Both?", *Entrepreneurship Theory and Practice*, pp. 1-22.

Dees, J. G., Emerson, J., and Economy, P. (2001) *Enterprising Nonprofits : A Toolkit for Social Entrepreneurs*, John Wiley & Sons, Inc.

金井一賴・田中康介・涌田幸宏・腰塚弘久・中西 晶・中條尚子・松本邦男 (1994)『21世紀の組織とミドル』産能大学総合研究所。

金井一賴 (1999)「地域におけるソシオダイナミクス・ネットワークの形成と展開」『組織科学』第32巻第4号, pp. 48-57。

金井壽宏 (1999)『経営組織』日本経済新聞社。

経済産業省ソーシャルビジネス研究会 (2008)『ソーシャルビジネス研究会報告書』経済産業省。

経済産業省（2008）「ソーシャルビジネス/コミュニティービジネスの推進」。http://www.meti.go.jp/policy/local_economy/sbcb/index.html 2012年2月20日アクセス。

京都産業大学ソーシャル・マネジメント教育研究会編（2009）『ケースに学ぶソーシャル・マネジメント』文眞堂。

LEAF（2006）『企業ができるこどもたちへの環境学習支援』NPO法人こども環境活動支援協会。

大室悦賀・大阪NPOセンター編著（2011）『ソーシャル・ビジネス：地域の課題をビジネスで解決する』中央経済社。

パートナーシップ・サポートセンター・岸田眞代・高浦康有編著（2003）『NPOと企業：協働へのチャレンジ』同文舘出版。

パートナーシップ・サポートセンター・岸田眞代編著（2005）『NPOからみたCSR：協働へのチャレンジ』同文舘出版。

パートナーシップ・サポートセンター・岸田眞代編著（2007）『CSRに効く！：企業&NPO協働のコツ』風媒社。

パートナーシップ・サポートセンター・岸田眞代編著（2010）『NPOと企業 協働の10年 これまで・これから』サンライズ出版。

パートナシップ・サポートセンター（2012）。http://www.psc.or.jp/ 2012年2月22日アクセス。

Seitanidi, M. M. and Crane, A.（2009）"Implementing CSR Through Partnerships: Understanding the Selection, Design and Institutionalization of Nonprofit-Business Partnerships", *Journal of Business Ethics*, Vol. 85, No. 2, pp. 413-429.

Selsky, J. W. and Parker, B.（2005）"Cross-Sector Partnerships to Address Social Issues: Challenges to Theory and Practice", *Journal of Management*, vol. 31, no. 6, pp. 849-873.

Short, J. C., Moss, T. W., and Lumpkin, G. T.（2009）"Research in Social Entrepreneurship: Past Contributions and Future Opportunities", *Strategic Entrepreneurship Journal*, pp. 161-194.

谷本寛治編著（2006）『ソーシャル・エンタープライズ：社会的企業の台頭』中央経済社。

飛んでけ！車いすの会（2012）「活動報告：2011年10月末のデータ」。http://tondeke.org/japanese/ 2012年2月14日アクセス。

塚本一郎・山岸秀雄編著（2008）『ソーシャル・エンタープライズ：社会貢献をビジネスにする』丸善。

横山恵子（2003）『企業の社会戦略とNPO：社会的価値創造にむけての協働型パートナーシップ』白桃書房。

Waddock, S. A.（1988）"Building Successful Social Partnerships," *Sloan Management Review*, Summer, pp. 17-23.

社会的協働の形成プロセス
――エコログ・リサイクリング・ジャパンによる
繊維リサイクル事業を通して――

大倉邦夫　弘前大学人文学部講師
田邉和男　エコログ・リサイクリング・ジャパン取締役

1．本研究の目的

　本研究の目的は，地球環境問題のように単独の組織では解決することのできない社会的課題に対して，複数の組織が協力して取り組む社会的協働という事業形態に焦点を当て，そうした社会的協働が形成されていくプロセスを明らかにすることにある。特に着目するのは，社会的協働がどのような人々によって，いかにして形成されていくのかという側面である。より具体的には，社会的協働に関するアイデアを生み出し，中心となりながら事業計画を策定する人物や，その事業に参加する各企業の担当者が，それぞれの社内の主要な人物や部門を説得することを通して資源を動員し，協働事業を生み出していくプロセスを考察する。

　昨今，社会的協働という事業形態に着目し，その形成理由に焦点を当てる研究が増えつつある（Austin, 2000；Googins and Rochlin, 2000）。以下で詳述するように，その多くは協働の形成を促す要因を分析するというものである。しかしながら，社会的協働の形成理由に関して，実際に協働事業を立ち上げたり，その事業に参加するにあたり，どのような人物がいかにして自社の主要部門を説得していったのか，そのプロセスについては十分な研究がなされていない（Wohlstetter et al., 2005）。また，手法という点でも，こうした問題について詳細な事例研究を行った例はきわめて少数である。

　そこで本研究は，繊維製品の廃棄物問題という1社だけでは解決が困難な社

会的課題の解決に向けて，使用済み繊維製品のリサイクル事業を展開したエコログ・リサイクリング・ジャパンによる「エコログ・リサイクリング・ネットワーク」を社会的協働の事例として取り上げる。エコログ・リサイクリング・ジャパンは，これまで直接的な結び付きがほとんどなかった繊維産業の川上（化学繊維製造企業）・川中（資材製造企業）・川下（アパレル企業）の各企業をつなぎあわせ，従来繊維産業には存在しなかったリサイクル事業の仕組みを生み出した。

なお，エコログ・リサイクリング・ジャパンが事業展開を行った1994年時点では，リサイクルに関する技術的問題や，再生素材が市場に浸透していないという問題のために，事業の収益の見通しが立たないという問題が存在していた。経済合理性という側面を考慮すると，協働事業の実現可能性は非常に低い状況であったと考えられる。そうした状況にもかかわらず，こうした事業がなぜ，どのようにして生み出されたのか，各企業がいかなる方法で事業の正当性を主張し，社内の資源動員を実現したのか，という問題は重要な研究課題となる。

本研究では，エコログ・リサイクリング・ネットワークという社会的協働に関わった人々の相互作用に着目しながら，こうしたネットワークがどのようにして形成されてきたのか，その形成プロセスについて明らかにする。

2．本研究の分析視点

2-1．社会的協働の形成理由に関する先行研究：協働関係の形成を促す要因

社会的協働がなぜ，どのようにして形成されるのかという社会的協働の形成理由に関する問題については，組織外部要因や組織内部要因，さらには双方の要因に着目した研究が見られる。

まず，組織外部要因に着目する研究は，組織を取り巻く社会環境の状況が協働の形成を促すということを指摘する。例えば，Googins and Rochlin (2000) は，社会的課題の解決主体としての政府の役割が低下してきたことや，社会的課題の複雑化によって単独のセクターの組織では十分な解決策を講じることが

できないという状況がセクターを超えた協働を促進していると主張する。

次に,組織の保有する資源や戦略的意図という組織内部要因に着目する研究は,組織が,なぜ他の組織と協働関係に至るのか,その主体的理由を考察している。例えば,Rondinelli and London (2003) は,企業とNPOの社会的協働に着目した上で,双方の組織はそれぞれが保有する資源を活用したり,それらを結合させることによって,単独の組織では解決することのできない社会的課題に取り組むことを目的とした協働事業を形成することを指摘している。

そして,組織外部要因と組織内部要因の双方に着目して,社会的協働の形成理由を議論する研究も見られる (Austin, 2000)。これは,いかなる社会環境の状況が協働事業の形成に影響を与えたのか,あるいは各組織はどのような戦略的意図に基づきながら協働事業に参加したのかという点を検討するための包括的な視点であると言える。

上記に挙げた研究は示唆に富むものではある。しかし,Wohlstetter et al. (2005) は社会的協働の形成理由を検討する際に,協働関係の促進要因だけではなく,社会的協働の仕組みやアイデアの実現に向けて各々の組織を主導していく推進者(Champion)の役割についても着目することの必要性を指摘している。社会的協働の形成理由に焦点を当てた研究は,協働事業の設立に必要となる資源を動員していくにあたり,推進者がいかなる役割を果たしているのかという点について十分な検討を行ってこなかったという点で,研究の開拓の余地を残している。

2-2. イノベーションの実現過程における資源動員のプロセス

推進者の役割や,組織内外の資源をいかにして動員していくのかという問題については,イノベーションを実現していく際の資源動員のプロセスについて分析する研究において議論がなされている。こうした研究は,組織内での新規事業の設立や革新的アイデアに関する計画に対して,どのようにして組織内外の資源の動員が正当化されていくのか,そしてその結果イノベーションがいかにして実現していくのか,その過程について分析している (Aldrich and Fiol,

1994；武石・青島・軽部, 2008)。

　例えば，武石・青島・軽部（2008）は，革新的なアイデアに対して組織内外の資源を動員し，事業化にたどりつくというイノベーションの実現過程を，組織内外の関連主体から正当性を獲得していくプロセスとして捉えている。彼らは，イノベーションを実現した18件の事例分析の結果，16件の事例では，事業化に至る過程で，事業収益の見通しという経済合理性を客観的に示すことができなかったために，関連する事業部門からの反対・抵抗にあったことを指摘している。

　そして，推進者がこうした事業化を阻む壁を乗り越え，資源動員を正当化したパターンとして，彼らは①技術重視の考え方，②経営トップのリーダーシップ，③支持者の獲得，④当事者の危機感という4つを挙げている。さらに，事例分析の結果から，イノベーションの過程というものは，決して経済合理性という客観的理由だけではなく，資源の動員に合意する特定の主体自身の歴史・価値観・事情などを背景とする主観的理由によって進められることを示している。

　また，資源動員を正当化していく過程を牽引する推進者の役割や性格に焦点を当てた研究も見られる（Howell and Higgins, 1990；Day, 1994)。Howell and Higgins（1990）は，推進者は新しいアイデアの実現に向けて，自身のもつコミュニケーション・チャネルを活用し，トップマネジメントや他の関連する重要なステイクホルダーを説得していくという役割を担うことを指摘している。

2-3．社会的協働の形成と資源動員のプロセス

　イノベーションの実現過程における資源動員に関する先行研究の検討から導出された「推進者」や「資源動員の正当化プロセス」という概念は，社会的課題に取り組むための革新的な仕組みを創出し，その仕組みを実現していくための資源動員を牽引していく人物の役割を考察するにあたって，有効な視点を提供する。

　本研究では，こうした2つの概念を用いることによって，社会的協働の先行

研究では十分に検討されてこなかった点，すなわち「社会的協働の形成を主導していく人物が，いかなる方法を用いて組織内外の関連する主体を説得し，事業に必要な資源を動員していくのか」という点を明らかにしていく。

3．本研究の調査方法

本研究は調査の方法として事例研究法を用いた。上述したように，本研究は，社会的協働の事例として，エコログ・リサイクリング・ジャパンによる使用済み繊維製品のリサイクル事業「エコログ・リサイクリング・ネットワーク」を取り上げた。事例研究は，①エコログ・リサイクリング・ネットワークの設立に関わった複数の人々へのインタビュー調査や，②リサイクル事業に関係する

表1　インタビュイー・リスト

企業名	担当者名	調査日
株式会社エコログ・リサイクリング・ジャパン	田邉和男（取締役）	2010/ 4 /23
		2010/ 9 /16（工場見学）
		2011/ 5 /27
	宮内民郎（営業部長）	2011/ 5 /27
株式会社アイリス	松葉恵太郎（常務執行役員）	2010/ 9 /28
	柿沼 平（品質管理室 室長）	
	小林 明（常務執行役員）	2011/ 5 /12
	柿沼 平	
	柿沼 平	2011/ 8 /29（工場見学）
東海サーモ株式会社	城戸 浩（専務取締役）	2010/10/ 7
	棚瀬 勉（開発部）	2011/ 8 /10
東レ株式会社	中村 明（繊維リサイクル室主任部員）	2009/10/27
	中村 明	2010/11/ 1
アルバ株式会社	森下 洋（代表取締役社長） （前ユニング代表取締役社長）	2011/ 6 / 8

工場見学というフィールド調査に加えて，③繊維関連の学会誌・雑誌・専門紙，さらにエコログ・リサイクリング・ジャパンの内部資料等の文書資料調査に基づいている。

表1は，本研究のインタビュー調査とフィールド調査の概要を整理している。これらの調査は1回につき約2～3時間ほど実施した。

文書資料については，繊維関連の学会誌として「繊維工学」を，専門雑誌として「繊維トレンド」を，専門紙として繊維関連の総合新聞である「日本繊維新聞」を取り上げた。その他，本研究は，エコログ・リサイクリング・ジャパンの製品の売上に関するデータや事業戦略に関する報告書を活用した。

4．事例研究：エコログ・リサイクリング・ネットワークの形成プロセス

4-1．繊維製品のリサイクルの状況

エコログ・リサイクリング・ネットワークの形成プロセスを考察していく前に，繊維製品の廃棄物や繊維産業におけるリサイクルの状況について確認しておく。

繊維製品の廃棄物は，年間約200万トン排出されており，その内訳は一般廃棄物が約164万トン（約82％）である一方，産業廃棄物が約36万トン（約18％）であり，このうち衣料品が約半分（約94万トン）を占めるという（大松沢，2006）。これに対して衣料品の廃棄物の総回収量は約24万トンで，全体の約26％が回収されていることになる（中小企業基盤機構，2010）。回収された衣料品のうち，約10万トンがリサイクルされている。リサイクルされない衣料品は，再び中古衣料品として再利用されるか，あるいは海外に輸出されている。

衣料品のリサイクル率（再利用された衣料品を除く）は約11％であり，家電リサイクル法の対象製品のリサイクル率（テレビ：85％，冷蔵庫：76％，洗濯機：86％，エアコン：88％）と比べると非常に低い数値となっている。基本的に繊維製品の廃棄物の多くは焼却・埋立処分されているという状況が続いている。

4-2. 繊維産業におけるリサイクルを阻む問題点

　繊維製品のリサイクルを行う場合，まずは，生地や芯地・ファスナー・ボタン等も考慮した上で，リサイクルしやすい繊維製品の設計を行う必要があり，そのためにも繊維産業の川上から川下までの連携が必要不可欠となる。しかし，繊維産業ではリサイクル対応製品に関する共同開発はほとんど行われてこなかった。また，繊維産業は，垂直分業の程度が高いために，川上から川下までの各工程をつなげる機能をもつ問屋や商社という仲介業者が存在し，多段階の流通構造になっているという点が特徴として挙げられる。そのため，繊維産業において川上から川下の各企業が直接連携して事業活動を行うという経験はほとんどなかった。こうした産業構造を踏まえると，繊維産業の様々な企業が連携して，新しくリサイクルしやすい繊維製品を開発したり，それをリサイクルしていくという繊維製品の循環的なリサイクルの仕組みを構築することは容易ではないことが示される。

　その他，繊維製品は，素材の複合度の高さ・製品の多様性（種類，色等）と高いファッション性・進まない再生用途の拡大，というリサイクルを阻む障壁があり，家電製品のようにリサイクルに特化した法律が制定されていない。そのため，リサイクルの責任の所在や，リサイクルに伴う費用負担の問題等が曖昧なままになっている。

　こうしたリサイクル事業を取り巻く様々な問題がある中，1994年に広島県福山市で紳士用のコート等を製造・販売しているアパレル企業のワッツという中小企業が，繊維産業の各企業と協力しながら，エコログ・リサイクリング・ジャパンという企業を設立した。同社は，リサイクルしやすい繊維製品の開発・使用済み繊維製品の回収・リサイクル，という繊維産業では初めての川上から川下までの企業が参加した繊維製品のリサイクルのネットワークを構築していった。

4-3. エコログ・リサイクリング・ネットワークの概要

　ここでは，エコログ・リサイクリング・ジャパンと，繊維リサイクルのネッ

トワークであるエコログ・リサイクリング・ネットワークの概要について説明する。

エコログ・リサイクリング・ジャパンとは，繊維産業の川下のアパレル企業であるワッツが中心となりながら，化学繊維製造企業の東レ（川上）・商社の伊藤忠商事・ボタン製造企業のアイリス（川中）という計4社の出資によって1994年に設立された企業である（各企業の概要は表2を参照）。エコログ・リサイクリング・ジャパンは繊維製品のリサイクル事業を主な事業内容としている。同社の設立時の出資金は1億2,000万円であり，ワッツが6,000万を，残りの3社がそれぞれ2,000万円ずつ出資した。なお，2003年にはそれぞれの出資額を倍増し，資本金は2億4,000万円となっている。

次に，エコログ・リサイクリング・ネットワークについて説明する。これは，エコログ・リサイクリング・ジャパンと，同ネットワークへの参加企業が協力して，リサイクルしやすい設計に基づいたエコログ・リサイクリング・ネットワーク規格の繊維製品（企業ユニフォームや一般衣料品等）の開発・販売，使用済み繊維製品の回収・リサイクル（ペレット状の再生原料の生産），再生商品

表2　エコログ・リサイクリング・ジャパンと出資企業の概要

企業名	資本金	従業員数	事業内容
株式会社エコログ・リサイクリングジャパン	2億4,000万円	7名 役員数：5名	繊維製品のリサイクル事業（使用済み製品の再生，再生商品の製造，販売）
株式会社ワッツ	4,800万円	47名	紳士用コート・婦人用コートの製造，販売
東レ株式会社	1,478億7,303万771円	3万8,740名	繊維製品，プラスチック製品，情報通信材料製品等の製造，販売
伊藤忠商事株式会社	2,022億4,100万円	4,301名	繊維，機械，金属，エネルギー，建設等の輸出入
株式会社アイリス	10億700万円	572名	ボタン・アクセサリー等の服飾資材，ファンシー・ホビー商品等の製造，販売

172　III　特集論文　社会的協働の形成プロセス

図1　エコログ・リサイクリング・ネットワークの仕組み

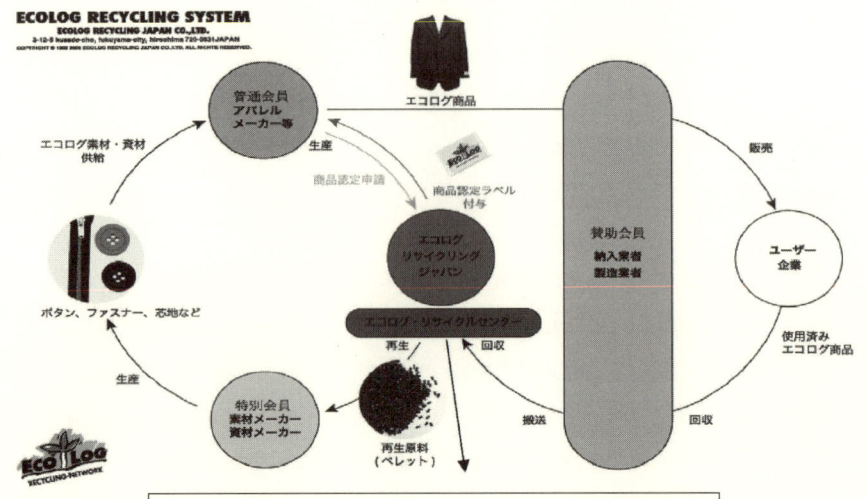

(出所)エコログ・リサイクリング・ジャパンホームページ(一部加筆修正)。
http://www.ecolog.co.jp/about/a5up2.html

(中綿・手袋・ハンガー等)の開発・販売を行う繊維リサイクル事業のネットワークである。このネットワークは,繊維リサイクル事業を通して,繊維製品の廃棄物問題の解決や,繊維製品の製造における地球環境への負荷の低減を目的としている。

図1はエコログ・リサイクリング・ネットワークの仕組みを示しており,各企業の役割は以下の通りである。まず,川上の素材製造企業や川中の資材製造企業は,ポリエステルのバージン原料あるいは再生原料をエコログ・リサイクリング・ジャパンから購入し,それを原料としながらリサイクル可能な資材(衣料用芯地・ボタン・ファスナー等)の製造・販売という役割を担う。

また,川下のアパレル企業の役割としては,そうした資材を活用したリサイクルしやすい繊維製品(主に企業ユニフォーム)の製造・販売が挙げられる。アパレル関連の小売企業は,繊維製品を最終的なユーザーに納入するという役

割を担う。さらに，その繊維製品を利用する企業（ユーザー）は，アパレル企業あるいは小売企業と使用済み繊維製品の回収に関する契約を結び，製品を使用した後に，それをエコログ・リサイクリング・ジャパンに送るということになっている。

　そして，エコログ・リサイクリング・ジャパンは，エコログ・リサイクリング・ネットワーク製品認定マークを各会員企業に付与することに加え（1点につき110円），回収した使用済み繊維製品をリサイクルし，再生原料を生産したり，そうした原料を活用して手袋やボディタオル等の再生商品を製造・販売するという役割を担っている。基本的にエコログ・リサイクリング・ネットワークでは，ポリエステル100％あるいはポリエステル・綿，さらにはポリエステル・ウールの繊維製品の製造，回収，リサイクルを行っている（繊維製品の素材や資材はポリエステル100％）。1994年の事業開始以降，2010年度までに合計約650万点のエコログ・リサイクリング・ネットワーク規格の繊維製品が販売されている。再生原料については2010年度までに合計約750トンを生産している。

　なお，エコログ・リサイクリング・ネットワークに参加している企業は，幹事会員・特別会員・普通会員・賛助会員に区分されている。幹事会員とは，出資企業のことであり，ワッツ・東レ・伊藤忠商事・アイリスが該当する。特別会員とは，資材製造企業のことであり，衣料用の芯地・ボタン・ファスナー等を製造・販売する企業から構成されている。普通会員とは，アパレル企業のことであり，その多くは企業あるいは官公庁のユニフォームを製造・販売する企業である。賛助会員とは小売企業である。こうした会員企業は入会費100万円・年会費10万円を支払うことになっている（賛助会員は除く）。2011年現在，エコログ・リサイクリング・ネットワークに参加している企業は65社である。

4-4．エコログ・リサイクリング・ネットワークの事業化プロセス

（1）　ワッツ内部におけるリサイクル事業の立ち上げの背景

　エコログ・リサイクリング・ジャパンの田邉は，ワッツが繊維リサイクル事

業に乗り出し，エコログ・リサイクリング・ネットワークを設立した背景として，繊維製品の廃棄物問題を解決したいという，当時の社長である和田敏男の社会的ミッションに対する強いコミットメントが存在したことを指摘している。また，田邉はこの点に加え，「ワッツという企業はコートの生産量は日本一ですが，ブランド力が全くありませんでした。最大手にはオンワードさんがいました。多分和田は違う分野でトップを狙いたかったと思います。」と語っており，和田は，他社がまだ目をつけていない取り組みに着手することで，ワッツという企業のブランド力向上を意図していたとも考えられる。

　1992年に和田が社内で自社製品を廃棄物としない処理方法のアイデアを募っていくことになるが，これというアイデアが見つからない状況が続いていた。そのような中，和田をはじめワッツの従業員が1993年にヨーロッパに紳士用コートの市場調査に出向いた際に，ドイツで衣料品をリサイクルしている企業があるという噂を聞きつけた。そこで，和田は予定を急遽変更し，ドイツでリサイクル事業を行っている ECOLOG RECYCLING GmbH を訪問し，リサイクルの仕組みや技術について説明を受けた。ECOLOG RECYCLING GmbH のリサイクル技術は，衣料品を裁断し，溶かし，冷やして固めることでペレット状の再生原料をつくりだすというものである。この方法はリサイクルの際に地球環境に負荷を与える溶剤を利用せず，地球環境にやさしい技術であるために，和田はこのリサイクルの仕組みを日本に導入することを決意したという。和田は帰国した後，1994年1月頃にこのリサイクルの仕組みを活用した，繊維製品のリサイクル事業の構想を本格的に計画していくことになった。

（2）リサイクル事業の計画策定

　この事業計画の策定に関わったメンバーは和田に加え，当時の会長，副社長，常務の谷本　勇，田邉（資材購買担当）の計5名に限定され，社内でもこの計画はトップシークレットであった。というのも，当時和田はリサイクル事業の採算性を考えた場合に，社内からこの事業に対する反対意見が出てくることを予測していた。そこで，和田は事業開発における障害を最小限にするために事業

に関わるメンバーを役員層に限定したという。当然ながら，当該メンバーはワッツの他の従業員にこの事業計画を話すことを禁じられていた。なお，田邊がこのメンバーに召集された理由としては，リサイクル可能な繊維製品（衣料品）を製造するためには，それに適合したポリエステル100%の資材を製造しなければならず，そうした資材の専門知識をもつ担当者が必要であったという点が挙げられる。

実際に，上記の5名によってリサイクル事業の立ち上げに関する議論が進められていく中で，繊維産業の川下に所属するアパレル企業が原料の問題にまで着手することの妥当性を問う意見や，採算性が合わないという理由から事業化に反対する意見等，様々な意見が出されていくことになった。

特に，1990年代前半は，繊維産業において使用済み繊維製品のリサイクルに取り組む企業はほとんど存在していなかったことに加えて，リサイクル可能な繊維製品を製造するための資材もなく，そうした製品を製造すること自体困難であった。当時ワッツが導入しようとしていたリサイクル技術は，ポリエステル100%あるいはポリエステル・綿や，ポリエステル・ウールの繊維製品をリサイクルの対象とするものであった。基本的に衣料品などの繊維製品は，多種多様な素材の混紡製品が多く，ボタンやファスナーなどの資材も含めてポリエステルという単一素材のみで製造された製品はなかった。そのため，リサイクル技術の要件を満たす資材や繊維製品を一から開発していくことが必要であった。

こうした当時の繊維製品のリサイクル事業を取り巻く社会環境という組織外部要因は，ワッツの役員層の反対意見を形成することになり，リサイクル事業の立ち上げにおける大きな障壁であった。

社内で提示された反対意見に対して，和田はこの事業の推進者として次の3つの理由を挙げながら，リサイクル事業に取り組むことの正当性を主張していった。まず，第1に和田は衣料品を製造するワッツが，販売した製品の廃棄の段階にまで責任をもたなければならない時代が後にやってくるという「拡大生産者責任（ERP: Extended Producer Responsibility）[1]」の考え方を強調してい

った。和田は、自社製品を極力廃棄物とせずに、再生資源として活用していくことがメーカーには求められるという点を訴え、反対する役員を説得していった。

第2に、リサイクル可能な新しい製品を開発・販売するという今までにない事業の創出という点が挙げられる。和田は、他のアパレル企業が製造していないようなリサイクル対応の製品をワッツが手掛けることで、他社との差別化が図れるとし、将来的には事業収益の見込みがあるという点を役員らに説明した。

そして第3に、今後環境経営やリサイクルという問題が日本で広がった際に、他のアパレル企業に先駆けていち早く取り組んでおくことで、企業価値が高まるという点などを強調し、反対する役員を説得していった。

上記3つの理由のうち、第1の理由は、繊維製品の廃棄物問題の解決という非経済的理由であり、これは谷本（2006）がソーシャル・ビジネスの要件の1つとして挙げる「社会性」と関連する。ここでの社会性とは、繊維製品の廃棄物問題という社会的課題に取り組むことを指す。後者2つの理由は、事業収益の見通しや企業価値の向上という経済的理由である。和田はリサイクル事業が将来的にビジネスとして成り立つ可能性を示唆してはいたが、客観的な経済合理性を示すことができず、それだけでは十分に役員を説得するには至らなかった。

結果的に反対する役員を説得していった大きなポイントは、田邉が「これはもうトップの信念、情熱で押し切ったというものです。」と語るように、第1の理由である繊維製品の廃棄物問題を何とかして解決していきたいという和田自身の社会的ミッションに対する強いコミットメントであった。また、ワッツは和田一族のオーナー企業であるため、そうしたトップダウンの意思決定を行うことができたと考えられる。さらに、社内におけるリサイクル事業の推進者であった和田を積極的に支援する谷本や田邉という支持者の存在も反対する役員を説得し、事業を立ち上げていく上で重要な要因であった。

（1） 生産者が製品の生産・使用段階だけでなく、廃棄やリサイクルの段階にまで責任を負うという考え方。OECD（経済協力開発機構）が提唱した考え方である。

(3) ワッツの内部における資源動員の正当化プロセス

　これをイノベーションの実現過程における資源動員の正当化プロセスに関する武石・青島・軽部（2008）の研究に基づき考察する。武石らは，社内の資源動員の正当化のパターンとして，①技術重視の考え方，②トップのリーダーシップ，③支持者の獲得，④当事者の危機感，の4つを挙げており，ワッツのリサイクル事業の場合は，この内2つめのトップのリーダーシップと，3つめの支持者の獲得という2つのパターンに該当するものと捉えることができる。

　つまり，和田は自身の社会的ミッションに基づきながらトップのリーダーシップを発揮した上で，支持者を獲得していくことによって，反対する役員を説得し，社内の資源をリサイクル事業に動員することに成功したと考えられる。

　以上のような資源動員の正当化プロセスを経て，ワッツの役員層は，自社の資金や人材，さらにアパレル製品の製造技術という資源をリサイクル事業に投入し，事業計画を策定することを承認していった。役員層での正式な承認を得たことによって，社内においてもリサイクル事業の計画がオープンにされることになり，本格的にワッツの事業として取り組みが進められた。ワッツでは，エコログ・リサイクリング・ジャパンというリサイクル事業専門の別会社を設立して，この事業に取り組んでいくことになった。

(4) エコログ・リサイクリング・ジャパンへの出資参加を要請した背景

　和田を推進者としながら，ワッツにおいてエコログ・リサイクリング・ジャパンの設立に関する取り組みが進められていく中で，次のような課題が浮き彫りになってきた。それは，リサイクル対応の繊維製品を製造するには，そのための資材を開発する必要があるという点や，ワッツという地方の中小企業1社だけでは資金的な面においてもリサイクル事業を全国に展開していくことが難しいという点であった。当初，ワッツがリサイクル事業のための別会社であるエコログ・リサイクリング・ジャパンを設立しようとした際には，ワッツ単独の出資を計画していた。しかし，中小のアパレル企業の保有する資源だけではリサイクル事業の実現が難しいという，上記に挙げたような課題が明らかにな

るにつれて，ワッツの内部では他の企業との協働事業という方向性を模索していくことになった。

　まず，ワッツはこれまでの取引関係や和田個人の人脈をベースとしながら，エコログ・リサイクリング・ジャパンに出資してくれる企業を探した。出資協力を要請した企業は，これまで取引の多かった東レや伊藤忠商事，さらには和田と個人的に関係の深かったアイリスの3社であった。東レはリサイクル対応製品に適した生地等の素材の供給や，リサイクル対応の企業ユニフォーム等の最終製品の製造・販売という点でリサイクル事業において重要なパートナーであると考えられた。また，伊藤忠商事は製品の流通という点で，さらにアイリスはリサイクル対応製品に適した資材の開発という点でパートナーとして選択されたという。

　和田や谷本は，上記の3社に訪問し，出資交渉を続けていった。出資を要請された各企業がエコログ・リサイクリング・ジャパンへの出資参加を決めた主たる理由としては，リサイクル事業の収益の見通しという経済合理性というよりはむしろ，繊維製品の廃棄物問題の解決という社会性であったり，和田個人のリサイクル事業に対する熱意への共感が挙げられる。

(5) エコログ・リサイクリング・ネットワークへの参加を要請した背景

　エコログ・リサイクリング・ジャパンの設立と並行して，和田や谷本，田邉らはリサイクル事業の開発に本格的に着手していくことになる。上述したように，同社は，リサイクルしやすい設計に基づいた繊維製品（企業ユニフォームや一般衣料品等）の開発と販売・使用済み繊維製品の回収・リサイクル（ペレット状の再生原料の生産）・再生商品（手袋・ボディタオル等）の開発と販売を行う繊維リサイクル事業を計画していた（図1を参照）。この事業を展開していくためには，出資企業に加えて，リサイクルに適合した資材（芯地・ボタン・ファスナー等）を製造する資材関連の企業や，その資材を用いた繊維製品（衣料品）を製造するアパレル企業の保有する資源を活用していくことが必要不可欠であった。

そこで，和田は，エコログ・リサイクリング・ジャパンを中心として資材製造企業やアパレル企業から構成される，繊維リサイクルのネットワークである「エコログ・リサイクリング・ネットワーク」の組織化を計画し，この事業に賛同する企業を募っていった。

　当時の状況について田邉は，繊維製品を廃棄物とせずに，有効な再生資源として活用するというエコログ・リサイクリング・ネットワークの理念については理解してくれるかもしれないが，リサイクル事業のビジネスとしての実現可能性という点で参加してくれる企業がいるか不安だったと振り返っている。しかしながら，繊維産業の各企業の戦略的意図という組織内部要因に注目してみると，和田の社会的ミッションへの共感という点に加えて，技術開発の機会やリサイクル事業という環境事業に関わる機会の獲得という点から，各企業はエコログ・リサイクリング・ネットワークに参加したことが示されている。

（6）各企業がエコログ・リサイクリング・ネットワークに参加した背景

　本研究では，ユニング（企業ユニフォーム製造企業）・東レ・東海サーモ（衣料用芯地製造企業）・アイリスの4社を取り上げ，各企業がエコログ・リサイクリング・ネットワークへ参加したプロセスについて検討した。

　本研究は各企業の内部において推進者となり，エコログ・リサイクリング・ネットワークへの参加を主導した人物に焦点を当てた。事例研究から明らかになった点は，推進者の社内でのポジションによって，各企業の参加のプロセスが異なることであった。それは，①トップマネジメントが主導的に社内を説得し参加を決定していくパターン（ユニング），②ミドルマネジャーが主導的な役割を果たした上で，支持者を得ながら社内を説得し参加を決定していくパターン（東レ・東海サーモ），③トップマネジメントが主導的な役割を果たしつつ，実際の現場での説得はミドルマネジャーが行い参加を決定していくパターン（アイリス），である。

　例えば，ユニングの場合は，常務取締役の森下洋が自身の権限に基づきながら，社内で秘密裏に事業参加に関する計画を独断で進め，リサイクル事業に

取り組むための体制を整えていった。森下はリサイクル事業のある程度の経済合理性をあらかじめ確保しておくことで，社内の反対意見を説得することに成功し，エコログ・リサイクリング・ネットワークへの参加を推進していった。

また，東レは紳士用衣料品の課長であったミドルマネジャーの宮内民郎が，取締役の平井克彦という強力な支持者を得ることで，事業参加を実現していくことになった。さらに，東海サーモについては，営業部の部長であったミドルマネジャーの城戸 浩がマーケティング課の支援を受けつつ，元々社内で議論されていた再生原料を用いた衣料用芯地の開発の推進という点を強調し，社内の主要な人物や部門を説得していった。その結果，同社は，エコログ・リサイクリング・ネットワークに参加していくことになった。

そして，アイリスでは，代表取締役社長の大隅金三がトップのリーダーシップを発揮し，事業参加を主導した一方，テクノセンターというスタッフ部門の部長であったミドルマネジャーの狩野憲一が，現場においてリサイクル対応のボタン開発を実際に指揮したり，社内の各部門の調整を行うことで，エコログ・リサイクリング・ネットワークに参加していった。

各企業の推進者は，リサイクル事業の経済合理性の欠如という採算性の問題から事業参加における障壁に直面したが，上記で挙げたような3つのプロセスのいずれかを経て社内での反対意見を説得し，自社の資源動員を正当化していった。

なお，各企業の推進者は，リサイクル事業の経済合理性だけではなく，和田の価値観や社会的ミッションに対する共感，さらには和田との個人的な付き合いを通して構築してきた信頼関係という観点から，エコログ・リサイクリング・ネットワークに積極的に関わっていったことが事例研究から示されている。

4-5．エコログ・リサイクリング・ネットワークの事業展開

エコログ・リサイクリング・ジャパンは，1994年以降，実際に事業展開を行っていく上で，エコログ・リサイクリング・ネットワークの各会員企業とともに資材を含めたリサイクル対応の繊維製品の開発・販売に加え，使用済み繊維

製品の回収に関する法律の問題等に取り組んでいった。特に，製品開発については約2年ほどの月日を費やしており，実際にリサイクル事業に着手したのは1997年以降のことであった。また，エコログ・リサイクリング・ジャパンは廃棄物の処理業の許可を取得した上で，普通会員のアパレル企業とともに2004年に協同組合「エコログ・アソシエーション」を設立し，広域認定制度[2]を2007年に取得することで，使用済み繊維製品の回収の体制も整えていった。

エコログ・リサイクリング・ジャパンは，代表取締役社長であり推進者でもあった和田敏男の繊維製品の廃棄物問題の解決という強い社会的ミッションの下に，事業展開を行ってきたものの，2004年に突然和田が他界するという事態に直面した。その後，同社は和田の息子である和田顕男に引き継がれることになった。ただし，エコログ・リサイクリング・ネットワークに関しては，その事業計画の立案や管理運営に携わっていったのは，同社の田邉和男と宮内民郎であった。

エコログ・リサイクリング・ジャパンは，強力な推進者を失うという問題のために，一時期その存続が危ぶまれたが，和田敏男を積極的に支持してきた田邉と宮内が，新たな推進者としてエコログ・リサイクリング・ネットワークの維持・発展に努めていくことになった。

2000年以降，エコログ・リサイクリング・ネットワーク規格のユニフォームは，セブン-イレブン及びローソンという大手コンビニエンスストアや，パナソニックのユニフォームに採用されている。こうした企業のユニフォームを主力製品としながら，近年，エコログ・リサイクリング・ジャパンは，事業を安定的に展開している。

（2） これは，環境大臣から認定を受けた製造メーカーが，複数の都道府県にまたがって使用済み製品の回収・リサイクルを実施する際，地方公共団体毎の廃棄物処理業の許可を不要とする特例制度である。

5. 結　　論

　本研究は，使用済み繊維製品のリサイクル事業である「エコログ・リサイクリング・ネットワーク」を事例に取り上げ，社会的協働がどのような人々によって，いかにして形成されるのかという点を考察した。

　本研究の結論は，エコログ・リサイクリング・ネットワークが形成された背景には，明確な事業性が存在していたというよりも，むしろ和田の繊維製品の廃棄物問題を解決したいという社会的ミッションに対するコミットメントがベースにあったということである。1990年代前半当時，繊維製品のリサイクル事業を取り巻く状況として，リサイクル可能な資材や繊維製品が存在していなかったり，リサイクルに対する理解が繊維産業に浸透していないという状況が存在していた。

　このような状況の中，和田は推進者としてトップマネジメントのリーダーシップを発揮した上で，谷本や田邉という支持者の協力を得ながら，ワッツ内部の反対意見を説得し，自社の資源をリサイクル事業に動員していった。ただし，リサイクル対応の資材や繊維製品の製造・販売，さらには使用済み繊維製品の回収という一連のリサイクル事業に取り組もうとした場合，ワッツ1社だけでは不可能であったために，和田は繊維産業の他の企業に協力を要請していった。その際に和田は，繊維製品の廃棄物問題の解決という自身の社会的ミッションに対するコミットメントを強調することで，各企業の担当者を説得していったことが示された。

　また，本研究は，繊維産業の各企業がエコログ・リサイクリング・ネットワークに参加した3つのプロセスを示した。そして，各企業が同ネットワークに参加した背景には，それぞれの企業の担当者の役割が大きかったことを確認した。

　最後に，社会的協働に関する研究への本研究の貢献としては次の点が挙げられる。本研究は，社会的協働の形成理由を考察する際には，誰がいかなる方法

を用いて，組織内部あるいは外部の組織から資源を動員し，協働事業を実現させたのか，その資源動員を正当化していった過程に注目することの必要性を示唆した。本研究では，こうした点について分析するための概念として，推進者と資源動員の正当化プロセスを取り上げた。この2つの概念に加えて，従来社会的協働に関する研究で重要視されてきた，協働事業の形成に影響を及ぼす組織内外の要因という概念を含めた分析枠組みを設定することで，社会的協働が形成される詳細なプロセスを明らかにすることができると考えられる。

参考文献

Aldrich, H. E. and Fiol, C. M. (1994) "Fools Rush In? The Institutional Context of Industry Creation", *Academy of Management Review*, Vol. 19, No. 4, pp. 645-670.
Austin, J. E. (2000) *The Collaboration Challenge*, Jossey-Bass.
中小企業基盤整備機構 (2010)「繊維製品3R関連調査事業報告書」。
Day, D. L.(1994) "Raising radicals: Different processes for championing innovative corporate ventures", *Organization Science*, Vol. 5, No. 2, pp. 148-172.
Googins, B.K. and Rochlin, S. A. (2000) "Creating the Partnership Society: Understanding the Rhetoric and Reality of Cross-Sectoral Partnerships", *Business and Society Review*, Vol. 105, No. 1, pp. 127-144.
Howell, J. M. and Higgins, C. A. (1990) "Champions of technological innovation", *Administrative Science Quarterly*, Vol. 35, pp. 317-341.
大松沢明宏 (2006)「繊維製品のリサイクル技術の動向」『繊維トレンド』No. 57, pp. 48-52.
Rondinelli, D. A. and London, T. (2003) "How corporations and environmental groups cooperate: Assessing cross-sector alliances and collaborations", *Academy of Management Executive*, Vol. 17, No. 1, pp. 61-76.
武石 彰・青島矢一・軽部 大 (2008)「イノベーションの理由：大河内受賞事例にみる革新への資源動員の正当化」『組織科学』Vol. 42, No. 1, pp. 4-14.
谷本寛治 (2006)『CSR－企業と社会を考える－』NTT出版。
Wohlstetter, P., Smith, J. and Malloy, C. L. (2005) "Strategic Alliances in Action: Toward a Theory of Evolution", *The Policy Studies Journal*, Vol. 33, No. 3, pp. 419-442.

ソーシャル・ビジネスの本質
――コミュニケーションの視点から――

大室悦賀　京都産業大学経営学部准教授

1. はじめに

1-1. 社会的背景

(1) 行政を中心とした社会的課題解決の限界と新しい公共の台頭

　現代日本は様々な点で大きな問題を抱えている。特に行政は財政赤字を抱え，経済の減速，少子高齢化，限界集落などの問題に解決の糸口が見えない。一方で課題解決に貢献すると期待されたNPOもその期待に十分には応えられていない。

　近年この課題に対処するために「新しい公共」（人々の支え合いと活気のある社会。それをつくることに向けた様々な当事者の自発的な協働の場[1]）が叫ばれている。新しい公共は，「公共」を国や自治体のみが担うのではなく，民間のボランティアやNPO，企業が分担することで，歳出削減と社会福祉の両立を目指している。本稿ではこの新しい公共を担う存在としてソーシャル・ビジネス（社会的課題の解決にビジネスを利用すること：SB）を位置づける。これらは社会性と事業性を組み合わせた革新的なビジネススタイルに特徴があり，この革新性を「ソーシャル・イノベーション」（社会的課題の解決にビジネスを通して社会的成果を生む革新：SI）と定義する。

---

(1) http://www5.cao.go.jp/npc/pdf/declaration-nihongo.pdf

（2） ソーシャル・エンタープライズの台頭

　1990年代初頭，アメリカにおいては NPO やベンチャー企業の形態で，社会的課題の解決にビジネスを利用するソーシャル・エンタープライズ（社会的企業：SE）が登場する。2000年代になると世界的に多くの SE が登場し，政策的にも重要な視点をもつようになってきた（Austin, 2006）。

　一方で企業の社会的責任（CSR）の浸透はこれまでの一般企業のビジネスとは異なった事業形態，具体的には SE と同様の領域に参入する企業を生むこととなった。ゆえに組織形態で区別することができなくなり，新たな事業形態の概念が必要となった。それが本稿で扱う SB である。また，欧米では Socially Responsible Business（社会的責任ビジネス：SRB）という概念も登場しているが，これは経営活動に環境や人権などに配慮した経営スタイルで，社会的課題の解決まで視野に入っていないため，SB とは異なった概念である。本稿では図1のような組織形態と範囲で SB を検討する。

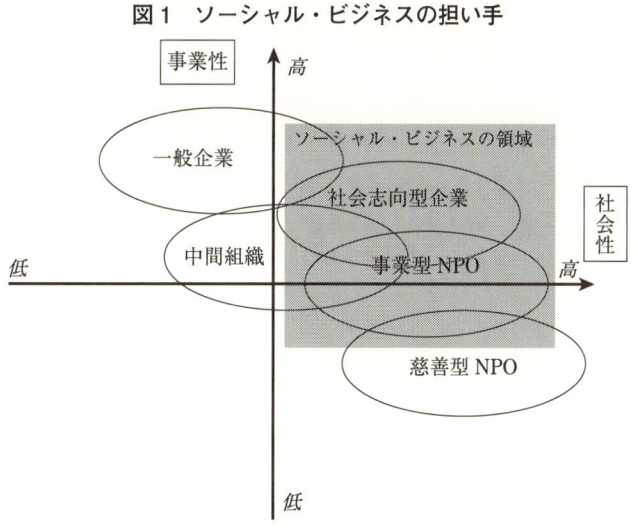

図1　ソーシャル・ビジネスの担い手

出典：谷本寛治（2006a）

1-2. 研究目的,分析視点,分析手法,事例研究のフレーム

(1) 研究の目的及び分析の視点

研究目的は,ステイクホルダーとSBのコミュニケーションの視点からSBがどのようなビジネスなのか,その本質とは何かを明らかにし,最後にSBが利用する製品とステイクホルダーの関係を明らかにする,ことである。

本稿の分析視点はSBがどのようなステイクホルダー(顧客,地域社会,支援者など)と,どのような相互関係を構築しているのか,そのプロセスに焦点をあてることである。その理由は,社会的課題の根本的な解決のためには多様な人々の参加や意識変革が必要である,からである。

また,近年の組織論研究においても構造主義のみでもなく,解釈主義でもなく,因果的かつ解釈主義的であるリアリティが求められているため(沼上,2003),先行研究によって因果的な制御を可能にする視点を抽出し,その後その分析視点から事例を検討する。

(2) 研究手法

本稿はダイナミックな相互関係を明らかにすることを目的とするために,定性的な研究手法をとる。その理由はダイナミックで因果的かつ解釈主義的プロセスを研究する場合には,そのプロセスを丹念に分析する必要があり,そのためには定性的調査が適しているからである(Yin, 1994)。今回の調査手法は,面接調査,参与観察,非接触調査(書籍・論文,インタビュー記事,講演録)を用いた研究手法を活用する。

2. 先行研究

ここではSBとイノベーションの先行研究をレビューし,事例分析のフレームワークを抽出する。

2-1. ソーシャル・ビジネス

　まずSBの定義と主体に関して確認していこう。まずノベール平和賞を受賞したグラミンバンクのユヌスは，利益の非分配株式会社をSBの主体と考え，営利を目的としない株式会社による事業をSBと定義している。彼は，「ソーシャル・ビジネスは新しい事業形態であり，利潤を最大化する従来型のビジネスとも，非営利組織とも異なる。さらに最近よく耳にする「社会事業」，「社会的起業」，「社会的責任ビジネス」といった言葉とまったく異なる。これらは一般的に，利潤最大化企業の言い換えにすぎない。」と述べている。また彼は，SBのタイプを2つに分けている。第1に，社会問題の解決に専念する「損失なし，配当なし」の会社で，企業を所有する投資家はあがった利益をすべて再投資する。第2に貧しい人々が所有する営利会社である（Yunus, 2010）。このように彼は投資家と所有者を重視し，非営利組織とは異なり株式会社形態を大前提としている。この議論は，本稿と比較してSBを狭い範囲の事業形態に限定している。

　一方でアメリカにおいて，本稿でSBと呼ぶビジネススタイルは，ソーシャル・エンタープライズ，ソーシャル・ベンチャーという組織あるいはソーシャル・アントレプレナーという個人から議論されることがほとんどで，SBという表現はほとんど見られない。ただし，論者によっては，一般企業において社会的責任を積極的に果たしている企業をSRBと呼ぶなど，ソーシャル・エンタープライズとは区別して議論される。ただしこれらの議論の中心は，社会性と事業性のバランス論の上に成り立っているハイブリッド性にあり（Dees et al., 2003），結果としてどこでバランスをとってよいのか，結論付けられない。

　もっとも近い議論として，企業内社会的企業家（Corporate Social Entrepreneurship: CSE）という概念がある。これは伝統的なフィランソロピーとCSRを超えた社会的と経済的の両方を生成する最先端の動きと捉え，より戦略的で革新的な手法をとる（Austin, 2006）。さらにより企業の戦略性に着目した議論としてCVE（Creating Shard Value: 共有価値の創造）がある。これは，CSRをさらに戦略的に推し進めるもので，一番の特徴は企業と地域社会が共

同で価値を創出するという視点である（Porter et al., 2011）。ただしこの議論はあくまでも利潤最大化原則をベースとし，CSR に積極的に取り組む企業市民を包括した概念である。

日本での議論も簡単に整理しておこう。日本で最初に SB という概念を使ったのはソーシャル・ビジネス研究会（主査：谷本寛治（一橋大学），2003年6月〜2004年3月）であった。この時の SB の定義は，「社会的課題の解決を事業として取り込むこと」である。本格的な議論のスタートは，土肥（2004）で，そこでは「ソーシャル・エンタープライズの広く社会的な事業領域にかかわる事業体とし，それらが社会的ミッションと事業収益活動の双方を直接に結びつけている事業をソーシャル・ビジネス（social business）」と定義した。さらに土肥（2009）においては，上記の定義，要件を踏襲しながら一般企業も主体として含めるようになった。ここでは SB の特徴を6つの視点（問題解決に主眼を置くこと，ビジネスの対象領域が社会的・公共的な領域であること，ダブルボトムライン（経済性・社会性）の追求，組織形態が多様であること，ビジネスを通した社会的価値の広がり・共有，拡張性，大企業の社会的課題のかかわり）から捉えている。

このように世界的に見ても SB の議論は始まったばかりで，SB 本質や創出プロセスを議論する研究はほとんど進んでいない。

2-2．イノベーション

(1) ソーシャル・イノベーション

谷本（2009）によれば，SI の分野では多様な議論が見られる。それは第1にマクロな視点から社会構造の変化を扱っているもの（Hamalainen et al., 2007），第2に保健・医療などの分野における新しい商品やサービスの提供に基づくライフスタイルの変化を扱っているもの（Drucker, 1985），第3にコミュニティにおける社会的課題に取り組む組織を扱っているもの（Westly et al., 2006）である。ただし同時に広く受け入れられる定義はまだ存在しない（Nicholls et al., 2012)。

　これらの先行研究はわれわれが注目するSBの中核を担うSIのダイナミックな側面を扱っているものではなく，概念定義の段階にとどまっている。また，ステイクホルダーの明確な関係の中で議論しているものはほとんどないが，マルチステイクホルダーとSIについて議論しているものに佐藤（2010）がある。彼は「多様で細分化された複数のステイクホルダーネットワークが課題に応じて柔軟に集合・離散を繰り返し，双方向で双発的な異分野コラボレーションを実行しながら課題解決を図る。これらのネットワーク間で生まれる協働はどこかの組織や機構に中央集権的に集約されるのではなく，課題に応じて，小規模な単位で分散的に進められる。という特徴を生かし，SIにも貢献しうるシステムである。」と述べ，静的な分析にとどまっている。

(2) ビジネス・イノベーション[2]

　次にステイクホルダーに関係するイノベーションの議論を確認しておこう。イノベーションの既存研究は，近年イノベーションが組織外との相互関係の中で創出されるという「オープン・イノベーション」(Chesbrough, 2003) が中心となっている。さらにイノベーションの主体も企業からユーザー中心の議論に進み (von Hippel, 2005)，さらに消費者[3]と企業の共創経験がイノベーション創出の源泉とする理論 (Prahalad et al, 2004) が提唱されるようになってきている。これらの先行研究からは組織内でイノベーションが生まれるというよりも，組織の外側のステイクホルダーの相互関係の中で生まれていることが明らかになる。本稿ではこの外部のステイクホルダーの相互関係を分析フレームの第1の視点とする。

　一方で，企業とステイクホルダーは相互関係をどのように実行しているのだ

（2）　本稿では，ソーシャル・イノベーションと区別するために，一般企業によるイノベーションを「ビジネス・イノベーション」と表記する。
（3）　前提としてあらゆるステイクホルダーを想定しているが，記述を見る限り純粋に消費者のみを扱っている。

ろうか。その1つの方向性を導き出すのが,Nonaka et al. (1995) である。彼らは,暗黙知から形式知への転換を基本に知識創造理論を構築し,その基本は人と人の経験の共有によって暗黙知を共同化するプロセスであると指摘する。さらに共同化のポイントは共体験で,経験を何らかの形で共有しないかぎり,他人の思考のプロセスに入り込むことは難しいと指摘する。また,Prahalad et al. (2004) も消費者と企業のコラボレーションによってイノベーションを創出し,この共創経験がイノベーションのための自発的なコミュニティを構築すると考えている。その理論の中核は共創経験が製品やサービスの価値を作り出すというものである。本稿ではこの経験を分析フレームの第2の視点とする。本稿ではこの2つのポイントから構造的解釈をおこなう。

3.事例検討と発見できた事実

本研究はNPO法人北海道グリーンファンド(以下「HGF」)を事例として分析を進める。HGFを事例として選択した理由は,本事例が日本におけるSBの代表的な事例だからである。それは後述するように,このNPOが開発した「市民風車」は12基を超え全国に広がっていることと,市民風車を支える市民出資のモデルはNPOバンク等で活用されているという理由からである。

3-1.事例検討[4]

HGFは,1999年に自然エネルギーなどの環境にやさしいエネルギーの普及を目的に札幌市で設立されたNPOである。中核事業は市民の出資金(匿名組合出資制度)を活用した風車事業である。この風車は市民に擬似的に所有された風車という意味で「市民風車」と呼ばれる。この事業スキームは,出資を受け取れないHGFに代わって出資の受け皿として株式会社市民風力発電を設置,集めた資金で風力発電施設を建設,電気を北海道電力に売電,利益を出資者に

---

[4] 本事例検討では氏名の敬称を省略する。また,( )内で表記している氏名,年月日はインタビュー対象者とインタビューした年月日である。

還元である。

　本稿では「市民風車」のビジネスモデルの創出に焦点をあて、その創出プロセスで多様なステイクホルダーがどのようにかかわっていったのかを記述し、SBの本質を明らかにする。このプロセスを分析するにあたっては、企業家（代表の鈴木 亨氏）とステイクホルダーの相互関係を中心に見ていく。

（1）　自然エネルギーの普及可能性の認識とアイデアの創出
　電気事業法の1996年の改正と1997年の地球温暖化防止京都会議（COP3）の開催は鈴木の視点を変えるような出来事であった。

> 「最後の規制分野である電気事業に市民が参加し、風穴を空けられるのは面白いのではないかという「遊び心」から、市民が事業として風力発電をやることにより社会的な連帯を作り出したいと思った（三上，2004）。」

　鈴木はこの視点からその当時勤めていた生活クラブ生活協同組合・北海道（以下「生協」）の「さよなら原子力委員会」において、研究を始めた。

> 「最初は「なぜ、食糧は選択できるのにエネルギーは選択できないのか？」という疑問であった。安全なエネルギーの購入は生協の灯油の共同購入の経験から可能性があると考えるようになっていった（鈴木，2005年2月7日）。」

　鈴木らは上記の視点から情報を探しPVパイオニアの事例を知り、その筆者である東北大学の長谷川を呼び勉強会を開催した。勉強会では太陽光発電にプレミアを付けて、普及させるグリーン電力というアイデアが示される（生協，1998）。
　鈴木は、電気を買う力を活かして、何か新しい運動ができないだろうかと考え、これをきっかけに社会運動の質的変換を考えるようになった。鈴木らはさらに調査したところ、ドイツのエール・ヴェー・エーが1996年から電気料金に

上乗せした分を太陽光・風力・小水力発電の基金に充てるしくみを開始していたことがわかり，1997年に海外事例を元にグリーン電力料金制度の構想を練り始める（21世紀，2002）。

(2) グリーン電力料金制度の誕生

このグリーン電力料金制度という発想が新たなステイクホルダーを引き付け，制度構築へ動き始める。それはグリーン電気料金制度の構想が新聞記事になったことから始まる。新聞記事を見た北海道電力の営業本部長岩浪国洋が興味を示し，鈴木と面会した岩浪はいろいろ話していくうちに意気投合した（小島他，2008）。その後1998年4月頃北海道電力とHGFはグリーン電力料金制度の協議を開始する。

>「北海道電力が代行支払いによって料金が100%徴収できるというメリットを生かして交渉した。反原発運動を展開して時には反対側の立場にあっても，利害が一致すれば協働もできるという経験をした。(鈴木，2005年2月7日)。」

鈴木は，相反する立場の人間であっても，利害が一致する部分を見つけ関係を作っていけば協働して仕事ができることを学んでいく。これが異質なステイクホルダーと相互関係を構築する際に役立つ経験となった。制度構築のプロセスでは岩浪の尽力が大きかった。それは，電気料金制度の許認可権を通産省（現経済産業省）がもち，電力料金に関する新たな制度構築することが難しかった時代に，岩浪の発想力で制度構築に成功した，ことである。具体的に一番の課題は電力料金の代理徴収にあったが，岩浪の極めて柔軟な発想転換により解決の糸口が見つかった。具体的には電力会社がすでに実施していた「一人暮らしの子どもの電力料金を親が代行するシステム」の応用で，生協がグリーンファンド会員から代理徴収し北海道電力に収めるという手法を開発し課題をクリアーした。このように岩浪の存在なくしてグリーン電力料金制度は誕生しなか

った。このようなプロセスを通して，自然エネルギー発電施設の建設基金となるグリーン電力料金制度の骨格が出来上がっていった（田畑他，2005）。それを図示したものが図2である。

(3) 資金調達システムの構築

鈴木らは社会運動としても，寄付してくれている人への説明のためにも次のステップがほしいと考えていた。この頃北海道電力が1999年6月に自然エネルギーの買い取り枠を発表し，2001年までの買い取り枠15万キロワットを設定し，北海道の2002年度以降の買い取りを未定とした。この結果鈴木らは市民風車の建設を2001年度内に始める必要があったが，これまで貯めてきたグリーンファンド基金では足りず，市民や金融機関から資金を調達・建設する方向性を探った（鈴木，2005年2月7日）。

鈴木が風車建設のための融資を受けようと道内や東京の銀行を訪問して回ったが，信用も実績も担保もないできたばかりのNPOにお金を貸すところはなかった（田畑他，2005）。しかし，鈴木は知り合いの商社マンに紹介された都市

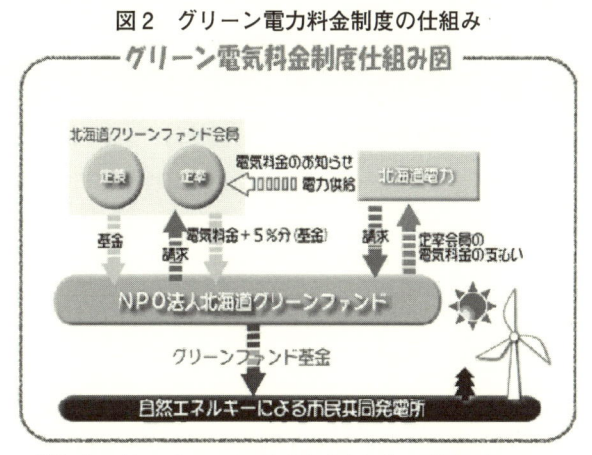

図2　グリーン電力料金制度の仕組み

出典：http://www.h-greenfund.jp/whatis/whatis_gseido.html

銀行に相談し，6,000万円集めれば残金の融資を検討する土台には載せられると言われ，鈴木らはこの6,000万円を集める方法を模索した（藤井，2007）。まず鈴木らは出資が受けられないNPOに代わる組織形態を模索する。鈴木含め役員自らが資金を出し合い，原発運動等これまでの関わりの中で生まれた仲間等を中心に参同者を募り資本金2,500万円を集め，株式会社北海道市民風力発電（後に株式会社市民風力発電に社名変更）を設立した。

さらに鈴木らは6,000万円の調達方法をめぐっていくつかの方法を模索する。企業への出資方式では，株主が多数になり，それらが意思決定にかかわると組織運営に支障が出る可能性がある，と考え断念する。そのほかの出資のスキームを検討している中で鈴木氏の目に匿名組合出資の広告が目に入る。

> 「住友不動産のサーフシリーズの広告に掲載されていた匿名組合出資を見て何だろうと思い，組合というのだから何か人が集まる，しかも名前がブラインドで匿名というのはいかがわしい，と思ったところから興味を持ち始めた。インターネットで調べてみると海外では結構このようなことをやっているところがあるということがわかり，本を購入して勉強したが理解できず，公認会計士もほとんど知らなかった。そこで本の著者であったさくら綜合事務所の河合弘之先生の事務所に飛び込みいろいろと勉強させてもらった（環境を考える経済人の会21, 2003）。」

鈴木らはこのように匿名組合出資制度を活用した資金調達を実行に移そうとした時に，後にこの事業のキーパーソンとなる飯田哲也と自然エネルギーの普及のカンファレンスで出会い，二人の協働が始まった。飯田と鈴木はデンマークの風力協同組合の仕組みを参考にして，日本においても同様のシステムを立ち上げるべく共同で2000年に「市民風車研究会」を立ち上げる。この研究会には河合弁護士や日本政策投資銀行が参加し，金融機関でない組織がお金を集める仕組みを検討し始める（飯田，2006年7月13日）。

鈴木らは資金調達の仕組みを検討する中で，匿名組合出資の場合に出資者が経営自体には口を出せない特定のプロジェクトにのみかかわるリミテッドパー

トナーとして参加できる,という利点を発見し,匿名組合出資を利用する決定をした。鈴木が多様な専門家の知識を活用できたのは,鈴木のもつ理念に縛られない寛容性あるいは多義性,そして解釈の柔軟性であり,異質なネットワークや多様なステイクホルダーの知識を引き付ける重要な要素となっていた。

> 「自分はもともと勉強嫌いで不勉強なもので,多様な専門家の知識や経験を活用するしか方法がなかった(鈴木,2005年1月7日)。」

鈴木は匿名組合出資形式の資金調達を活用した市民サイズで,比較的小口の「理念型市民投資市場」を作る実験でもある,と位置づけている。匿名組合出資を活用した資金調達と共に,後述する建設場所の確保や技術はこの研究会から生まれたアイデアであり,この事業モデルは市民風車研究会に参加する専門家のステイクホルダーの相互作用から創出された。飯田は匿名組合出資を利用した市民出資のスキーム構築プロセスについて以下のように語っている。

> 「こうした「仕組み」にたどり着くまでのプロセスは,手探りで進められると同時に,リラックス的であった。最終的に匿名組合にたどり着き実際の契約書を完成させるまで,公認会計士や税理士,弁護士,金融機関,風力事業者といった関係者等との会合を繰り返しながら,基本的な枠組みの設計から事業のキャッシュフローの精査,そして詳細な契約書の文面までを詰めていった。市民風車を実現したNPOへの参加者を見ても,従来からの「運動型」の人にとどまらず,企業経験者や現役の企業人からの参加も少なくなく,そうした多様な人たちとプロジェクトが進行していった。(飯田,2004)。」

このように鈴木の社会運動のビジネス化という視点の変化がメッセージとなって,企業経験者や専門家などの新たなネットワークが構築されていった。

(4) 風車の建設

一方でHGFには建設・管理などの専門家がおらず,彼らは素人集団であっ

た。また，鈴木らは期限がない中で建設地の当てもなく，今から風況調査していたので間に合わない。その状況を打開したのが，また市民風車研究会であった。鈴木らは市民風力発電研究会発起人会で㈱トーメン事業部長堀 俊夫（現㈱グリーンパワーインベストメント代表取締役社長）と出会う。そこで堀は市民風車事業に関心をもった。

> 「当時から風車を個人が所有したり証券化したりすることに興味を持っていた。宗谷岬に建設を計画していたウインドファームを持たせてあげたがったが，防衛庁施設の関係で断念する。しかしトーメンが場所を探すこととなった（堀，2008年5月13日）。」

その後，㈱トーメンの堀の指示でトーメン札幌支店長がHGFに浜頓別の建設地提供を申し出た。このタイミングで，建設を決めないと年度内の着工が困難になるため，鈴木らは管理運営などの技術的側面はトーメンの支援を受けることで2000年12月建設決定，2001年3月着工，10月稼動で支援を受け入れることとした。この状況は独自に風力発電事業を展開するという想いとは異なっていた。

> 「事業拡大を阻む最大の要因は，独自に風車事業を展開できないことにあるという認識を持ち，トーメン依存からの脱却を模索することを課題とした（鈴木，2005年2月7日）。」

また，このプロジェクトにトーメンのメンバーとして，後にHGFに参加する大谷 明（現市民風力発電取締役）が参加していた。大谷は原子力発電反対運動にかかわってこなかった企業家としてHGFに貢献することとなっていく。それは経験を共有していない企業家が，新たな視点と新たなネットワークをもって企業家チームに参加する効果で，鈴木は以下のようにその効果を説明している。

「あるときあまりにも事業のことばかり考えていて社会的ミッションを忘れかけたことがあったが，そこを修正してくれたのが大谷であった。また，彼をきっかけとしてビジネスの世界からわれわれの思いを受け止めてくれて参加してくれるようになった。今ではなくてはならない存在となった（鈴木，2005年2月7日）。」

　大谷が市民風車事業に参加した後，HGFには風況調査を専門とする気象予報士，風車メーカーの社員などが続々と参加していった。

（5）　地域の支援

　鈴木らはHGFの関係者で資金拠出を始めたが，なかなか予定額に届かなかった。こんなときに資金調達を支援したのは反原発運動を共に戦った人々であった。それらの仲間は経験を共有してきた杉山と鈴木への信頼からこの活動を支えた。特に当時のHGFの理事長であった杉山は生協の理事長であったり，原発反対運動の中心的存在であったので地域の杉山に対する信頼は厚かった。

「1号機に出資した生活協同組合の仲間は，杉山さんや鈴木さんを信頼してお金を捨てるつもりで出資した（浜頓別町出資者A）。」

　一方で株式会社化によって寄付ではなく出資を利用したことが，市場に信頼を寄せる人の興味を持たせ，新たなステイクホルダーを引き付けていくこととなった。

「NPOは何をしているかわからないのでNPOには寄付をしたくないし，配当を出すということはしっかり経営するということだと理解した（石狩市民風車への札幌市在住出資者B）。」
「配当が2～3％ということであったので，配当目当てで出資した。しかし配当をもらうたびに，環境問題が気になるようになっていった（石狩市民風車への札幌市在住出資者C）。」

このようにステイクホルダーは組織形態やビジネスモデルに過去の経験から何らかの意味を付与している。たとえば株式会社や NPO に対して不審を持っている人もいるので，組織ポートフォリオ（異なった組織形態の組み合わせ）が功を奏した。この経験を通して鈴木は市民風力発電の意義や効果を次のように述べた。

> 「ある種，環境の活動というのは，本当に普通の感覚でいかに多くの人たちが取り組めるのかということが，極めて重要だろうなと思っています。その意義や効果は市民自らの参加を通して環境エネルギー問題への意識啓発を図れると共に，自然エネルギーへの関心が広がり導入促進に貢献し，そして地域に存在する未利用な自然エネルギーを地域住民の手で，地域のために生かす事業であり，持続可能な社会形成に貢献すると考えている（鈴木，2005年2月7日）。」

また，原発反対運動の仲間・HGF の会員が「はまとんべつ自然エネルギーを考える会」（会長鈴木芳孝）を設立し，会として出資すると共に浜頓別地域での理解の促進という部分で建設促進に貢献している（西城戸，2009）。

このように社会的に認知されていない事業は，経験を共有した仲間が企業家を信頼して行動を共にする共創経験が必要になっている。この経験は，鈴木に環境問題を解決することのみならず，地域活性化など多様な社会的課題に貢献できるツールであることと，そのような複合的な要素を持ったビジネスモデルの必要性を認識させていった。このようなコミュニティが増加しネットワークすることができれば国の政策を変えることができるかもしれない，ということを鈴木らに気づかせる動きともなった。西城戸（2009）によれば，経験を共有した人が，浜頓別町の町長選挙に出馬するなどの新たな行動を起こすようになっていった。

一方で鈴木らは，1本の市民風車で環境問題が一気に解決するとは考えず，市民風車の普及というものを当初から考えていたが，北海道内で民間に解放されている風力発電枠の限界があり，当初から他地域への展開を考えていた。市

民風車1号機の宣伝効果は絶大であった。それは秋田在住のHGF会員から電話が入り秋田での市民風車が建設したいと申し出があったり,出資者が自身の地域で建設をしたいと申し出るなどの普及へのきっかけとなった(杉山, 2004年1月29日)。また,日本で初めて市民風車が運転を開始した後,「市民主役の風車をつくろう」という機運が道内をはじめ,全国で高まっていった。市民,電力事業者,自治体,研究者で「市民風車」の導入に向けた実践的方法,課題を整理し,風力発電普及を目指して2001年12月1日「地域でつくろう! 市民風車~ワークショップ」を開催した。

これらは原発反対運動を共に戦った仲間であったり,市民風車事業にかかわった人たちによって徐々に作られていった。しかし,一般的に異質なステイクホルダーを引き付けようとするあまり創設時の思いを忘れ,創設時のステイクホルダーが消えてゆくことがあるが,理事長の杉山が首尾一貫社会運動家としての振る舞いをしていたために,社会運動を戦った人々はいまでも市民風車事業にかかわっている。このような点も企業家チームの効果である。

(6) ビジネスモデルの支配的設計の確立と社会指向型ステイクホルダーの参加

その後秋田に2号機を,青森に3号機を建設するが,資金集めには苦労していた。そして2005年に北海道石狩市に建設した4号機,5号機で支配的設計ともいえるビジネスモデルの完成を見ることになっていく。その要因は3つある。第1には資金調達を担う㈱自然エネルギー市民ファンドが軌道に乗ったこと,第2には懸案であった自立した事業展開を可能にするために大谷や専門家の参加を経て㈱市民風力発電を市民風車の管理・設計およびコンサルティングを担う存在にしたこと,第3には環境ジャーナリストの枝廣淳子の紹介で㈱カタログハウスとのコラボレーションによって,通販生活をベースとした全国一律の募集が可能になったことである。

また,第3の要因によって4・5号機出資募集で初めて予定通り出資者を集めることができたという結果からは,多くの環境問題に関心のある通販生活の読者を獲得した。これは社会的課題に関心のある社会指向型ステイクホルダー

を引き付けることが重要であることを認識させる結果となった（大室，2012）。

3-2．発見できた事実

ここでは6つの視点から発見できた事実を整理する。

（1） 企業家の自己変容

企業家はイノベーションの創出プロセスを通じて解釈や行動を変化させ，異なったステイクホルダーと出会い，知識を創造している。これを企業家の自己変容という概念で呼ぶことができるが，松島（2006）も翻訳者であるエージェンシーの翻訳戦略の変容として指摘している。それはエージェンシーの変容がイノベーションへつながり，そのプロセスでは「翻訳戦略によるネットワークの変容を通じて，新たなエージェンシーを獲得する」と述べられている。

また，企業家の自己変容は，企業家を組織の内部構造と考えると，どんな優れたネットワークが存在したとしても，単純に知識創造が起こるわけではない。企業家の自己変容が存在しなければ外部の知識が内部に取り込まれず，イノベーションにつながらない。

（2） 複数の企業家の存在

第1のポイントは，企業家チームが，それぞれの企業家の資質が異なり，その違いが異なったステイクホルダーを引き付ける，ということである。その理由は参集するステイクホルダーにも合う企業家，合わない企業家が存在し，複数の企業家の存在がそれぞれ異なったステイクホルダーを引き付けるということである。

第2のポイントは知識創造においても有効な視点を持っている，ということである。児玉（2009）によれば，イノベーションを創発する場合，異なる固有知識を持つ2人が協力することが重要であるが，2人の知識に共通部分がないと共同研究が成り立たないので，固有（専門）知識と共通知識の双方が必要であるが，固定した人物同士で長らく共同研究をしていると共通知識が肥大化し

て知識創造の生産性は低下するので，次々とパートナーを入れ替えて新たな知識を創造することが重要であると指摘する。これはネットワークの変容と新規ネットワークの必要性を意味する。本事例では，鈴木らがSBを創出するためにネットワークの構築と変容にかかわって，そこから知識創造されていると解される。

　第3のポイントは杉山のように従来からの社会運動性を保持する企業家が存在していると，従来から信頼して支えてきたステイクホルダーを保持することも可能になる，ということである。制度変革の視点からは，集まってきたステイクホルダーを継続的に参加させる必要があり，ある意味同質的なコミュニティを保持することもSBの実現・普及には必要となってくる。

（3）事業や組織形態との相互関係から経験の共有による行動変容

　これまでイノベーションの創出に関して多くの研究者が人と人の相互関係を論じきた（Nonaka et al., 1995）。しかし本事例では，市民風車事業，組織形態，ビジネスモデル，出資に反応しており，人間同士の相互関係と同時に事業等との関係が存在し，その延長線上でイノベーションが生まれたり，ビジネスモデルが確立されたりしている。SBにおいては事業等とステイクホルダーの相互関係を考慮する必要がある。

　さらに，この現象は市民風車の出資者の意識変化と出資動機の多様性という部分でも明らかになった。出資にあたっては環境意識が高い人はもちろん，配当がよいから，NPOを応援したいから，寄付ではなく出資だからなど多様な関心領域から出資している。それらの多様な関心を持つ出資者は，出資以前には環境配慮行動をとっていなかった人を含めすべての人が環境配慮行動をとるように変化させている（大室，2012）。これは多様な媒体を持つがゆえに多様なステイクホルダーを参集させることが可能であり，社会的課題にかかわるがインセンティブがそれほど高くない人もかかわることができるということを明らかにしている。

図3　出資後行動変容

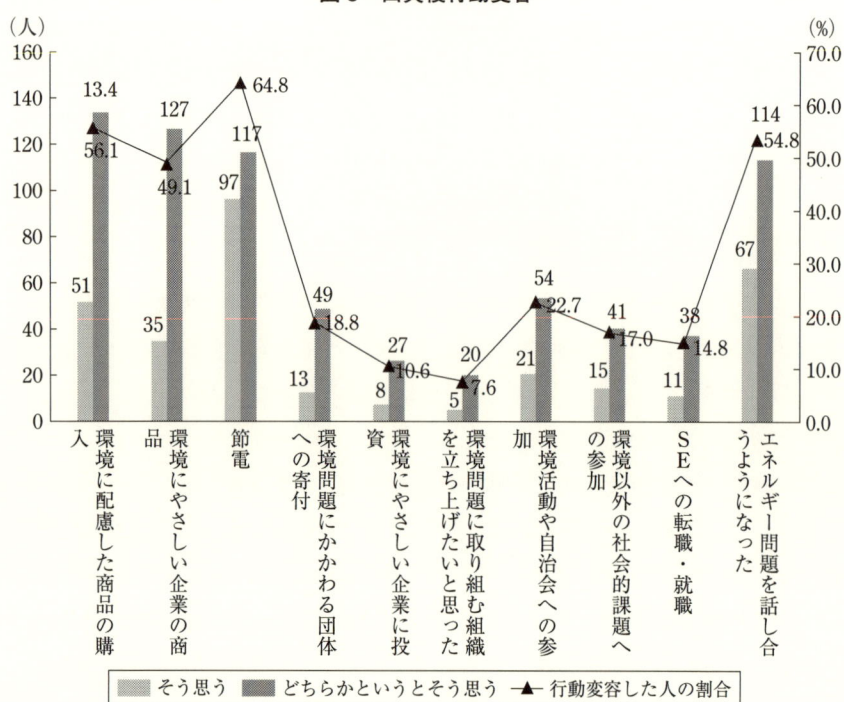

凡例：そう思う／どちらかというとそう思う／行動変容した人の割合

項目	そう思う（人）	どちらかというとそう思う（人）	行動変容した人の割合（%）
環境に配慮した商品の購入	51	134	56.1
環境にやさしい企業の商品	35	127	49.1
節電	97	117	64.8
環境問題にかかわる団体への寄付	13	49	18.8
環境にやさしい企業に投資	8	27	10.6
環境問題に取り組む組織を立ち上げたいと思った	5	20	7.6
環境活動や自治会への参加	21	54	22.7
環境以外の社会的課題への参加	15	41	17.0
SEへの転職・就職	11	38	14.8
エネルギー問題を話し合うようになった	67	114	54.8

出典：大室（2012）

（4）経営上の制約

①十分な市場が存在しない

　SBには利益をあげるために十分な市場が存在しない場合もある。本事例でいえば，市民が自ら環境問題を解決するという視点のみならず，市民が社会的投資を利用するなどということはほとんどなかったため，必ずしもビジネスを展開できるだけの十分な市場が存在したわけではない。この点が通常のビジネスと異なる点で，ビジネスを難しくしている。その他にも障がい者，高齢者，ホームレス支援など対価をもらえない社会サービスも同様である。

②コスト問題

　SBはビジネスプロセスに社会的課題の解決を組み込むため，通常よりコス

トが増加する。本事例で言えば市民から出資というステイクホルダーの参加形態がコストを増加させ経営を難しくしている（Dees et al., 2003）。また環境に配慮した商品や途上国の人々を支援するフェアトレードは，原価あるいは買い取り価格が高くなる。このように SB は通常のビジネスより，コストが増加する傾向がある。

(5) 複合的な社会的課題あるいは多様な参加形態の必要性

　環境志向のステイクホルダーが全体の一部の人々であると仮定すると，環境といった単一の価値のみに焦点をあてるのではなく，多様な社会的課題が内包された複合的な価値を持つ，あるいは多様な関心に一致する側面を持つ商品やサービスを構築することではじめて SB が成り立つ市場規模になる。本事例で言えば，環境問題，社会的投資，NPO 支援，配当といった多様な関心領域から出資しており，この事業が多様なステイクホルダーの志向に一致する側面を持っている。また，他の事例においては環境，高齢者の生きがい，耕作放棄地の解消といった複合的な社会的課題を解決する SB も存在している（大室，2009）。

(6) 関係するステイクホルダーの4つのタイプ

　ここでは Schein（2009）の3つの役割に，社会的課題特有の消費行動を通じた支援，を加えた5つに分けて整理する。

① プロセス・コンサルタント型：このタイプは基本的にコミュニケーションのプロセスに焦点をあて，癖や考え方などの主観的な側面を中心的にかかわる。本事例で言えば飯田氏がそれにあたる。SB の側面から付け加えるとすれば事業の進展に伴奏しながら，対等な関係を築き，社会的ミッションの実現に奔走する人で，創出のプロセスで最適なステイクホルダーを紹介できる人でもある。

② 専門家型：このタイプは入手できない専門的な知識やアイデアを提供する人々で，本事例で言えば長谷川氏がこれにあたる。また経営コンサルタントのような専門的なサービスを提供する人々で，㈱トーメン堀氏がこれにあた

る。
③ 医師型：専門家と重複しながら必要な支援を診断処方する人々で，本事例で言えば岩浪氏や市民風車研究会の人々たちである。ただし，プロセス・コンサルタントと違って一時的なかかわりとなる。
④ 社会志向型：SBは最初から十分な社会的ニーズがあるわけではないため，社会的ニーズを持っている社会的志向のステイクホルダーを探し，コラボレーションすることが重要である。確実な需要を作り出す社会志向型ステイクホルダーが消費行動型支援の1つである。本事例で言えば，カタログハウスの読者である。
⑤ 信頼型：さらに重要な支援者は事業のスタート時に海のものとも山のものともわからない事業を，企業家への信頼のみで支援する人である。本事例で言えば，反原発運動を共に戦ってきた生協や労働組合のメンバーである。市場規模が小さなSB事業では，無条件で支える人々の存在，あるいはこのような人々によって構成されるイノベーション・コミュニティの存在が不可欠である。

4．ディスカッション

ここまでの事例検討と発見した事実を理論的に整理しておこう。

4-1．市場メカニズムを利用した社会的課題の解決の理由

(1) 市場社会から噴出する社会的課題の解決は市場から

　HGFの前身は反原発運動で，反対運動では原発を止められないとの認識から市民風車がスタートする。それは市場を原因としている社会的課題を市場の外側から解決しようとしてもおのずと限界に至り，市場の中でオルタナティブな事業を提案しない限り社会的課題は止まらない，ということである。このほかにも，ホームレスの問題は生活保護の制度だけでは市場に労働者として戻す

ことができず，根本解決に至らない。ゆえに市場の問題は市場から解決しなければならない。

（２）　社会的課題を根本的に解決するために必要なステイクホルダーの変容

　社会的課題の解決にはSBを実行すればよいというものではない。本事例のような環境問題はステイクホルダーが環境意識を強く意識しなければ根本的に解決しない。ステイクホルダーが学習し，変容することが重要になる。

　そこで市場での交換が２つの意味を持つ。第１に社会的課題の解決に参加しようと思っても，NPOやNPOに対する寄付に信頼がおけず参加できなかったが，ビジネスを利用することで参加しやすくなる。第２には投資や消費行動のように無理せず継続的にかかわることができるため，結果としていつのまにか環境配慮行動をとるような学習の場となっている。

　このように我々の生活の中にあたりまえに存在している（経験している）市場社会を利用することが，唯一抵抗感なく社会的課題の解決に参加できる方法となっている。このような２つの視点が社会的課題の解決にビジネスを利用する理由ともなっている。

4-2．外部ネットワークと内部ネットワーク構造の相互関係

（１）　内部構造としての企業家チーム

　本事例で見てきたように，企業家が単独でSIを創出できるわけではなく，多様なステイクホルダーとの相互関係から知識創造がなされSIが創出される。知識創造と相互関係を見ていくと，成文化されていない複雑な知識は強い紐帯の上に成立し，成文化されている知識は弱い紐帯でも移転されるとされ，暗黙知の形式知化には強い紐帯が必要である（Hansen, 1999）。一方で，強い紐帯が存在すれば外部から内部への知識移転が進むのかと言えば，知識移転の程度は外部構造のみならず内部構造にも依存する。つまり，内部構造に強い紐帯と弱い紐帯が存在する必要があるということである。

この視点から企業家チームを解釈すると，複雑な知識と形式的知識移転を促進する構造となっていることがわかる。具体的には杉山氏と鈴木氏は生協時代から同じ経験をした強い紐帯の関係にあり，途中から参加した大谷氏は異質な経験の持ち主で弱い紐帯の関係にある。この組み合わせが，知識移転を容易にしている。しかし，知識移転が促進されたからと言って知識創造が起こるわけではなく，先に述べたステイクホルダーの①から③の3つのタイプが貢献する。

（2）　内部構造としての複合的な社会課題内蔵ビジネスモデル
　次にステイクホルダーを参集させるビジネスモデルについて検討しておこう。本事例でステイクホルダーは環境問題の解決のみならず，NPOの支援，ビジネスモデル，配当などの多様な側面から関心を持っていた。この理由は個々人の過去の経験に依存しその延長線上でのみ関心を持つからである（大室，2012）。ゆえにSBはビジネスモデルの中に複合的な社会的課題の解決と効率性を組み込む必要がある。顕著な事例として，㈱サラダコスモ（岐阜県中津川市）はカイワレ大根の製造販売から発し，現在では食糧自給率の向上，高齢者雇用，耕作放棄地の解消を目的としたSBを展開している。この結果売り上げが30％以上増加している（大室，2009）。このようにビジネスモデルをはじめ，企業家チーム，組織形態などはステイクホルダーを参集させるツールとなっている。

5．ソーシャル・ビジネスとステイクホルダー・コミュニケーション

　ここまでステイクホルダーはSBを創出する段階においても，SBを普及する段階においても，そして社会変革においても重要な役割を果たしていることを述べた。最後にSBを成功に導くステイクホルダーとのコミュニケーションについて検討しておこう。
　SBの最大の課題は，必ずしも十分なニーズが存在しない，あるいは市場が形成されていない状況の中でどのようにビジネスを成立させるか，つまり製

品/商品，あるいはサービスをどのように販売していくか，ということである。

ポイントとしては3つある。それは，第1に社会指向型ステイクホルダーを見つけ出すこと，第2にステイクホルダーの多様な指向に一致するような企業家チーム（企業家のポートフォリオ），組織構造（組織のポートフォリオ），ビジネスモデル／商品（社会的課題のポートフォリオ）を構築すること，第3にステイクホルダーが継続的にかかわれる仕組みを持っていることである。

市場として確立されていない社会的課題の解決ビジネスは，ステイクホルダーを如何に参集させるかがカギを握る。そのためのコミュニケーションは企業家のみならず，組織構造，ビジネスモデルなどとの相互関係が重要になってくる，ということである。SBはステイクホルダーとコミュニケーションできるツールを多様に持つ必要があるということである。

【謝辞】 本研究はHGFの鈴木氏をはじめ多くの方にインタビューをお引き受けいただいた成果であり，またソーシャル・イノベーション研究会（代表谷本寛治氏）でメンバーの方と議論する中で精緻化されていった。また本研究の一部は日本学術振興会「科学研究補助金基盤研究（C）（課題番号22530439，研究代表者：大室悦賀）」の支援を受けている。ここに記して謝意を表す。

参考文献

Austin, J. E. (2006) "Three avenues for the Social entrepreneurship Research", in Mair, J., Robinson, J., and Hockerts, K. (Eds.), *Social Entrepreneurship*, pp. 22, 33 : Palgrave Macmillan.

Chesbrough, H. W., Vanhaverbeke, W., and West, J. (Eds.) (2006) *Open Innovation: Researching a New Paradigm*, Oxford : Oxford University Press.

Dees, J. G. and Anderson. B. B. (2003) "For-profit Social Venture", in Kourilsky, M. L. and Walstad, W. B. (Eds.), *Social Entrepreneurship*, Birmingham : Senate Hall Academic Publishing.

土肥将敦 (2009) 「ソーシャル・ビジネスとは何か」佐々木 茂・味水佑毅編著『地域政策を考える』勁草書房，pp. 189-201。

―――― (2004)「「ソーシャル・ビジネス」概念の形成と課題：英国 Big Issue のストリート・ペーパー事業を中心に」『一橋論叢』, 132(5), pp. 768-789.

Drucker, P.F (1985) *Innovation and Entrepreneurship: Practice and Principles*, Harpercolins.

藤井良広（2007）『金融NPO-新しいお金の流れをつくる』岩波書店。
Hämäläinen, T. J. and Heiskala, R. (2007) *Social Innovation, Institutional change and economic performance*, Cheltenham : Edward Elgar Publishing, Ltd.
Hansen, M. T. (1999) "The search-transfer problem : The role of weak ties in sharing knowledge across organization subunits", *Administration Science Quart*, Vol. 44, No.1, pp. 82-111.
飯田他（2004）『市民主体型のエネルギー政策に関する研究』http://www.isep.or.jp/library/040802_coop_report.pdf(2012/2/29確認).
環境を考える経済人の会21（2003）『2003年度第1回朝食会 鈴木亨氏』http://www.zeroemission.co.jp/B-LIFE/MORNING/index03.html(2010/6/27確認).
児玉俊洋（2009）「イノベーションと人材」『産学官連携ジャーナル』Vol. 5, No. 3, pp. 47-49.
小島廣光・平本健太・樽見弘紀・後藤祐一（2008）「NPO・政府・企業間の戦略的協働-霧多布湿原トラストと北海道グリーンファンド-」『經濟學研究』57(4), pp. 35-100.
松島登（2006）「企業家による翻訳戦略：アクターネットワーク理論における翻訳概念の拡張」土橋臣吾・上野直樹編 『科学技術実践のフィールドワーク――ハイブリッドのデザイン』、せりか書房）
三上亨（2004）「市民風車が創りだす新たなビジネスモデル」川崎賢一・李妍焱・池田緑編『NPOの電子ネットワーク戦略』東京大学出版会。
Mulgan, G. (2007) *Social Innovation: What It Is, Why It Matters and How It Can Be Accelerated*, Working Paper, Oxford Said Business School.
Nicholls, A. and Murdock, A. (2012) *Social Innovation: Blurring Boundaries to Reconfigure Markets*, Basingstoke : Palgrave Macmillan.
21世紀のエネルギーを考える会（2002）『自然エネルギー連続講座講演記録集』。
西城戸誠（2009）『抗いの条件―社会運動の文化的アプローチ』人文書院。
Nonaka, I. and Takeuchi. H (1995) *The Knowledge Creating Company*, Oxford University Press.
沼上幹（2003）「組織現象における因果的連関・信念・反証的学習：組織の分権化を題材として」『組織科学』Vol. 37, No2, pp4-16.
大室悦賀（2012）「ビジネスを利用した社会的課題の解決におけるステイクホルダーの参加動機と行動変容」京都産業大学論集（社会科学系）、29巻、pp. 215-240.
――――（2009）「行政の限界と市民企業-株式会社ギアリンクス-」京都産業大学ソーシャル・マネジメント研究会『ケースに学ぶソーシャル・マネジメント』文眞堂。
大室悦賀・大阪NPOセンター編（2011）『ソーシャル・ビジネス』中央経済社。
Porter, M. E. and Kramer, M. R. (2011) "Creating Shard Value", *Harvard Business Review*, January-February, 2011, Vol. 89 Issue 1/2, pp. 62-77.
Prahalad, C. K. and Ramaswamy, V. (2004) *The Future of Competition*, Harvard

Business School Press.

佐藤正弘 (2010)『新時代のマルチステークホルダー・プロセスとソーシャル・イノベーション』, http://www.murc.jp/report/quarterly/201003/109.pdf (2011/2/29確認).

Schein, E. H. (2009) *How to offer, giving and receive help*, CA : Berrent-Kiehler.

生活クラブ生活協同組合北海道 (1998)『おーい, こっちの電気はやさしいよ』。

田畑耕一・高橋 現 (2005)『自然エネルギーファンド社長鈴木亨-市民風車が回るまで (対談)』日本LCA『イノベーターワン』6月8日。

谷本寛治 (2009)「ソーシャル・エンタープライズとソーシャル・イノベーション」『一橋ビジネスレビュー』2009夏号, 57巻1号, pp. 26-41.

────── (2005)「企業とNPOの組織戦略―ソーシャル・エンタープライズの組織ポートフォリオ―」,『組織科学』, Vol. 38, No. 4, pp. 53-65.

Westley, F. R., B. Zimmerman, and M. Q. Patton (2006) *Getting to maybe: how the world is changed*, Toronto : Vintage Canada.

Yin, R. K. (1994) *Case Study Research*, 2nd ed, Sage Publications, Inc.(近藤公彦訳 (1996)『ケース・スタディの方法〔第2版〕』千倉書房)

Yunus, M. (2010) *Building Social Business: The New Kind of Capitalism That Serves Humanity's Most Pressing Needs*, NY : PublicAffairs.

von Hippel, E (2005) *Democratizing Innovation*, Boston : The MIT press.

> 事例：持続可能なビジネス
> ——パタゴニアの事例——

辻井隆行　パタゴニア日本支社支社長

1. はじめに

「最高の製品を作り，環境に与える不必要な悪影響を最小限に抑える。そして，ビジネスを手段として環境危機に警鐘を鳴らし，解決に向けて実行する。」

　これが，私たちパタゴニアのミッションステートメントです。ミッションステートメントは，私たちの存在意義であり，判断に迷った際にすべての従業員が拠りどころにするものでもあります。

　パタゴニアは，主にアウトドアスポーツやトラベルなどでの使用を想定した衣類等をデザイン，製造，販売しているアパレル企業です。現在では，22カ国に88店舗の直営店，約3カ国語のウェブサイト，2,500以上の専門店を通じて製品を販売し，約1,800名の従業員が働いています。

　本稿では，前半で，主に環境問題に対するかかわりとの観点からパタゴニアの歴史を振り返り，ミッションステートメントが形成された経緯に触れます。その後に，ミッションステートメントに基づく企業経営がどのような形で行われ，どのような成果をあげてきたのかについて具体例と共にご紹介します。

2. パタゴニアの歴史

　パタゴニアの創業者，イヴォン・シュイナードはもともと熱心なサーファーであり，クライマーでした。特に，クライミングでは，カリフォルニア州のヨセミテ周辺に始まり，ヨーロッパや南米で数々の歴史に残るクライミングを行

事例：持続可能なビジネス

いました。

　1950年代のアメリカでは，クライミングに必要な道具の1つであるピトン（登攀する壁面などに打ち込む楔型の登攀補助具）のほとんどは，ヨーロッパから輸入された軟鉄製で，簡単に言えば「使い捨て」が一般的でした。そうした一般的なピトンに不満を抱いていたイヴォンは，鍛冶技術を独学で習得し，自らの手でより耐久性の高いクロームモリブデン鋼製のピトンを作り始めます。1957年のことです。当時，航空機のプロペラにも使用されていたクロームモリブデンは非常に耐久性が高く，その分，ピトンの製造には時間がかかりました。1時間で作れるピトンはたった2本で，ヨーロッパ製の軟鉄ピトンが1本20セントで買えた時代に，イヴォンは1本1ドル50セントでこのピトンを販売します。軟鉄製のピトンは一度岩に打ち込んだら残置するしかなかったのに対し，鋼製ピトンは引き抜いて繰り返し使用することができました。高額にもかかわらず，このピトンは瞬く間にクライマーの間で評判となりました。

　1960年代には，ピトンだけでなく様々な種類のクライミング道具を製造するようになり，シュイナード・イクイップメントと命名されたこの会社は，やがてクライミングギア業界でのシェア1位を獲得します。ひとつひとつの道具にクライマーである顧客の命がかかっているシビアな製品造りを通じて，私たちは品質の大切さと，機能や耐久性を追求すればデザインはよりシンプルになる，ということを学びました。

　1970年代初頭なると，イヴォンは自分たちが作ったピトンが打ち込まれたことによって岩の形がひどく損なわれているのを目の当たりにするようになります。ある日，愛する岩場が激しく変容しているのを見たイヴォンは，ついに売上げの50％以上を占めていたピトン事業から手を引く決心をします。そして，翌1972年のカタログ上で，岩を傷つけない新しい道具の紹介と共にピトンの弊害を説き，岩場を傷つけない「クリーンクライミング」という新しい概念を提唱しました。クライマー達は，徐々にその意義を理解し，以降のクライミングスタイルが一変するきっかけになります。これが後年パタゴニアにも受け継がれる「目先の利益ではなく"正しいこと"を選択する」企業経営のあり方の礎

となりました。

　当時，イヴォンは，クライミングギアと平行して，ゴアテックスの前身にあたる「フォームバック」という素材を使用したレインウェアや耐久性の高いクライミング用の衣類などを中心とした衣料品部門を経営していました。衣料品部門の規模は徐々に大きくなり，1973年には遂にパタゴニアというブランド名が誕生します。1980年代後半にはシュイナード・イクイップメント社を手放して衣類作りに専念することになりますが，クライミング道具を製造していた日々に培われた信念や理念は，後のパタゴニアへと引き継がれていくことになります。

3．ミッションステートメント明文化の経緯

「最高の製品を作り，環境に与える不必要な悪影響を最小限に抑える。そして，ビジネスを手段として環境危機に警鐘を鳴らし，解決に向けて実行する。」

　先に述べた通り，私たちが製品を作る上で念頭においているのは，主にクライミング，サーフィン，フライ・フィッシング，スキー・スノーボードなどのアウトドアスポーツやトラベルなどです。最高の製品というのは，それらのスポーツを行うカスタマーがフィールドで快適に過ごすための機能を備えている製品と定義しています。求められる機能は様々ですが，例えばそれは，耐久性，防水性，透湿性，軽量さ，コンパクト性，修理のしやすさ，などです。どんなに見た目が華々しいものであっても，実際のフィールドでの使用に耐えなければ，結局無駄なものを造ることになってしまいます。

　イヴォンを筆頭に，パタゴニアの社員の多くはアウトドアスポーツの愛好家で，そうした社員が，そのフィールドである愛すべき自然環境を守りたいと考えるのは当然の成り行きです。しかし，イヴォンはそこからさらに，今は亡き環境活動家である故デイビッド・ブラウアー氏が述べた「死滅した地球ではビジネスは成り立たない」という言葉の意味を追求し，「私たちが製造している

製品はすべて地球を汚染している」という前提に立った上で，できるだけ環境負荷を抑えることを決断します。

　パタゴニアは，売上の1％を草の根環境保護活動グループに援助してきました。1985年以来，自らに課した「地球税」として行ってきた資金援助の総額は4,600万ドルに達し，寄付先である環境保護活動家やグループの数は1,000を越えています。日本では，気仙沼で牡蠣養殖業を営む傍ら森林の保護を30年以上にわたって続けている『NPO法人 森は海の恋人』や，自然エネルギー普及活動を20年以上も続けている飯田哲也氏が所長を務める『NPO法人 環境エネルギー政策研究所』などが寄付先に名を連ねます。私たちが"利益"に対する比率（1％）ではなく，"売上げ"に対する比率にこだわるのは，私たちがこうした資金を社会貢献としてではなく，企業が支払うべきコストと捉えてきたからです。

　1991年には，私たちの製品に使用する素材が環境に与える負荷についての調査を行います。パタゴニアが使用する主要4繊維，ポリエステル，ナイロン，コットン，ウールの環境に対するインパクトを調べた結果，インパクトを与えない繊維はなく，すべての繊維がライフサイクル（原料－製造－運搬－消費－廃棄）のいずれかの段階で問題を抱えていることを改めて認識します。

　このライフサイクル分析の結果，私たちに最も大きな衝撃を与えたのはコットンでした。天然繊維で環境負荷が低いと考えられていたコットンが，環境に対して大きなインパクトを与えていたことがわかったのです。地球上の農地面積に占めるコットン用農地の割合がわずか3％程度であるにもかかわらず，当時の調査によれば，地球上で使用されている殺虫剤の全量の25％，農薬については少なくとも10％がコットン栽培だけのために使用されていました。後の2000年に，米環境保護局は，アメリカ国内のコットン栽培に使用されていたいくつかの農薬はヒト発癌性物質となる可能性があると見なしています。

　しかし当時，売上に占めるコットン製品の割合は20％に達していました。さらに，今でこそ一般的に認知されているオーガニックコットンの供給量は著しく低く，規模の小さな私たちの需要と品質要求に見合う量すら手に入らないこ

とがわかっていました。それにもかかわらず，イヴォンと当時の取締役は，1994年の夏に重大な決断をします。それは，1996年の春までにすべてのコットン製品をオーガニック栽培されたコットンで造るというものでした。この転換に失敗すれば，会社は大きな痛手を被ります。それでもイヴォンは，コットンについての事実を見逃してビジネスを続けることが，長期的にはマイナスであり，正しい選択ではないことを疑いませんでした。

　1996年にすべてのコットン製品をオーガニックコットンに切り替えたパタゴニアの成功例を目の当たりにして，いくつかの大企業がパタゴニアの本社を訪れました。中でもナイキ社は，オーガニックコットンについての調査を終えた後，コットン製品の一部をオーガニックに転換するという決断をした最初の企業の1つとなりました。ナイキ社がそのコットン製品の1％相当をオーガニックに転換するというコミットメントによって，サプライチェーンの上流にいる農家は，それまでの農薬を使った栽培からオーガニック栽培へと転換するための先行投資を安心して行うことができたわけです。ナイキ社は，当時のパタゴニアと比較すると売上げベースで2桁以上も大きい企業でしたから，その社会的波及効果はパタゴニア1社で成し得た規模とは比較になりません。

図1　製造するすべてのコットンをオーガニックに転換（1996年春）

事例：持続可能なビジネス　215

　このような経緯を経て，先に記したミッションステートメントが明文化されていきます。パタゴニアは，直近10年間で一度もセールスが減少していません。リーマンショックの際も，昨年の震災後も成長を続けています。これは，顧客が製品だけでなく，その背後にあるストーリーを価値あるものとして評価し，私たちに購買という形で「投票」していただいている証だと考えています。環境負荷を最小限に抑えることを経営判断の重要な一部と捉え，環境団体への支援を「コスト」と位置づけながら経営を行うパタゴニアが，ビジネスで成功を収めることは，「利益最大化のためには他の犠牲はやむを得ない」という考えをベースとしたこれまでの資本主義に一石を投じることになる，と考えるようになったのです。

4．ミッションステートメントに基づく企業経営

　現在，パタゴニアでは「Common Threads Initiative」という取り組みを推進しています。これは，製造者である私たちと，消費者であるカスタマーが手を取り合って，環境フットプリントを削減しようという試みです。
　私たちは，このイニシアティブが，企業側だけの努力でも，消費者側だけの努力でも成り立たないと考えています。そこで，ウェブサイトを通じて真摯にこのイニシアティブに取り組むことを約束し，同時にお客様にもこのイニシアティブに参加することを「誓約」していただく，という試みを行っています。
　イニシアティブの柱となるのは，お馴染みの4つのRです。REDUCE（削減）。パタゴニアは「できるだけ長持ちする有益な製品を作る」ことを目指し，お客様には欲しいものと必要なものを区別して「必要のないものは購入しない」ように努めていただきます。REPAIR（修理）。パタゴニアは，お客様がお持ちの「パタゴニア製品を修理するお手伝い」をし，お客様には，ジッパーが壊れたり，一部が破れたりしたからといってすぐに新しいものに買い換えるのではなく「破損した製品を修理してできるだけ長く使って」いただきます。REUSE（再利用）。パタゴニアは，「不要となった製品の再利用先を探す手助

け」をします。お客様には，「それを必要としている人に売るか，探すか」していただきます。私たちのスタッフも含めて，袖を通す機会がなくなった衣類でクローゼットが埋め尽くされているといったケースは少なくないはずです。そうした衣類をお互いに譲り合えば，資源の浪費を抑えることができます。現在では，ウェブサイト上でいくつかのポータルサイトでのオークションへの出品などをお薦めしています。RECYLCE（再生）。私たちはすべての「使い古されたパタゴニア製品を回収する」とことを目指します。お客様は「パタゴニア製品が埋立地や焼却炉に入れないようにする」ことを誓約していただきます。このRECYLCEという標語が最後にくるのには理由があります。私たちは，まずは無駄な消費を抑える，そして必要なら修理をし，自分にとって必要がなくなったら必要としている方に譲る。それらすべての選択肢がなくなってはじめてRECYLCEはなされるべきだと考えているからです。

言い換えれば，このイニシアチブは，より吟味された消費のあり方と持続可能な地球の将来について考え，自然に帰せる分だけを利用する世界について一緒にREIMAGINE（再考する）という取り組みなのです。

私たちはこの考えをさらに広く伝えるために，2011年の感謝祭（11月第4木曜日）に合わせてNYタイムスに"DON'T BUY THIS JACKET"という広告を打ちました（図2）。「偽善者だ」「本当は売りたいはずだ」「こんな素晴らしい広告は見たことがない」「パタゴニアが本気であることがわかった」といった，様々な反応やフィードバックがありました。それこそが私たちの狙いでした。私たちの消費活動が一体どんな意味を持つのか，そのことを多くの方々に再考していただくことが大事だと考えているからです。

5．1％ for the Planet™

私たちはアパレル企業として，上記のような取り組みをしてきました。しかし，資本主義がより持続可能な方向に転換するには，グローバルで5億5千万ドル（2012年度予測）というセールス規模の私たちだけでは役不足です。より

事例：持続可能なビジネス　217

図2　広告"DON'T BUY THIS JACKET"

| コモンスレッズ・イニシアチブ | 広告イメージ |

多くの企業がこうした手法に賛同し，その結果，成功事例が増えることが最も効果的だと考えています。

　パタゴニアが1985年以来，自然環境の保護／回復のために売上げの1％を草の根環境保護団体に寄付してきたことは先に述べた通りです。この枠組みを広めるために，2002年，イヴォンとモンタナ州でフィッシングショップを営む『ブルー・リボン・フライズ社』のオーナーであるクレイグ・マシューズは，自然環境保護に貢献するビジネスの奨励を目的とするNPO『1％ for the Planet™』（以下1％FTP）を設立しました（図3）。

　この1％FTPは，少なくとも売上げの1％を自然環境保護のために寄付する企業の同盟です。この同盟に参加する企業は，「ビジネスでの利益と損失は地球環境の健康状態にも直接関連する」ことを理解し，産業が与える社会的／環境的影響を懸念しています。また，メンバー企業は，この同盟に参加することで，各自が属する業界において責任ある企業としての地位を確立し，こうした真摯な取り組みを評価する消費者からの支持や信頼を得ることもできます。現在では，世界45カ国から約1,450社が参加するまでに成長しています。

218　III 特集論文　事例：持続可能なビジネス

図3　NPO『1% for the Planet™』

6. ビジネスを手段として環境危機に警鐘を鳴らし解決に向けて実行する

　2008年10月，世界で最大規模のセールス（2011年度：4,190億ドル）を誇り，200万人もの従業員を抱える Walmart の本社にイヴォン・シュイナードが招かれました。持続可能なあり方を模索していた同社の CEO に依頼され，1,200人の買付担当者にパタゴニアの事例について講演するためです。

　以来，パタゴニアと同社は様々な取り組みを共同で推進してきましたが，大きな成果の1つに「Sustainable Apparel Coalition（SAC：持続可能なアパレル産業同盟）」の発足が挙げられます。この2社が連名で参加を誘致した結果，わずか1年半で全世界のアパレルおよび履物市場の30%以上を占める65社が参加を表明しました。SAC には，私たち2社の他に，ナイキ，アディダス，H&M，プーマ，リーバイス，ギャップといった大企業が名を連ね，それぞれが持つリソースや知識を持ち寄って，持続可能なビジネスの方法を模索しています。SAC の目的の1つに，原材料，消費，廃棄といった各局面で生じる環境負荷や影響を同一条件で比較するための「Value Chain Index（VCI：バリューチェーン指数）」の開発があります。

　イヴォンと環境担当副社長のリック・リッジウェイ，そして SAC メンバーが共同出資して雇ったブル・スカイ創業者のジブ・エリソンは，2011年10月号

事例：持続可能なビジネス　219

図4　アーカンソー州のウォルマート本社で講演するイヴォン

の『Harvard Business Review』（HBR）に『サステナビリティ3.0』を寄稿しています。そこでは，これまで地球や社会に対して外部化されていた環境負荷が，企業会計に内部化される世界のあり方と，そうした世界がそう遠くない将来に実現する可能性が論じられています。

　これまでは，企業がその経済活動によって環境破壊を引き起こしても，それが製品コストに反映されることは一般的ではありませんでした。むしろ，そうした地球にとっての「真のコスト」を，社会や社会的弱者，次世代の子供たちから借りているはずの地球に負わせることで，企業は利益をあげてきたのです。しかし，価格をつけられないと考えられていた環境負荷が定量的に計れるようになりつつあることや，そうしたコストを積極的に企業会計に反映しようとする企業に資本が流入し始めていることなどから，『成功するビジネスが持続可能なビジネスと同義になるのは可能なばかりか，必然である』と説いています。VCIはそのような世界を形成する上で大きな推進力にもなっているのです。

7．おわりに

　私たちが「最高の製品を作り，環境に与える不必要な悪影響を最小限に抑える。そして，ビジネスを手段として環境危機に警鐘を鳴らし，解決に向けて実

行する。」というミッションステートメントを判断基準にビジネスを行ってきたことは，これまで述べてきた通りです。そして，これからも，どんな場面でも，このミッションステートメントが私たちを正しい経営判断に導いてくれると信じています。

　「人類には環境危機を解決するだけの能力と責任がある。そして，それを実行するのは今なのです。」イヴォンや米国本社のCEOであるケーシー・シーハンも尊敬してやまないダライ・ラマの言葉です。私たちは今，従来型の資本主義が持つ限界に正面から向き合い，新しい世界を実現するための1歩を踏み出す岐路に立たされているのだと思います。

|事例|：ソーシャル・ビジネスの現状と課題
——SoooooS. 事業の経験から——

中間大維　株式会社ヤラカス舘 SoooooS. カンパニーカンパニー長

1．はじめに

本稿は2011年度企業と社会フォーラム（JFBS）第1回年次大会 Breakout Session（ソーシャル・ビジネス／マーケティング）での報告をまとめたものである。

本稿の目的は，ソーシャル・ビジネス[1]の一つであるソーシャル・プロダクツ[2]の情報ポータルサイト「SoooooS.（スース）の事業を展開する中で見えてきたソーシャル・ビジネスの課題，ならびにソーシャル・プロダクツの課題について共有することで，そうしたマーケット拡大の一助となる情報を提供することにある。

2．SoooooS. について

SoooooS. は，貧困問題や環境問題を始めとする社会的課題の緩和や解決に

---

(1) 経済産業省が公表した『平成21年度地域経済産業活性化対策調査（ソーシャルビジネスの統計と制度的検討のための調査事業）報告書』では，ソーシャル・ビジネスを「社会性」「事業性」「革新性」の3つの要件を満たす主体が営む事業と定義しているが，本稿では主体の要件には必ずしもこだわらず，社会的課題の緩和・解決に，直接的，間接的に，ビジネスの原理を持って取り組む活動とする。
(2) マーケティング学者のフィリップ・コトラー（ノースウェスタン大学ケロッグ経営大学院教授）がその著書『ソーシャル・マーケティング—行動変革のための戦略』（井関利明監訳，ダイヤモンド社，1995［原著＝1989］）の中で使用した概念で，同書の中では「個人，および，社会の最善の利益に貢献するための，社会的アイデア，社会的習慣，有形の対象物」のこととされている。本稿では，社会的課題の緩和・解決に，直接的，間接的に貢献する有形，無形の対象物とする。

図1 SooooS. の事業モデル
〈比較検討できる情報・選択肢〉

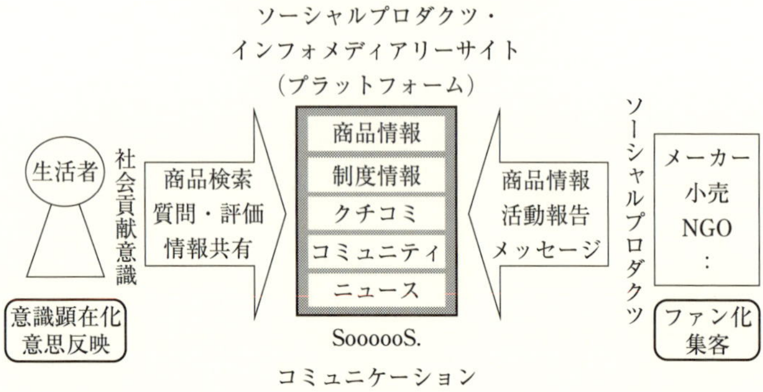

ソーシャルプロダクツ・
インフォメディアリーサイト
（プラットフォーム）

生活者 — 社会貢献意識 — 商品検索/質問・評価/情報共有 → [商品情報/制度情報/クチコミ/コミュニティ/ニュース] ← 商品情報/活動報告/メッセージ — ソーシャルプロダクツ — メーカー/小売/NGO/：

意識顕在化/意思反映　　SooooS.コミュニケーション　　ファン化集客

つながる商品，サービスの情報を集めた日本初，日本最大級の専門情報ポータルサイトである。

運営主体である株式会社ヤラカス舘は，1896年創業のマーケティングエージェンシーで，本業はメーカーや小売業のマーケティングの支援，コンサルテーションである。そのやや変わった名前は「人のやらないことをやる」という精神に由来しており，「社会の，人の，企業の，一歩先行くニーズに応える」という社風の中で，2010年3月にSooooS.のベータ版が誕生した。

先に「社会的課題の緩和や完結につながる商品やサービス」の情報を扱うのがSooooS.であると述べたが，SooooS. ではそれらの商品やサービスのことをソーシャル・プロダクツと言い，ソーシャル・プロダクツには，エコな商品や寄付つき商品，オーガニック商品やフェアトレード商品などが含まれている。

2012年1月末現在のソーシャル・プロダクツの情報掲載数は約1万であり，ソーシャル・プロダクツの作り手と社会的意識のある生活者をつなぐことで，ソーシャル・プロダクツの購買，同マーケットの拡大，ひいてはソーシャル・プロダクツを通じた持続可能な社会づくりを後押している（図1）。

事例：ソーシャル・ビジネスの現状と課題　223

3．ソーシャル・プロダクツについて

　SoooooS.で取り扱うソーシャル・プロダクツについて，具体的には下記のようなものがある。

3-1．エコな商品
　再生素材をソールに活用しているアウトドアシューズや，森林の持つ生物の多様性を生かした形で食物を栽培するアグロフォレストリーの製法で作られたカカオを活用したチョコレートなど。

3-2．寄付つき商品
　東日本大震災[3]で被害を受けた東北の一次産業の支援や，途上国の子供たちの支援のために売り上げの一部が寄付される食品や日用雑貨など。

3-3．オーガニック商品
　農薬や化学肥料などを使わないオーガニック製法で作られた原材料を使い，関連の認証[4]を取得した化粧品や，同製法で栽培されたコットンを使って作ったタオルなど。

3-4．フェアトレード商品
　発展途上国の人たちの自立や貧困解消に取り組むために，そうした国の生産者から適正価格で買い入れたアクセサリーやコーヒーなど。

（3）　2011年3月11日に，宮城県牡鹿半島の東南東沖130kmの海底を震源として発生した地震と，それに伴って発生した津波，及びその後の余震により引き起こされた大規模地震災害。
（4）　フランスのECOCERT（エコサート）や日本のJOCO（オーガニックコスメティック協会）など。

3-5. カーボンオフセット商品

商品の購入代金の一部を植林活動やCO_2排出権の取得に使うことで,製造や流通段階で排出している温室効果ガス(CO_2等)を相殺するバッグやスキーのリフト券など。

4. SoooooS. 誕生の背景

SoooooS. の誕生には,著者個人の体験や思いと,ヤラカス舘という会社の戦略の偶然の出会いが関係している。

4-1. 著者の体験と思い

著者は学生時代から何度も中南米やアフリカを旅し,そこで熱帯雨林などの失われて行く自然や,貧困の中で教育も十分受けられない子どもたちなど,さまざまな社会的課題の現場を目の当たりにしてきた。また,同時に,世界のいたるところで,南米やアフリカの奥地や僻地と言われているようなところでも,コカ・コーラ社やP&G社などの商品を目にし,市場経済の力も思い知った。こうした経験から,商品を通じたより良い社会づくりへの思いが生まれたのである。

4-2. ヤラカス舘の戦略

一方で,マーケティングのエージェンシーとしてのヤラカス舘は,ICT深化によって,①企業側の思いを一方的に生活者に伝えるこれまでのコミュニケーションや広告宣伝のあり方に早晩限界が来ること,②社会が成熟化する中で,生活者の中にも,機能的価値や金銭的価値ではない新しい価値を商品に求める人が増えてきていること,などを見据え,次代を担う新しいサービスへの経営戦略上の投資を考えていた。

事例：ソーシャル・ビジネスの現状と課題　225

4-3．新たなサービスの誕生

　著者のヤラカス舘への入社によってこの2つが出合ったことで，社会貢献という心理的満足を提供するソーシャル・プロダクツの紹介サービス，SoooooS. が誕生したのである。なお，世間では，東日本大震災と前後して，CSR（企業の社会的責任）に基づくさまざまな社会的活動が増えているが，SoooooS. に関しては誕生の経緯からも分かるようにあくまで事業であり，「企業における収益やブランドイメージの向上」と「社会的課題の緩和や解決」との両立を目指す一種のソーシャル・ビジネスと考えられる。それはすなわち，CSR というよりは CSV（Creating Shared Value）[5] の考え方に近いものである。

5．SoooooS. の WEB サービス事業の課題

　SoooooS. はビジネスであり，投資であるため，持続的に事業ができるように収益を上げていく必要がある。
　SoooooS. が展開している情報ポータル（インフォメディアリー）[6] 事業で収益を上げる場合，その収益源はサイト上の広告や，EC 支援事業（送客事業）でのソーシャル・プロダクツの製造・販売元からの手数料等[7] となる。ただ，それらで収益を上げる前提として「一定数以上のユーザーの確保」がなされなければならない。
　ここで，「一定数以上のユーザーの確保」という観点から SoooooS. の実態

（5）経営学者のマイケル E. ポーター（ハーバード大学 ユニバーシティ・プロフェッサー）が，それまでの「戦略的 CSR」の概念を進化させて2010年末に提唱したもの。経済的価値を創出しながら，社会的ニーズに対応することで社会的価値も創出するというもの。社会的な課題への取り組みを企業の利益や競争力の強化につなげることで，成長の力に変えていこうというアプローチ。
（6）情報の仲介を行うことで供給側と需要側をつなぎ，需給のマッチを図ること。SoooooS. の場合は，商品やサービスの社会的取り組みに関する情報を仲介している。他に，価格に関する情報を仲介している価格.com などもインフォメディアリー事業と言える。
（7）広告枠の販売は既に行っているが，EC 支援事業（送客事業）はまだ計画段階である。

を見てみると以下の3つの課題が浮かび上がってくる。

① 2010年10月のサービスの本格稼動からまだ1年余りしか経っておらず，会社として投資できる額にも限度があるため，リーチできている人の数に限りがあり，サービスの認知者が少ない。

② ソーシャル・プロダクツの情報ポータルサイト，あるいはソーシャル・プロダクツのインフォメディアリーサイトは，これまでに世の中に存在していないため，どういうことが出来る何のサイトなのか分からず，十分な活用にいたっていない人が多い。

③ サイトで扱っているのが社会的課題や社会貢献につながる商品，サービスの情報ということで，ともすると内容的に重かったり，分かりづらかったりするものが多いが，それを楽しく，分かりやすく，ユーザーに届けられていないため，結果としてユーザーの定着が進まない。

上記は，SoooooS. が抱えている問題ではあるが，実は SoooooS. のサイト特有の問題ではなく，さまざまなソーシャル・ビジネスやソーシャル・プロダクツにも共通する問題として見ることが可能である。

6．ソーシャル・プロダクツの課題

6-1．情報発信

2011年6月に弊社が行った調査[8]（図2）によると，アサヒビールの「うまい！を明日へ！」プロジェクトを始めとする東日本大震災前からの代表的な寄付つき商品3種，ヤマトホールディングスの「宅急便ひとつに，希望をひとつ入れて。」プロジェクトを始めとする東日本大震災後に始まった被災地支援の寄付つき商品3種の計6種について，"寄付つき商品"としての認知を聞いたところ，6種のいずれもが20%に達せず，どの商品も「寄付つき商品であることを知らない」が6割を超えた（62.1%）。

---

(8) 「震災後3ヶ月の消費，社会貢献に関する意識変化」調査（インターネット調査，サンプル数720，ヤラカス舘 SoooooS. カンパニー，2011年6月）

事例：ソーシャル・ビジネスの現状と課題

図2 寄付つき商品としての認知

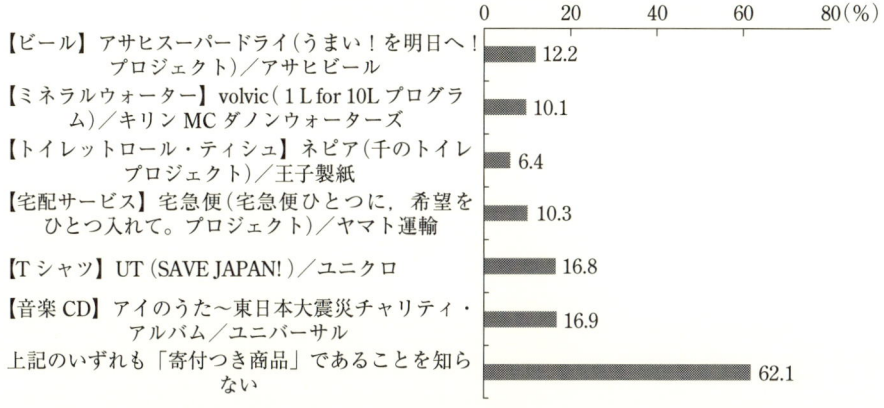

商品	認知率(%)
【ビール】アサヒスーパードライ（うまい！を明日へ！プロジェクト）／アサヒビール	12.2
【ミネラルウォーター】volvic（1 L for 10L プログラム）／キリン MC ダノンウォーターズ	10.1
【トイレットロール・ティシュ】ネピア（千のトイレプロジェクト）／王子製紙	6.4
【宅配サービス】宅急便（宅急便ひとつに，希望をひとつ入れて。プロジェクト）／ヤマト運輸	10.3
【Tシャツ】UT（SAVE JAPAN!）／ユニクロ	16.8
【音楽CD】アイのうた～東日本大震災チャリティ・アルバム／ユニバーサル	16.9
上記のいずれも「寄付つき商品」であることを知らない	62.1

2011年6月 SoooooS. 調査「生活者の消費，社会貢献に関する調査」。

　アサヒビールのスーパードライやヤマト運輸の宅急便などは，多くの生活者が知っている商品，サービスであるが，この調査からは，商品自体は知られていても寄付つき商品としての認知はまだまだであることが分かった。これはすなわち，ソーシャル・プロダクツとしての情報発信が不十分であることを意味している。同じ年の11月の調査[9]で，38.0％の人が「社会性のある商品を社会的課題を意識して今後購入したい」（既に購入している人は14.2％）と答えていることを踏まえると，これは大きな機会損失と言える。

　また，情報発信不足ということに関して言えば，ソーシャル・プロダクツは告知だけでなく，結果の報告という意味での情報発信にも大きな課題を抱えている。大型の商品を中心に，さまざまな媒体を使って，広く，積極的に，キャンペーンや取り組み内容の告知をするソーシャル・プロダクツは多い。この場合，多くの人がその存在や取り組みを認知することになる。ただ，その取り組み結果の報告となると，自社のHPやCSR報告書の中などで小さく報告しているだけの場合が非常に多い。残念ながら，自ら結果を確認しに企業のHP

（9）「ソーシャルプロダクツインターネット関心層の実態」調査（インターネット調査，サンプル数14,031，ヤラカス舘 SoooooS. カンパニー，2011年11月）

図3　告知と報告のギャップ

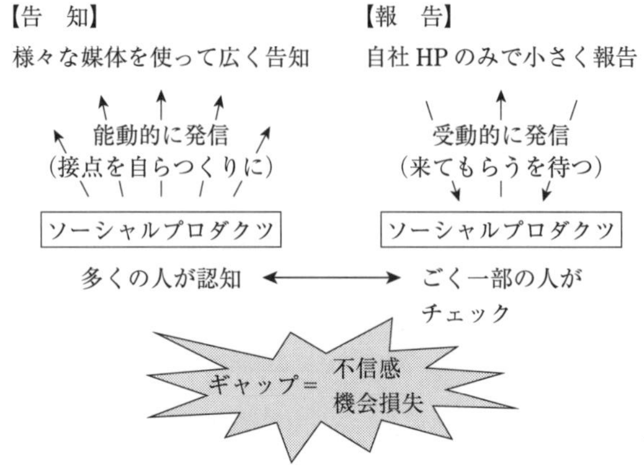

【告　知】　　　　　　　　　　　【報　告】
様々な媒体を使って広く告知　　　自社HPのみで小さく報告

能動的に発信　　　　　　　　　受動的に発信
(接点を自らつくりに)　　　　　 (来てもらうを待つ)

ソーシャルプロダクツ　　　　　　ソーシャルプロダクツ

多くの人が認知　←→　ごく一部の人がチェック

ギャップ＝不信感　機会損失

を訪れる生活者は少ないため，結果として，取り組みの認知と結果の認知との間でギャップが生まれ，それが不信感や2回目以降の機会損失につながっている（図3）。先にあげた弊社の6月調査でも，寄付つき商品を買わない理由のトップは「寄付金の使途が不明」（32.9%）であった。

なお，ソーシャル・プロダクツに関する情報発信を自ら積極的に行うことは，「よい行いはこっそりと」と言った"陰徳"なる言葉の対極にあり，好ましくないと考える会社もあるかもしれないが，これについても，先の6月の調査結果が注目に値する。それによると，「企業には，社会的取り組み，社会貢献に関する情報をもっと発信して欲しい」と思う人は55.3%に達し，そう思わない人はわずか8.9%しかいなかった。生活者の社会貢献に対する意識，心理的価値や満足に対する欲求が高まる中で，生活者は社会的取り組みへの参加のために情報を求めるようになっているのである。

6-2．分かりやすさ，楽しさ

ソーシャル・プロダクツは，社会的課題の緩和や解決につながる商品，サービスであるが，社会的課題と言うとどうしても「難しい，分かりづらい，とっつきにくい」という印象を持たれることが多い。これまでのソーシャル・プロ

事例：ソーシャル・ビジネスの現状と課題　229

ダクツには，その社会性の高さを訴えて商品を選んでもらうものが多いが，そうしたコミュニケーションだけで購入に至るのは社会的意識の高い一部の層に限られる。そうではない一般の多くの人にもソーシャル・プロダクツを受け入れてもらうためには，社会性だけでなく，「分かりやすさ」や「商品としての楽しさ」なども持ち合わせることが重要である。

　分かりづらいこと，難しいことを，分かりやすく，そして楽しく伝えていく上で今注目をされているのが「ゲーミフィケーション（gamification）[10]」という概念である。ゲーミフィケーションは，物事を分かりやすく，楽しく伝えるためにゲームの世界で使われている技法やメカニクスを，ゲーム外の世界に取り入れることで，問題や課題の解決などに取り組んでいこうというものである。その個別の手法としては，ゲームの達成度合いによってバッジや呼称を参加者に付与したり，複数の参加者が共同で取り組む課題を設定したり，プレゼントやポイント交換などのシステムを設けたりすることなどがある。

　これからのソーシャル・プロダクツや社会貢献活動などの社会的取り組みに，「入り口は娯楽性，出口は社会性」の考え方を取り入れていくことは一考に値するのではないだろうか。

7．最後に：ソーシャルとビジネスのジレンマ

　一般的な商品や事業もそうだが，ソーシャル・プロダクツやソーシャル・ビジネスがスケールアップするためには，これまでにも見てきたように大きな壁がある。それが，認知（情報発信）の問題であり，受入性（取り扱うテーマの難しさ）の問題である。社会的なことや社会貢献を前面に出してしまうと，"ソーシャル"を利用しているだけと捉えられたり，難しく捉えられたりしてしまうことが多い。だがそれを恐れれば，ソーシャルの部分についてのコミュニケーションができず，そのコミュニケーションができなければ，ソーシャル・プ

---

(10)　20011年に入って，アメリカを中心に急速に広がってきた概念。

ロダクツやソーシャル・ビジネスの価値を分かってもらうことはできない。

　そうした状況に対しては，成長を急がずにソーシャル・プロダクツやソーシャル・ビジネス全般に対する社会的認知・理解が高まるのを待ったり，スケールアップを目指さずに限定した規模で事業を展開したりするというのも選択肢である。ただ，スピード感を持って社会を変えていこうと思えば，単に受身で変化を待つのではなく，企業や生活者を主体的に動かしていくことも考えなければならない。企業の場合，中長期の社会的成果よりもより短期的な事業成果を目指すことが多いため，その巻き込みは容易ではないが，生活者の巻き込みについては，社会政策の決定や立案の過程にうまく市民を取り込み，社会政策の裾野を広げてきた事例などが参考になるであろう。

　あらためて言うまでもないが，閉塞感のある今日の経済社会において，経済性と社会性を両立するソーシャル・ビジネスやソーシャル・プロダクツの持つ可能性は非常に大きい。SoooooS. 事業としてもその可能性を信じて，積極的な情報発信と分かりやすいサイト作りに取り組みつつ，試行錯誤をしながら，ポジティブな変化を起こしていくことにチャレンジし続けていきたい。

参考文献

Michael E. Porter and Mark R. Kramer（2011）'Creating Shared Value', *Harvard Business Review*, January-February（2011）pp. 62-87.（編集部訳（2011）「共通価値の戦略」『DIAMOND ハーバード・ビジネス・レビュー』2011年6月号，pp. 8-31.）

経済産業省（2008）

　　http://www.meti.go.jp/policy/localeconomy/nipponsaikoh/h21fysbhoukokusyo.pdf
　　『平成21年度地域経済産業活性化対策調査（ソーシャルビジネスの統計と制度的検討のための調査事業）報告書』Accessed August 1st 2011.

Kotler, P. and Roberto, E. L.（1989）*Social Marketing*, NY : The Free Press.（井関利明監訳『ソーシャル・マーケティング―行動変革のための戦略』ダイヤモンド社，1995年）

IV ケーススタディ

震災と企業
土肥将敦／味水佑毅

はじめに:「震災と企業」ケース
◆ ヤマトホールディングス株式会社
◆ 三井物産株式会社
◆ 積水ハウス株式会社
◆ 株式会社損害保険ジャパン
まとめ:ケース総括

はじめに:「震災と企業」ケース

土肥将敦　高崎経済大学地域政策学部准教授
味水佑毅　高崎経済大学地域政策学部准教授

1. 問題意識

　2011年3月11日に発生した東日本大震災は，日本各地に甚大な被害をもたらし，1年以上経った今もなお大きな爪痕を各地に残している。1995年の阪神・淡路大震災の際には，政府の対応の遅さが目立った中で，市民ボランティアの柔軟性や存在意義が議論され，その後市民活動を促進するNPO法の制定に繋がっていったことは記憶に新しい。今回の震災においても，さまざまな復旧・復興支援活動においてボランティアは被災地の大きな力となったが，その一方で，企業の震災への対応や復興への協力は，多層的かつ過去にない規模で行われた。

　今回の震災においては，停電やガソリン不足の影響から被災地域に拠点を持つ企業では営業が停止し，サプライチェーンの寸断で被災地から遠く離れた工場においてさえも事業停止を余儀なくされた。こうした状況下においても，自社の事業復旧活動にとどまらず，復興支援活動に力強く踏み出した多くの企業の姿があり，今われわれは改めて企業の役割や存在意義を問う必要がある。

　本事例研究の目的は，企業が本業そのものを通して，また本業を超えた社会貢献活動として今回の東日本大震災にどのようにかかわり，どのような役割を果たしてきたのかについて検討することである。対象となるのは，ヤマトホールディングス，三井物産，積水ハウス，損害保険ジャパンの4社である。各社はそれぞれ規模も業種も異なるが，それぞれに自社の特性や経営資源を有効に活用した取り組みがなされていた。

　われわれは，2011年9月のJFBS第1回年次大会「震災と企業」における

各企業の報告（ヤマトHD以外の3社が報告）を契機として，一連のインタビュー調査と現場調査を通して各企業の東日本大震災に対する取り組み状況に迫った。

　結論を先取りするならば，これから一連のケースを見ていく意味は，同一の観察者が（後で述べる）同一の問題意識をもとに書かれたという点にある。その結果として，ケース横断的で，意味ある比較が可能になっている。

　調査開始当初は，BCP（事業継続計画）やリスクマネジメントのあり方，社会貢献活動のあり方など，大きな視点を持って調査を開始したが，上記4社のインタビューを同時並行的に進める中で，問題を洗い出し，問題そのものを構造化するという作業を行った。その過程で浮かび上がってきたわれわれの問題意識は次のようなものである。

（1）各企業における主な震災関連活動とそれが生み出された背景。
（2）社内ではどのような議論，経営判断，意思決定がなされ，それらの活動が遂行されたのか。また指揮命令系統の維持や情報の発信・共有はどのように進められたのか。
（3）緊急時の事業活動や支援活動が社会に貢献する，ということをどのように理解しているのか。
（4）阪神淡路大震災以降の経験から何を学び，どのような体制，取り組みが積み重ねられ，今回の対応に生きているのか。
（5）今回の震災後，業務面におけるパラダイムにどのような変化が生じているのか。

　これらの中でもわれわれがとくに重視したのは（2）であり，各企業の具体的な取り組みの背後にある「意思決定のあり方」や「経営判断のあり方」こそが重要であると認識するに至った。なぜなら，各社の具体的な取り組み内容そのものは，他業界の企業にとってはそれほど本質的な意味を持たないからである。企業を取り巻く環境が異なれば，その環境下での行動も異なり，後で詳しく見るように震災時における対応にも違いが生じている。

　震災直後の非常事態とも言うべき状況下において，なぜその企業でそのよう

な意思決定や経営判断が下されたのか。その問いこそが，数ある質問リストの核となっているのである。

　例えば，本ケースに収録されているヤマトホールディングスの事例で言えば，「宅急便1個につき10円の寄付」という本業を活かした活動は，当時の前年度実績に基づけば，約130億円近くの寄付が行われることとなり，これはヤマトグループの連結純利益の約4割に相当する額であった。ケースでは，このヤマトの活動が具体的にどのようにして創出され，遂行されたのかが記述されているが，ここでの本質は，ヤマトの活動を「ベストプラクティス」として理解し，他企業に同様の事業活動の模倣を促すことにあるわけではない。

　より重要なことは「なぜヤマトのトップマネジメントは（場合によっては，株主から反発を買うかもしれない）このような意思決定を下したのか」という問いであり，さらに言えば，「民間企業のヤマトはどの程度まで被災地支援を行うべきなのか」，また実際には「どの程度まで支援を行うことができるのか」というこの両者の狭間をめぐる葛藤を，震災時の混乱状況の中にある経営者の目線に立って考えることである。

　もっとも，上記の問いに限らず，こうしたケースから抽出される問いに対する答えは必ずしも1つであるとは限らず，"明確な正解"は存在しない点には注意が必要である。先に示したように，以下の一連のケースを読む意味は，ケース横断的な比較可能性にあり，4つのケースを通して読んで初めて意味があるとも言える。各ケースの最後には，われわれが用意した「小括と問題提起」が掲載されており，その問題提起自体もケースごとに比較して欲しい。つまり，三井物産での問いが他の3社に当てはまるかどうかを，ケースの違いとともに考えるのである。そうすると，今度は，われわれが意図している模倣すべきケースの本質が抽出できるはずである。

　こうした上記5つの問題意識のもとで，各社の震災対応を丹念に見ていくと，われわれの予想以上に復旧・復興支援に尽力する企業の姿が明らかになった。これは，企業が社会からの期待を受け，また自発的に震災という非常事態に立ち向かおうとする企業の姿であり，まさに「企業の社会的責任＝CSR」その

ものと言えよう。後段，ケース総括で詳しく見ていくように，われわれは谷本 (2006)『CSR―企業と社会を考える』(NTT 出版) の CSR の 3 つの次元に照らし合わせて，各企業の震災対応をとらえた。つまり，①「本業そのものの復旧や見直し（事業復旧活動）」と，②ある程度採算ベースを度外視して，長期的（で社会貢献的）な視点で事業として取り組む「社会的事業（ソーシャル・ビジネス）」，そして③本業を超えた部分で取り組む「社会貢献活動」の 3 つである。

もっとも，谷本 (2006) は平時における企業活動を想定し，それに基づき CSR を整理したものであり，震災を念頭に置いたものではない。したがって，ケース総括でまとめるように，谷本 (2006) から抜け落ちている「震災固有の要素」もいくつか明らかになっている。

またケースの記述にあたっては，時間軸による整理を行った。具体的には，「短期的な対応（主として2011年 3 月中の対応）」と「中長期的な対応（主として2011年 4 月以降の取り組み）」である。各ケースの「短期的な対応」では，主として「本業そのものの復旧や見直し（事業復旧活動）」や「（緊急対応としての）社会貢献活動」を整理した。また「中長期的な対応」では，主として「社会的事業」や「社会貢献活動」をまとめている。

繰り返しになるが，本ケースは CSR 先進企業による優れた取り組み事例集として読むべきものではないし，また，各企業や個人の経営判断の良し悪しを検討するものでもない。読者には是非とも，東日本大震災という危機的状況下での各企業の取り組みを契機として，非常時における経営のあり方やそのメカニズム，思考の論理について深く考えて欲しい。

2．本ケースの構成

各ケースの内容は，(1) ケース概要，(2) 企業概要と CSR 活動の特徴（および震災対応の背景となる活動の特徴），(3) 東日本大震災における短期的な対応（主として2011年 3 月中の取り組み内容），(4) 東日本大震災における中長期的な対応（主として2011年 4 月以降の取り組み内容），(5) 小括と問題提起

で構成されている（一部，損保ジャパンのみ，「本業レベル」と「社会貢献レベル」での整理となっている）。今回の東日本大震災にあたっての各社の対応の概要と，その中でも代表的な取り組みについて焦点をあてて，インタビュー調査をもとに記述している。各ケースの最後には，上述したように，そのケースから浮かび上がる特徴を踏まえた上での問題提起を提示している。

今回のこのケースは，大学の講義や研究会，研修などのディスカッションでも使用されることも想定している。今回の東日本大震災では，さまざまな企業が自らの経営資源を使ってユニークな震災対応を行ってきており，本稿の4つのケースを横断的に読み込み，比較検討するとともにそうした本ケース以外の事例も活用することで，有意義なディスカッションが展開できるだろう。

これまで日本の経営学研究や教育において，こうした「企業と社会の諸問題にかかわるビジネス・ケース」の蓄積は，必ずしも十分なものであったとは言えない。今回の各ケースを通して，震災という有事における企業のあり方を検討し，また研究・教育面での基礎を固める上で貢献していけることを願っている。

今回この調査研究にあたっては，各社のCSR担当者ならびに現地担当者の方々には，通常業務に加え震災対応等でお忙しい中貴重な時間を割いて頂き，われわれのインタビューに快く対応して頂いた。また本研究は，企業と社会フォーラム（JFBS）2011年度研究助成ならびに高崎経済大学特別研究助成金Bの援助を得ている。この場をお借りして深く御礼申し上げる。

ヤマトホールディングス株式会社

1. ケース概要

　ヤマトグループは，東日本大震災発生直後からの短期的な取り組みとしての「復旧活動」と中長期的な取り組みとしての「復興支援活動」の双方で社外から高い評価を受けた。その中でも特に大きな支持を集めたのが，同社「復興支援プロジェクト」における「救援物資輸送協力隊」と「宅急便1個につき10円の寄付」の取り組みである。前者は，宮城・岩手などのセールスドライバー（SD）たちによる自主的な動きから本社が追認する形で制度化したユニークな取り組みである。本来業務外の目的で営業車両を使うという権限違反にあたるSDたちのこうした行為がなぜ生み出され，またこれらをどのように評価すべきなのだろうか。さらに，後者の「宅急便1個につき10円寄付」の取り組みは，日本の民間企業の震災復興支援の中でも最大級のものであり，ヤマトグループの連結純利益の約4割を占める大規模な支援額となっている。こうした意思決定はどのように社内で行われ，またステイクホルダーからはどのような反応があったのだろうか。本ケースでは，ヤマトグループにおける短期，中長期での震災への取り組みを概観し，とくに上記2つの取り組みに焦点を当ててまとめていく。

2. 企業概要と CSR 活動の特徴
　　（および震災対応の背景となる活動の特徴）

　ヤマトグループの事業は，宅急便やクロネコメール便を中心とするデリバリー事業（「宅急便」はヤマト運輸によって1976年1月に開発された個人貨物輸送ビジネスで，ヤマトホールディングスの商標である）と，ホームコンビニエンスなど

のノンデリバリー事業に大別することができる。2011年3月時点でグループ社員数は17万人を超え，宅急便取扱個数13億4,800万個，クロネコメール便23億1,200万冊で，デリバリー部門の営業収入は9,956億円，グループ全体で1兆2,365億円である。

　2010年度における日本国内の宅配便市場シェアは，ヤマト運輸42％，佐川急便37％，郵便事業11％，福山通運4％，西濃運輸4％，その他2％となっており，長年ヤマト運輸はトップシェアを保ち続けている。2012年3月末には，ヤマト運輸の「宅急便」は年間約14億個の取引量を達成し，後述するように「宅急便1個あたり10円寄付」への取り組みによって，被災地支援として民間企業としては最大級の142億円の寄付を行っている。

　2019年に創業100周年を迎える同社では，「アジアNo.1の流通・生活支援ソリューションプロバイダー」として，ソリューション力，配送品質，顧客満足ともにアジアでダントツ（DAN-TOTSU）の地位を獲得すべく上海，シンガポール，香港，マレーシアなどへの事業展開も加速させている。

　このヤマト運輸は1919年に小倉康臣により創業されているが，1931年に制定された社訓（一．ヤマトは我なり　一．運送行為は委託者の意思の延長と知るべし　一．思想を堅実に礼節を重んずべし）は現在でもヤマトグループの"憲法"として，全社員に共有されるところとなっている。中でも「ヤマトは我なり」はヤマトグループで最も重視される精神であり，社員1人ひとりが会社を代表する者（経営者）として意識し，顧客や社会に接する責務を担うべき存在であることを示すものである。東日本大震災においても，この「ヤマトは我なり」を体現した出来事として，被災地における社員たちが会社の指示を受けずに自発的に救援物資の無償輸送を自治体に申し出たこと（後の「救援物資輸送協力隊」）が注目を集めた。

　また時代を遡れば，宅急便事業を生み出したのは2代目の小倉昌男である。小倉昌男の数々の功績は既に知られているが，本ケースに関連するところで言えば，1993年9月に小倉によって設立されたヤマト福祉財団について触れておく必要がある。小倉は，当時保有していた300万株のうち，200万株（時価総額

にして24億円)の提供と,ヤマト運輸から寄付された5億円を基本財産として,その金利や株式の配当金により障がい者への支援活動を行うために同財団を設立した(2001年には残りの100万株も財団に寄付)。財団の設立以来,その目的は障がい者支援活動に限定されてきたが,後述するように,今回の東日本大震災の震災復興にかかる指定寄附金制度の活用をめぐって,このヤマト福祉財団が重要な役割を果たしている。

3．ヤマトHDの東日本大震災における短期的な取り組み

東日本大震災発生当時,ヤマト運輸本社では,労使トップによる団体交渉が行われていたが,震度5の強い揺れを受けて,労使合意の下で交渉を中断し,「災害対策連絡会」に切り替えた。この後,2007年に策定した「本社地震対策マニュアル」に基づき,午後3時には木川 眞社長を本部長とする「地震対策本部(東北地方太平洋沖地震対策本部)」を設置した。同本部では,社員の安否確認,荷物の保全,施設の保全,業務復旧という事前に策定された順序で対応を開始したが,東北6県の1支社6主管支店において連絡が取れないことが明らかとなった。3/11の午後7時には北海道と東北6県を発着する荷物の荷受け中止を決定した。3/11の午後8時時点では東北6県のヤマト運輸およびグループ会社を合わせた11,200人の社員の安否は不明であったが,翌日12日の午後6時には9,528人が確認され,31日の午後6時には1名を除く11,199人が確認されている。

この他,震災当日より社内救援物資の調達と供給が順次行われ,日々刻々と変化する被災地からの物資ニーズに対応するために生み出された,分かりやすい表現による「コレ欲しいリスト」と本社からの「コレ送ったリスト」は混乱期における意思伝達には効果的であった。

3/15には,「事業継続対策本部」が設置されている。これは,被災地以外の地域における事業を円滑に継続させるためのものであり,東京電力福島第一原子力発電所の事故に伴う首都圏での計画停電への対応や燃料不足に伴う給油へ

の対応，社員の通勤への対応などが主なミッションであった。この機能分化により地震対策本部は被災地域の復旧に専念できる体制が整ったといえる。

　3/17には，「営業再開プロジェクト」が開始されている。これは，震災直後から北海道と東北地方を発着する荷受けを停止し，12日には千葉・茨城も中止となっており，被災地での一日も早い営業再開が喫緊の課題であったことを受けてのものである。同プロジェクトでは，寸断された道路網，燃料不足による車両の機能不全を受けて，「直営店での引取・持込」のみ再開という考え方を初期の段階で導入し，3/25には岩手・宮城・福島の集配再開（一部）を果たしている。

　実は，こうした本社レベルでの迅速な対応が行われる中で，現場レベルの動きも同時並行的に，かつ本社との連絡が行われずに進行していた。それが，後に「救援物資輸送協力隊」と呼ばれる，現地社員が自主的に被災地における救援物資を無償で避難所まで運ぶという活動である。気仙沼支店の副支店長である荒木修造氏は，当時の現場の状況を次のように振り返っている。

> 避難所暮らしのセールスドライバーから「救援物資が避難所に来ない」という声があがりました。そこで市役所に電話し，人手がなければ手伝いますが…と申し出たのですが「人手は足りています」と言われて。（中略）今度は防災センターに電話すると，「手伝って欲しい」という返事でした。そこで，副島主管支店長，気仙沼支店の小山田支店長と一緒に市役所に出向いて，協力を申し出ました[1]。

　宮城県気仙沼市だけでなく岩手県釜石市においても，ヤマト運輸の現地社員が市役所に申し出て，自社のトラックを使ってボランティアで集積所の物資を分類し，在庫管理するという「自主的な」行動が見られている。気仙沼市では3月12日頃から始まっており，こうした自主的な活動は本社・支社に相談されることなく，ほぼ現場独自の判断でなされていた。こうした自主的な動きに対

---

(1) ヤマトホールディングス（2012）p. 10.

して，ヤマトホールディングスの木川 眞社長（震災当時はヤマト運輸社長）は次のように語っている。

> 現場判断で会社の車を使い，上司の承認も得ず，勝手にことを運ぶ。しかも無償で。これはね，ふつうの会社なら，権限違反なんです[2]。

しかし，こうした現地社員の自主的な行動に対して社長の木川は感動し，ヤマト運輸本体として全面的に支援することを決定する。3月23日には，組織的な支援制度として全被災地に適用できるように設計された「救援物資輸送協力隊」が誕生している。この救援物資輸送協力隊とは，本社から派遣した「隊長」の指揮の下で現地社員と全国からの応援社員が，集積所の水・衣類・食糧などの救援物資を仕分けし，各避難所や施設へ配送する仕組みである。同社では，営業再開プロジェクトでの人員配備の他に，全体として500名の人員と200台の車両が稼働できる仕組みを構築していた。

表1にあるように，3月12日頃から自主的に始まった動きは，3月23日に会社としての制度化へと結びつき，震災直後の混乱が収束してきた4月11日からは県・トラック協会との協議の下で有償サービス化に移行している。この有償化は，ヤマトの無償協力が現地の物流会社の仕事を奪ってしまう可能性を懸念したためである[3]。また現地ロジスティクス作業においては，自衛隊の協力の下で行われていたが，4月以降の自衛隊撤収に伴い，人員体制の確保が必要と

---

(2) 糸井・ほぼ日刊イトイ新聞（2011）p. 11。
(3) 木川社長は糸井重里氏とのインタビューにおいて次のようにも語っている。「（救援物資輸送協力隊は）当座，2週間と言っていたんです。でも2週間で終わるはずもないし，ニーズがある間はやろうという気持ちでした。もちろんフルボランティアで。ところが，フルボランティアということを発表しようとしたら，同業者からえらく怒られました。気持ちはわかるんですよ。地元にある中堅中小の同業者は被災者でもあるし，彼らも復興しないといけない。国とか地方自治体からもらえるはずの対価を，ぼくらが奪っちゃいけないんです。ですから，県とか市町村からお金が支払われる段階になったら，ぼくらは退こうと言っていたんです。そして，いよいよお金がでるようになったので，退こうと思ったら，後を引き受けたいという業者があらわれないんですよ。（糸井重里・ほぼ日刊イトイ新聞2011）」

表1　救援物資輸送協力隊の活動内容の変化

段階時期	フェーズ1 →	フェーズ2 →	フェーズ3
	3/12～3/22	3/23～3/31	2011.4～2012.1
特徴	現場の自然発生的な活動が開始	救援物資輸送協力隊を結成し、会社として全面支援	有償化による、現地の雇用創出へ
岩手県	・県産業経済交流課に輸送協力を申し出（3/15） ・トラック協会を通じての正式要請を受諾（3/21）	支援場所：3市1町・約108避難所 平日平均稼働：輸送34人、ロジ23人、車輌45台	有償化：4/11 収束：8/31
宮城県	・県災害対策本部へ輸送協力を申し出（3/14） ・県・トラック協会・同業他社などと役割分担を決定（3/16）	支援場所：6市3町・約207避難所 平日平均稼働：輸送42人、ロジ5人、車輌21台	有償化：4/9 収束：1/15
福島県	・県支援物資担当へ輸送協力を申し出（3/17） ・輸送協力を開始（3/22）	支援場所：約30避難所 平日平均稼働：輸送10人、車輌7台	4/16で福島県内の活動終了 →その後は宅急便化

出典：ヤマトホールディングス（2012）をもとに筆者作成。

なったため，ヤマトグループの人材派遣会社であるヤマト・スタッフ・サプライを通じて現地採用を進め地元雇用の創出にも貢献している[4]。

この救援物資輸送協力隊は，2012年1月15日まで実施された（岩手県内は，2011年8月31日まで。宮城県内は1月15日まで）。

4．ヤマトグループの東日本大震災における中長期的な取り組み

ヤマトグループにおける中長期での主な震災対応をまとめたものが表3であ

---

(4) 気仙沼市総務部危機管理課の三浦　稔主査は，現地での救援物資輸送協力隊との10カ月間を振り返り，「特に印象的だったのは，素人だった80人（の現地雇用者）がヤマトさんの育成でみるみるプロになり，6月には彼らだけで現場を仕切っていたことです。何万という在庫を管理しつつ，被災者への気配りも欠かせない完璧な仕事ぶりでした」と述べている。

表2 ヤマトグループにおける短期的な取り組み

	対応	内容
3/11（金）	「東北地方太平洋沖地震対策本部」を設置	1時間毎に会議を実施し，情報収集と全体判断にあたる
3/15（火）	「事業継続対策本部」を設置	・岩手県内への社内救援物資輸送を開始 ・燃料確保の働きかけのため国交省訪問
3/17（木）	「営業再開プロジェクト」の立ち上げ	被災地域での宅急便サービスの営業再開支援を開始
3/18（金）〜3/27（土）	↓	・青森・秋田・山形の営業再開（直営店での引取・持込のみ）（3/18） ・岩手・宮城・福島の営業再開（直営店での引取・持込のみ）（3/21） ・青森・秋田・山形の集配再開（全域）（3/23） ・岩手・宮城・福島の集配再開（一部）（3/25） ・東北地方での集配再開に伴い，テレビCMを再開（3/27）
3/23（水）	岩手・宮城・福島の各主管支店内に「救援物資輸送協力隊」を設置	各自治体との連携を取りながら，救援物資を各地の避難所・集落，病院・養護施設などへ配送
3/31（木）	東北地方太平洋沖地震対策本部事務局を復興支援プロジェクトに移管	翌日4/1に木川社長より「復興支援プロジェクト」の発表

出典：ヤマトホールディングス（2012）をもとに筆者作成。

る。ヤマトグループでは，2011年4月に入ると，それまでの「復旧段階」から「復興支援段階」へと対応をシフトさせている。同月に発足された「東日本大震災復興支援プロジェクト」では，大きく3つのアクションが策定された。第1に，前月から社内で開始している「救援物資輸送協力隊」の展開。第2に，「被災地の復興支援のための宅急便1個につき10円寄付（以下，宅急便10円寄付活動）」の取り組み。これは，「宅急便ひとつに，希望をひとついれて。」というキャッチフレーズが付けられた。第3に，社員全員が参加できる全社運動として，ボランティア活動，節電うちわと打ち水活動，ベルマーク収集活動などである。

この中でも,「宅急便10円寄付活動」は,民間企業が拠出できる寄付額の限度を大きく上回るものであり,後述するように国内外から大きな注目を浴びることとなった。この事業は,これまでの35年間宅急便事業を支えた東北地方の水産業・農業に対しての「恩返し」として位置づけられており,同地域の水産業・農業の再生と,その地域の生活を支える病院や保育所などの社会的インフラの復興を目的とした使途を明確化したプランであった。こうした目的から,大きな額を一度に送るのではなく,年間を通じた継続的な支援を目指した点も特徴である。具体的には,サイズ・運賃などにかかわらず「国内の宅急便1個につき10円を寄付する」ものであり,運賃表はそれまでと同様である。寄付の期間は,2011年4月～2012年3月の各月ごとの宅急便取扱い個数に基づいた寄付額を翌月に寄付するモデルである。注目すべきは,4月7日のプレスリリース時には,最終的な形となったヤマト福祉財団を通した寄付モデルとしては想定されていない点である(これに関しては後述)。

同事業の意思決定は,2011年3月31日頃に木川 眞社長を中心に行われ,翌日のグループ幹部を前にしたヤマトホールディングス社長就任の挨拶において構想を発表している。この木川社長の意思決定にあたっては,当時の動きを知る同社CSR担当の小坂正人氏が次のように語っている。

> これは救援物資輸送協力隊の動きとも関連してくるのですが,現場が自発的に世のため人のために動き,会社としてのあるべき姿を示したことに対して,どうにかして会社も応えなければいけないということを木川が思っていたんです。(中略)被災地の現場を見て,本当に今言われているような(義援金の)金額で良いのか,もしくは一過性の,いわゆる義援金ブーム的なもので終わらせていいのかと思ったそうで,加えて,現地のそういった働き努力に対して会社としても一緒に働いているんだということを,現地の励みにするためにどういうメッセージを送れるかを考えたようです[5]。

---

(5) ヤマトホールディングスCSR担当 小坂正人氏へのインタビューによる(2011年10月20日)。

表3　ヤマトグループにおける中長期での主な取り組み

年・月	主な対応
2011年 4月	・「東日本大震災復興支援プロジェクト」発足 ・全社運動スローガン「みんなで一歩前へ」決定 ・「宅急便ひとつに，希望をひとついれて。」被災地の復興支援のための宅急便1個につき10円寄付のアイデアを経営層が決定，公表
6～8月	・ヤマト福祉財団が財務大臣より「指定寄附金」の指定を受け，寄付と助成申請の募集を開始（6月） ・「復興再生募金」第1次助成先が決定（8月）
10～11月	・「復興再生募金」第2次助成先が決定（10月） ・業績表彰式にて，震災時に人命救助などにかかわった社員を「ヤマト栄誉賞」として表彰（11月）
2012年 1月～3月	・12月度の宅急便取扱実績を受け，寄付金総額が100億円を突破（1月） ・「復興再生募金」第4次助成先が決定（2月） ・寄付金総額が142億3千万円を達成（3月）

出典：ヤマトホールディングス（2012）をもとに筆者作成。

　こうした木川社長を中心とする経営層の意思決定は，短期間に行われ「予算組みというより，何をすべきかを考えた結果」として，4月7日には同社ウェブサイトで公表されている。もっとも，宅急便1個につき10円の寄付を1年間継続すると前年度実績に基づけば，約130億円の寄付が行われることとなり，これはヤマトグループの連結純利益の約4割に相当する額となる。こうした前代未聞の意思決定に際して，経営層は株主からの反発（特に海外の機関投資家等）も一定程度想定したが，実際には株主総会などにおいて好意的に受け止められている[6]。

　図1は，「宅急便10円寄付活動」の最終的な模式図であるが，前述したように4月7日のプレスリリースの時点で，寄付金を公益財団法人ヤマト福祉財団を経由して被災地域の団体等に助成するモデルとして描けていたわけではなかった。このあたりの経緯について，上述の小坂氏は次のように語っている。

（6）　ヤマトホールディングス（2012）p. 45及び2011年度ヤマト福祉財団小倉昌男賞授賞式における瀬戸　薫会長への筆者のインタビューによる。

図1 「宅急便1個につき10円寄付活動」における「指定寄附金」の仕組み

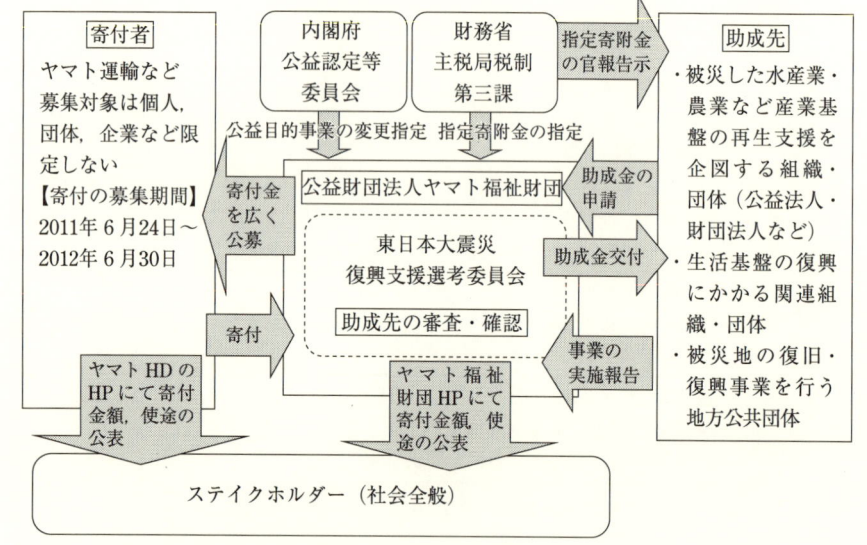

```
[寄付者]                                                      [助成先]
ヤマト運輸など        内閣府         財務省      指定寄附金     ・被災した水産業・
募集対象は個人,      公益認定等     主税局税制    の官報告示     農業など産業基
団体,企業など限      委員会         第三課                      盤の再生支援を
定しない                                                       企図する組織・
【寄付の募集期間】    公益目的事業の変更指定  指定寄附金の指定   団体(公益法人
2011年6月24日～                                                ・財団法人など)
2012年6月30日       寄付金  公益財団法人ヤマト福祉財団  助成金の  ・生活基盤の復興
                    を広く  ┌─────────────┐  申請     にかかる関連組
                    公募    │  東日本大震災        │           織・団体
                            │  復興支援選考委員会   │  助成金交付 ・被災地の復旧・
                    寄付    │  助成先の審査・確認   │           復興事業を行う
                            └─────────────┘           地方公共団体
ヤマトHDの                  ヤマト福祉     事業の
HPにて寄付                  財団HPにて     実施報告
金額,使途の                 寄付金額,使
公表                        途の公表

             ステイクホルダー(社会全般)
```

出典:ヤマトホールディングス (2012) p.44。

　正直なところ，3月31日に経営トップで構想を固めて翌日それを社内的に話し終えて，その後6日後にプレスリリースしたのですが，寄付に絡んで税金が発生するというのはリリース後に出てきた話でした。寄付するのはわかったけれども，寄付をどのようなスキームでするのかはその後考え始めて，そこで初めて，多額の税金が発生するかもしれないという話が出てきて，そこから知恵を出しあって，指定寄附金という制度があるらしいよということになったんです[7]。

　この話によれば，震災直後の混乱状況の中で宅急便を通した大規模な企業寄付というプランは生まれたものの，具体的な方策については「考えながら行動する」という半ば強引とも言える決定であったことが窺える。
　実際に，ヤマトホールディングスの役員と小坂は4月の中旬以降，1ヵ月半

（7）ヤマトホールディングスCSR担当 小坂正人氏へのインタビューによる（2011年10月20日）。

にわたり，週に数回のペースで財務省に出向き，粘り強い交渉と，ヤマトの活動を積極的に評価する応援団の存在によって，最終的には指定寄附金の制度適用による寄付金の全額無税が認められることとなった。従来は日本赤十字社や赤い羽根共同募金会などの公益性の高い団体にのみ適用されていた制度が，一民間企業の寄付活動に適用されたという事実は画期的である。ヤマトグループの寄付活動の公益性・公共性の高さが認知されたと言えるとともに，民間企業による新しい寄付のあり方が提示されたと言える。

　もっとも，指定寄附金制度によって寄付金が無税になると分かっても，この指定寄附金制度が活用されるためには，「宅急便10円寄付活動」からの毎月の寄付金を公益財団法人もしくは公益社団法人に寄付する形を取らなくてはならなかった。しかし，小倉昌男が1993年に設立したヤマト福祉財団は，"偶然にも"，2010年12月頃に一般財団法人から公益財団法人へ移行する申請手続きを行っていたのである。同財団は，2011年4月に公益財団法人へと移行したことで，今回の宅急便10円寄付活動は，ヤマトグループからの寄付金をそのまま同財団に寄付し，外部の第三者専門家で構成される「復興支援選考委員会（委員長：内田和成　早稲田大学教授）」の選定を経て，助成されることとなっている。

　2011年8月には9件の第1次助成先が決定（寄付額約41億円），同年10月には6件の第2次助成先が決定（寄付額33億8,800万円），同年12月には5件の第3次助成先が決定（寄付額22億200万円），2012年2月には4件の第4次助成先が決定（寄付額21億600万円）している[8]。同委員会では，「見える支援，速い支援，効果の高い支援を目指す」とともに，「単なる資金提供ではなく，新しい復興モデルを育てるために役立てていくことを目指す」という助成目標が掲げられている。具体的な支援事例として，第1次助成の助成先である南三陸町の「水産業基盤施設緊急復興事業」では，国などからの補助金が見込めない仮設魚市場の建設に対して3億6,500万円の助成が行われ，2011年10月24日に稼働開始となっている。

（8）　ヤマト福祉財団「東日本大震災　生活・産業基盤復興再生募金」ウェブサイト資料による。

5. 小括と問題提起

ヤマトグループのケースは、3つの点で非常に興味深いものである。

第1に、救援物資輸送協力隊の創出過程において見られたヤマト社員による、ある意味ルールを逸脱した行為ともいえる自主的・自発的な行動をどのように捉えればよいか、という点である。メディアではこうした現地社員による行動は、「現場力」という名の下に積極的な位置づけがなされることが多い。しかし、文中の木川社長の発言にもあるように、(ヤマトでは評価され好循環が生まれたが)通常はこうした社員の行動は権限違反であり認められるものではないだろう。今後、東日本大震災に類する大災害が発生した際に、こうしたルールの逸脱や自主的な判断による自発的な行動は、どのような場合において、どの程度許容されるものだろうか。また、救援物資輸送協力隊の4月以降の有償化のプロセスも、ヤマトのケースにおいては好意的に受け止められたが、場合によっては、ステイクホルダーからの予期せぬ反応や反発を招く可能性もあったのではないだろうか。こうした現地社員の自主的な判断による行動や、無償活動から有償事業への移行においては、大きな企業リスクを伴うケースも想定できないだろうか。

第2に、「宅急便10円寄付活動」による142億円の寄付の達成は、民間企業としては最大級のものであり、日本の企業寄付のあり方を変革する可能性を持つものであったが、これらはいくつかの"偶然"によって成り立っているようにも見える点である。例えば、財務省による指定寄附金制度の活用を認めるという特別の配慮(もしくは財務省に掛け合ってくれたヤマトの活動を支持する応援団の存在)や、公益法人化への移行を準備していたヤマト福祉財団の存在などである。こうした偶然性はどの程度"必然性"を帯びたものであり、またこうした偶然性を引き寄せるためにはどのような戦略や方策が考えられるのだろうか。

第3は、社会貢献活動と社会的事業の捉え方に関してである。「宅急便10円寄付活動」は単なる社会貢献活動(142億円の寄付活動)としてだけでなく、本

業を通した社会的課題の解決を目指した社会的事業としても位置づけることができるが、場合によっては「こんな状況下で、ただのマーケティングだ」と否定的な見方をされる可能性はなかっただろうか。実際に、同社の広報を担当した丹澤氏はそうしたある種の恐怖心を抱えながら「宅急便ひとつに、希望を入れて。」という新聞広告を発表したという[9]。結果として好意的に見られたヤマトの場合と、否定的に見られる企業の場合の差異は、どのような点にあると考えられるのだろうか。

〈主要参考文献・ウェブサイト〉
ヤマトホールディングス（2012）『東日本大震災の記録』ヤマトホールディングス株式会社およびヤマト運輸株式会社作成の社員向け冊子
糸井重里・ほぼ日刊イトイ新聞（2011）『できることをしよう。ぼくらが震災後に考えたこと』新潮社
ヤマト運輸ウェブサイト　http://www.kuronekoyamato.co.jp/top.html
ヤマト福祉財団「東日本大震災　生活・産業基盤復興再生募金」ウェブサイト
　　http://www.yamatowf-saisei.jp/index.html

〈インタビューおよび研究会実施日〉
① 2011年10月20日（木）16：00〜17：30
　　対応者：小坂正人氏（ヤマトホールディングス株式会社 CSR 担当）
② 2011年11月25日（金）JFBS「震災と企業」研究会 17：10〜19：00
　　報告者：小坂正人氏（ヤマトホールディングス株式会社 CSR 担当）
③ 2012年2月29日（水）18：00〜19：30
　　対応者：荒木修造氏（ヤマト運輸宮城主管支店　気仙沼支店副支店長）

---

(9)　糸井・ほぼ日刊イトイ新聞（2011）p. 38。

三井物産株式会社

1. ケース概要

　三井物産では，震災発生直後から復興支援チームを形成し，過去の大規模災害の経験とこれまでのネットワークを活用して，震災復旧支援にあたるNPO/NGOに対して迅速に義援金を拠出した。また宮城県南三陸町に寄贈したソーラーLEDランタンや食料品などの物的支援もスピード感を持って行われている。

　中長期的な対応としては，同社における国内の本業を活用する形で，メガソーラーなどの再生可能エネルギー事業，水産業事業などが模索されているが，グループ子会社で展開してきたカーシェアリング事業が，被災地の石巻において復興支援グループ向けに展開されている。

　本ケースでは，三井物産における短期的，中長期的な震災への取り組みを概観し，とくに中長期的な取り組みとしてのカーシェアリング事業の創出プロセスやその事業の社会的意義について考える。

2. 企業概要とCSR活動の特徴
　　（および震災対応の背景となる活動の特徴）

　三井物産では2010年度に，それまでCSRを担当していた「CSR推進部」を改組している。CSR経営は経営企画部が，社会貢献活動は環境・社会貢献部がそれぞれ担っている。この改組により，三井物産ではCSRを経営の中枢に組み込んでいく体制が整ったと言える。

　また，同社のCSR経営を表す言葉として2006年から用いられている「良い仕事」がある。これは，多種多様な事業をグローバルに展開する三井物産とし

て，全社員が共有すべき価値観を示した言葉であり，旧三井物産創業から130周年を迎えた2006年に「原点から未来へ良い仕事」と名付けられた全社的な運動から生み出されたものである。なお，このスローガンは，海外においても「Yoi-Shigoto」とそのまま使われている。

この「良い仕事＝Yoi-Shigoto」について，同社経営企画室の田中幸二氏は次のように述べている。

> 総合商社はさまざまなビジネスを世界中で手がけています。ビジネス領域がグローバルになればなるほど，取扱商品が多種多様になればなるほど，多種多様な人材がいればいるほど，全社員が理解しやすい価値観が必要です。違う部分が多々あれども価値観が共有されていれば，ひとつのベクトルに向かって進んでいくことができます。今後も「良い仕事」という言葉を使ってCSRの浸透を図っていきます。ただし，CSRにはゴールがありません。言い続けることが重要だと思っています[1]。

ここで言う「良い仕事」とは，本業を通じて社会に価値を提供することであり，それは具体的には(1)世の中にとって役に立つ仕事であり，(2)顧客や取引先にとって有益な付加価値を生み出している仕事であり，そして(3)社員１人ひとりのやりがい・納得感につながる仕事でなければならないということである。

世界各地で事業を展開する三井物産では，環境問題への事業活動を通したかかわり方（環境関連ビジネス）を同社「環境方針」の行動方針に組み込み，CSR経営の重要課題の１つとして位置づけている。

この環境関連ビジネスは，太陽光発電や風力発電などの再生可能エネルギー関連事業，資源リサイクル事業，モーダルシフト，植林事業などを主なものとしており，この他に低燃費・低公害車を活用したカーシェアリング事業の推進なども含まれている。同社のこのカーシェアリング事業を通した被災地復興支援については，本章４．において見ていく。

（1） 凸版印刷株式会社「TOPPAN idea note」，JAN. 2012 vol. 57, p. 8

3．三井物産の東日本大震災からの復旧に向けた短期的な対応

　三井物産では今回の東日本大震災にあたり，緊急対応として①BCP対応，②本業を通じた支援，③社会貢献活動の3点に取り組んでいる。まず，①については，グループ社員の安否確認／安全確保，事業再開・継続に向けた初期対応，顧客や取引先の状況確認等である。②については，本業を通じてガスタービン，合成樹脂等の緊急調達を実施した。ここでは商社の持つ強みをいかに生かすかを念頭に支援が進められている。③社会貢献活動については，総額で約10億円以上の義援金の拠出，ソーラーランタン等の物品支援，ボランティア等の人的支援が施された。ここでのポイントは，支援対象を幅広く設定し柔軟にスピード感を持って活動することであった。

　この緊急時の社会貢献活動に関して言えば，同社には「大規模災害発生時の当社災害支援ガイドライン」とよばれる，かつてのスマトラ沖地震や中越沖地震の際にも適用されたものがある。これは，通常の社会貢献活動に必要とされる稟議制度にもとづく意思決定を，一定の条件下において，担当メンバー5名の合議によって，スピード感ある復旧支援体制を構築できるように定められたものである。今回の東日本大震災においては，その被害の甚大さと緊急支援度の高さが過去の比ではなく，これまで以上の迅速且つ広範な対応が必要であった。

　このような状況下において，同社環境・社会貢献部長の青木雄一氏はこれまでの危機対応の経験に基づき，3月11日の震災当日の夕刻に，緊急災害支援を専門とするNPO法人ジャパンプラットフォーム（以下JPF）へ1千万円の寄付を行うことを通知している。この震災当日の寄付に関する意思決定について，同氏は次のように述べている。

　　社会貢献として1千万円をジャパン・プラットフォームに出すことに決めたんです。その日の夕方5時くらいには決めて通達したんです。お金は，明日，

月曜になるのかいつになるのかはわからないけれども,何しろ1千万円という予算はあなた使えますよ,という連絡を金曜日の夕方5時ぐらいにしたんです。これはなぜかというと,従来からこういう類のことが起きたときに,ジャパン・プラットフォームに予算的なものが最低限あるかないかで,彼らの動き方が全然違うわけです(2)。

NPO／NGOは,一般的には,大災害が発生するとウェブサイトなどを通じて寄付を募り,そこで集まってきた金額を予算化して支援活動を開始するが,今回こうした時間の要する手続きを経る余裕がないと青木氏は判断し,1千万円の寄付の話を支援先のNPOに連絡を入れている。続けて次のようにも語っている。

NPO,日本中のNPOの初動が遅れるわけです。それは良くないだろうと。なにしろNPOが動き始めることが重要で,即刻動いてもらうためには今1千万円というのを,ぽっと伝えるのが一番いいねという,そういう判断だったんです(3)。

こうした同氏の判断は,同社の過去の危機対応の経験から生み出されたものであり,国内外のNPO/NGOの役割や行動パターンを熟知しているが故の決定であった。

4．三井物産の東日本大震災における中長期的な取り組み

三井物産では東日本大震災における本業を通した中長期の対応として,社内横断的な対応を可能とする全社組織の必要性が議論され,経営企画部を中心とするチームが構築された。そこでは当初より復興支援事業に求められる要件として,被災地の復興や雇用の創出に資することと,持続可能な事業であるとい

---

(2) 青木雄一氏へのインタビューによる (2011/10/27)。
(3) 青木雄一氏へのインタビューによる (2011/10/27)。

う点が挙げられていた。復興支援事業とはいえ，持続可能な事業とするためには，事業会社をはじめとする各ステイクホルダーに最低限の収益がもたらされることが必要という考え方で進められている。

もっとも社内においては，当面の間収益を上げない赤字事業であっても，復旧・復興に向けた足がかりとなるような事業も必要であるという観点から，こうした採算の取りにくい事業は，持続可能性を前提とした本業を通じた対応ではなく，社会貢献活動の一環として位置づけて検討することもなされていた。さらに，従来のビジネス慣行の延長線上で復興支援事業を捉えるのではなく，過去の常識や経験に囚われない新たな発想や創造を目指すことも共有されていた。

このような復興支援事業に関する社内方針が決まっていく中で，同社では，再生可能エネルギー事業，水産加工業，カーシェアリング事業などが案件として展開されているが，本節では2011年10月から石巻市で開始している「石巻みんなのクルマ」カーシェアリング事業（以下，「みんなのクルマ」事業）について見ていく。

三井物産では，従来の資源部門への偏りから脱却し，自動車やサービス事業などの非資源部門の強化を目指す中で，自動車・建機事業本部において新たに

図1 「石巻みんなのクルマ」告知資料

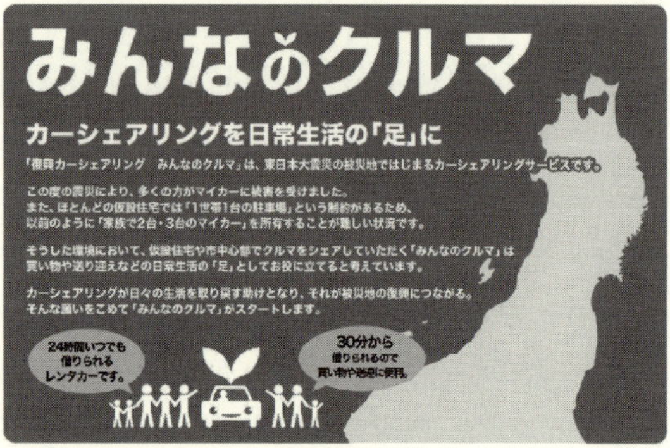

出典：Careco（カレコ）ウェブサイト。

カーシェアリング事業が生み出されている。

　そのような背景のもと，三井物産が2008年8月に完全子会社を作って生み出されたものがカーシェアリングジャパン（以下CSJ）である。CSJは，2009年1月から事業開始しており，若者の車離れに象徴されるように「所有から利用へ」といったニーズを汲み取り，一都三県を中心に急速に事業を拡大している。2012年4月時点で，1都3県の441ステーションに518台の車両を配備している。

　カーシェアリング事業は，会員間で車を共同利用するシステムで，1980年代後半から環境負荷の低減を目的としてスイスで注目を集めるようになり，近年ではスイス政府がエネルギー政策の一環としてカーシェアリングを推進している。アメリカでは，ベンチャー企業のZipcar（ジップカー）がカーシェアリング事業で躍進し，2011年にはナスダック上場を果たしている。

　このカーシェアリングの特徴は，1台の車を特定・複数の利用者に貸し出す会員制のサービスである点であり，これが1台の車を不特定多数の利用者に貸し出すレンタカーとの違いとなっている。この他の特徴としては，会員が持つICカードや携帯電話によって車のドアロックを解除できるため，ステーションは無人営業が可能となり，レンタカー事業に比べて人件費などのコストが低く抑えられる点である。その反面，利用者が車を共有財産として認識する必要があるため，利用者のマナーが求められる事業でもある。現在のカーシェアリング業界には，約30社が参入しているが，CSJの「Careco（カレコ）」の他に，オリックスレンタカーの「オリックスカーシェア」，タイムズ24の「タイムズプラス」が会員数と車両台数で上位を占めている。

　カーシェアリング事業にとって車両以外に必要不可欠なのは駐車場であり，大手3社のうちの1社であるタイムズ24は，本業の駐車場事業の延長線上にカーシェアリングを位置づけるのに対し，三井物産の場合は一般の月極駐車場や三井不動産リアルティが運営する「三井のリパーク」などのコインパーキングにもステーションを展開している。

　またCSJは，三井不動産レジデンシャルなどの不動産デベロッパーと提携し，マンション居住者向けのクローズド型のカーシェアリング事業も展開して

いる。この他にも，三井グループの「三井アウトレットパーク」「ららぽーと」に買い物に行く時に，CSJのカーシェアリング車輌で行くと駐車場が無料となるサービスもシーズン毎に試みている。CSJは，三井グループ各社と提携しカーシェアリング事業を展開できる点が，他社との差別化要因となっており，走行距離に応じた植樹活動およびカーボン・オフセットの取り組み等の会員囲い込み策が奏功し，事業上の競争優位となっていると考えられる。

　図2は日本のカーシェアリング会員数と車両台数の推移を示したものであるが，2011年度あたりから急速に会員数と車両台数が増加しており，2012年1月時点で，市場全体の会員数は16万人を超え，車両台数も6千台を数えている。日本のカーシェアリング市場は，市場を創造し裾野を広げている勃興期の段階にあるが，2014年には会員数37万5千人，車両台数2万5千台にまで成長すると予測されている[4]。

図2　日本のカーシェアリング会員数と車両台数の推移

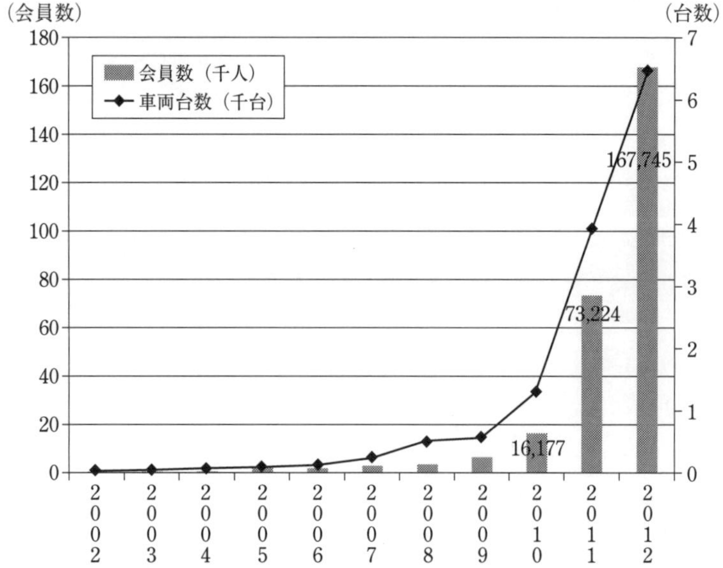

出典：交通エコロジー・モビリティ財団。

表1 カーシェアリングとレンタカーの違い

	CSJのカレコ	レンタカー
貸出方式	無人（携帯電話・ICカード）	有人（店舗）
貸出場所	自宅近く	駅前店舗
料金（保険・免責込み）	130円～／10分 3,900円～／6時間 4,700円～／12時間 6,100円～／24時間	6,300円／6時間 6,300円／12時間 7,875円／24時間
利便性	24時間，携帯で簡単利用 ガソリン満タン返し不要	店舗営業時間のみ 都度のガソリン満タン返し
マナー	自身で清掃，ゴミ持ち帰り	店舗スタッフが対応

出典：CSJ提示資料による。

　さて，三井物産グループのCSJのカレコの特徴は，①維持費がかからず，利用した分料金だけで済む「経済性」，②24時間いつでも最低30分から10分単位で利用できる「便利さ」，③予約から利用まで携帯電話やパソコンで可能な「簡単さ」，等が挙げられる。表1は，CSJのカレコと一般的なレンタカーを比較したものであるが，6時間以上の利用が基本となっているレンタカーに比べると，短時間での利用においてカレコが安くなっており（逆に12時間以上の利用になるとメリットが少なくなる），iPhoneなどの携帯電話をかざすだけで利用できる利便性も魅力となっている。

　CSJでは，2011年10月より，「自社のカーシェアリング事業を被災地でも役立てることができないか」，という想いから，東日本大震災の被災地の中でも最も被害の大きかった宮城県石巻市において復興カーシェアリング事業「みんなのクルマ」を開始している。そもそも，震災発生後は，被災地における交通機能が失われた結果，東京などからレンタカー事業者の車両が多数送り込まれて被災地の復旧・復興に用いられていた。しかし，長期にわたってレンタカー

（4）　富士キメラ総研資料による。

を借り続けることの経済的負担が現地でも課題となり，そうした背景のもとに上記のCSJの社員たちが自分たちのクルマを使ってはどうか，という発想に至っている。

　この「みんなのクルマ」事業の開始時は，現地でのアンケート調査に基づき，まずは石巻における「被災者」および「被災者を支援する人々」向けのサービスとして想定していた。開始当時は，「石巻駅前第1ステーション」に4台，約1,200戸の仮設住宅団地のニーズを考慮して「石巻開成第1ステーション」に3台，合計7台を配備して事業を開始した。しかしながら，2011年10月頃までに，義援金の普及とともに，生活で本当に車が必要な被災者のほとんどは自家用車を入手し始め，運営開始から3か月後の2012年1月からは，メインユーザーが「被災者を支援する人々」にシフトしたことを考慮し，車輌の配置変えと地区ごとの車両数の変更を行っている。具体的には，石巻駅前に6台，開成地区に1台，大街道西に1台，鹿妻南（かづまみなみ）に1台に変更された。この車両配置変更により，こうした支援者たちはレンタカーを長期間数台借りて，仮設住宅を回るスタイルから，その場その場でカーシェアリングを利用して支援を行うスタイルに変化しているという。こうした石巻における利用者ニーズは日々刻々と変化するため，CSJの首都圏第二営業推進室の田村氏は週に1回は現地でのニーズ調査に入っている。

　ところで，この「石巻みんなのクルマ」事業を数ある被災地の中でも石巻を選定した理由はどこにあるのだろうか。三井物産の望月大史氏は石巻の選定理由について次のように述べている。

> 一般論として，東京の会社が被災地に行って復興支援をしたい！　というのは自己満足に陥りがちなんですね。私たちは被災した方々のために何か貢献したいという想いがあり，カーシェアリングをやっているので現地で始めようとの発想にはなりますが，実際始めようとすると，もともと自家用車保有率の高い東北地方では，「カーシェアって何？」というところから始める必要があります。東京にいるとどうしても現地の生の声が聞こえないのが現状で，一方的な復興支援を避けるためには，現地の生の声を伝えてくれるパー

トナーが必要でした。そういう状況下で，三井物産のネットワークにおいて，現地の生の声を伝えてくれたNPOの方々がいらっしゃったのが石巻だったんです[5]。

望月氏によればこれまで同社と関係を構築していた信頼できるNPO，例えば，ジェン（JEN）や石巻復興支援ネットワークなどが同市で支援活動を展開していたことが決め手であり，こうしたNPOの支援パートナー抜きには同事業の展開は困難であったと指摘する。そしてそもそものこの事業の創出の経緯について，同氏は次のようにも語っている。

実は震災の初日に，CSJの内部でも「カーシェアリングが役立てるのにどうしたらいいんだろう」という声が挙がっていたそうです。三井物産としても，実業を通じてどういった支援ができるか試行錯誤していた。そのタイミングで，他のところから，「三井物産さんカーシェアリングやってますけど何かできませんか」というお話を頂いたんですね。それは具体的に言うとかつて社員の1人が中越地震の際に復興支援ボランティアに行った時に作った人間関係で，石巻のNPOの方々を紹介して頂き，最終的に石巻でのカーシェアリングに至ったというわけなのです[6]。

つまり，この「石巻みんなのクルマ」事業の創出のポイントは，①三井物産やCSJの社内においても「カーシェアリングを使って支援できないか」という自発的な声が挙がっていた，②三井物産の社員の中越地震におけるボランティア経験が，現地のNPOとのネットワークを構築していた，③現地NPOも三井物産のカーシェアリングを活用できないかという想いを抱いていた，という3つの要因であり，これらが有機的に結びついたことで当事業が創出されたことになる。

さらに言えば，この事業は当時石巻とのルートや人脈を持たなかったCSJ

（5） 望月大史氏へのインタビューによる（2012/4/4）。
（6） 望月大史氏へのインタビューによる（2012/4/4）。

表2 「みんなのクルマ」利用料金

(単位:円)

プラン名称	車両エリア	時間料金					距離料金
		10分	6時間パック	12時間パック	24時間パック	夜間パック	1km毎
特別プラン	石巻	50	1,800	3,600	5,000	2,000	15
一般プラン	石巻	80	2,880	4,500	6,000	2,500	15

出典:CSJ提示資料による。

単体では生まれなかったものであり、またCSJ単体で車両を石巻に運んで事業展開するほどの体力をCSJは持っていないという意味では、三井物産の総合的なネットワークを含めた経営資源を活かした事業創出ということができる。

この「石巻みんなのクルマ」事業は、三井物産グループによる復興支援事業として位置づけられるため、通常必要な会費は無料で、さらに利用料金も通常と比べて約1/4の料金で提供しており、この事業から利益を出すことは考えていないという。

表2は復興カーシェアリング「石巻みんなのクルマ」の料金表である。表中の特別プラン適用のためには、①被災証明書、②罹災証明書、③仮設住宅入居証明書、④NPO法人格証明書のいずれかを提示する必要がある。また、一般プランは、宮城県内に在住する個人および法人で専用申込書により申し込んだ場合に適用が受けられる。

実際のところ、社内の事業企画段階では「無料でやっても良いのではないか」という声も上がっていたというが、地元NPOとプロジェクトを進めていく過程において、「一部運営費用をご負担いただくことで、"みんなのクルマ"として大切にご利用いただき、また必要な時に必要な分だけご利用いただける理想的な形になるのではないか」との方針となり、事業開始前に実施した被災地におけるアンケート調査も参考に、低価格料金が決められている[7]。

---

(7) 事業開始前に仮設住宅でアンケート調査を行ったところ、1時間当たり300円程度であれば利用してみたいという声が浮かび上がってきたという。

また，こうした同社の「みんなのクルマ」事業は，カレコ事業全体のブランド強化につながると見る向きもある。同社が実施している利用者からのアンケート調査には，石巻での復興支援を好意的に見て共感する利用者も増加しているという。先述した望月氏は，この点について次のように語っている。

　　これは意図していなかったことですが，石巻でこういった取組みをやっていることが，結果的にCSJのブランド力強化につながり，東京での競争力アップに貢献しているんです。カレコって良いことしているんだねと言ってくれる人が多くなり，カレコをより使ってくださる動機づけになっているようです[8]。

三井物産のCSRの根幹をなす「良い仕事」とは，世の中に価値を提供する仕事であり，その価値の対価として結果的に利益が後からついてくるものだとされる。この「みんなのクルマ」事業が提供する価値がどのように被災地や社会全体で受け止められ，それがどのように最終的に本業に反映されるのかは長期的な視点が必要になるであろう。

5．小括と問題提起

　総合商社である三井物産にとって，震災に対して本業を通してかかわっていくことは必ずしも容易なことではなかった。しかしながら，石巻におけるカーシェアリング事業の展開において見られたように，当該事業の創出過程は総合商社ならではのものであったとも言える。
　以上の三井物産の震災対応においては，大きく分けて2つの点で興味深いものがある。
　第1に，震災からの復旧に向けた短期的な対応における意思決定である。同社では，3節で見たように，緊急時の社会貢献活動について，少人数での合議

---

(8) 望月大史氏へのインタビューによる（2012/4/4）。

を通じてスピード感ある復旧支援体制の構築に向けたガイドラインが定められており,今回の震災対応においてもその枠組みが活用された。今回の震災をめぐっては,このガイドラインの活用は有意義と考えられる。しかしながら,そのような同社においても,甚大な被害をもたらした東日本大震災の当日は,それら少人数の役職者でのコミュニケーションさえも容易ではなく,同社環境・社会貢献部長の青木氏のこれまでの危機管理の経験によって,震災当日のうちのNPOに対する金銭的支援の連絡が実現しえた。事前に想定しえない被害状況・混乱状態の中で,迅速な対応の可能性を担保するために,企業は,短期的な権限移譲をどの程度事前に定めておけばよいのだろうか。

　第2に,カーシェアリング事業に関するケースからは3つの興味深い点が観察された。

　1つ目が,新しい社会的事業や価値の創造という視点である。CSJの「石巻みんなのクルマ」事業の創出にあたっては,三井物産の社員が中越地震のボランティアの際に築いたネットワークが鍵となっていた。こうした企業ボランティアの活用は近年注目を集めているところであるが,これまで企業内にボランティア制度があってもほとんど活用されない場合や有効活用されない場合も多かった。企業は,新しい社会的事業を創造するために,ボランティア制度や既存の社会貢献活動の枠組みをどのように活用し,またそこでの経験を本業にどのようにフィードバックしていけばよいのだろうか。

　2つ目が社会的事業におけるミッションの変化への対応という視点,である。「石巻みんなのクルマ」事業の当初の目的は,被災地における「被災者」と「被災者を支援する支援者」の両方を想定するものであった。しかしながら,実際の事業活動を進める中で,被災者のニーズよりも支援者のニーズの方がより顕在化したことで,車両数や車両配置の変化を行うこととなった。これは通常の事業であればターゲットの変化にすぎないが,こうした社会的メッセージの強い社会貢献的な事業の場合,ターゲットの変化は,当該事業のそもそもの存在意義にもかかわる問題に発展する可能性がある。これは,言い換えるならば,事業の継続性と社会性をどのように両立させていくかという問いでもある。

3つ目が社会的事業の出口戦略という視点である。そもそもこうした企業による復興を目的とした中長期的な事業は，いつまで被災地において事業を展開すべきものなのだろうか。CSJの場合は，当初の目途としては，仮設住宅の居住者やそこにかかわる支援者のニーズを想定していたものであるため，2年間程度の事業活動を見込んで開始されている。しかし，カーシェアリング事業の特徴を考えると，どのような地域であってもカーシェアリングの概念が確立し普及するまでにはある程度の期間が必要であり，今回の石巻でも2年後にようやくこの新しい概念や仕組みが普及するかもしれない。また，阪神・淡路大震災においては，多くの企業が当該事業の経済合理性を失った際に撤退していく姿が見られていたが，今回の「石巻みんなのクルマ」事業はそもそも社会貢献的な発想で開始されている経緯もあり，経済合理性や事業性を基準として撤退することも容易ではないだろう。われわれは，企業が中長期的な視点で復興支援にかかわるという意味や意義をそもそもどのように理解すればよいのであろうか。

〈インタビューおよび研究会実施日〉
① 2011年9月16日（金）JFBS 第1回年次大会
　　報告者：青木雄一氏（三井物産株式会社環境・社会貢献部長）
② 2011年10月27日（木）16：30〜18：00
　　対応者：青木雄一氏（三井物産株式会社環境・社会貢献部長），田中幸二氏（三井物産株式会社経営企画部）
③ 2012年4月4日（水）13：00〜14：30
　　対応者：望月大史氏（三井物産株式会社自動車・建機事業本部マネージャー），田村裕介氏（カーシェアリング・ジャパン株式会社 首都圏第二営業推進室）
④ 2012年4月12日（木）15：30〜17：30
　　対応者：永渕富三氏（三井物産東北支社長），丸山芳仁氏（三井物産東北支社業務室長）

積水ハウス株式会社

1. ケース概要

　積水ハウス株式会社（以下，積水ハウス）では，東日本大震災発生後に「災害対策本部」を立ち上げ，震度5強以上の被災エリアにあった17万棟以上のオーナー訪問を実施し，復旧工事にあたった。震災発生の3時間後には水・食糧などの支援物資を被災地へ配送開始する等の迅速な対応がなされ，被災地から高く評価された。

　また中長期での取り組みでは，社団法人プレハブ建築協会（以下，プレ協）との連携による「仮設住宅の建設」や自社事業として制震システムを搭載した短工期で建設できる「復興支援住宅『がんばろう東北』」を提供するなど現地の復興に尽力してきた。

　本ケースでは，まず同社の企業概要や震災対応にかかわるCSR活動の特徴を押さえた上で，同社の中長期的な取り組みである仮設住宅の建設や，復興支援住宅の販売などに注目し，こうした事業活動の位置づけ方やその意義などについてまとめていく。

2. 企業概要とCSR活動の特徴
　　（および震災対応の背景となる活動の特徴）

　積水ハウスは1960年に創業された工業化住宅の建築請負，不動産分譲などを主たる事業内容とする住宅メーカーである。2010年度の住宅販売戸数は，43,317戸で，同年1月には創立50周年を前にして，累積建築戸数200万戸を達成し，住宅メーカーとして業界トップを走り続けている。

　同社は東日本大震災以前から，この創立50周年を記念した事業の一環として，

住宅の所有者(オーナー)に対し「オーナー訪問活動」を全国的に行っており、今回の震災においてもこの訪問活動が効果的に機能した地域も見られてる。

また積水ハウスは、長年にわたりプレ協の一員として、住宅メーカーの社会的責任を果たしてきた。2012年現在、同社の和田会長がこのプレ協の会長を務めており、同社はプレ協の設立から深く関わってきた。1970年代に住宅業界においてプレハブ住宅の欠陥等が社会問題化した際には、同社はプレハブ住宅の信頼性を向上させるべく、現在の責任施工体制の礎となっている専門子会社の積和工事(現在の積和建設)を全国各地に設立し、高い施工品質を保持できるグループ体制を整えてきたほか、品質管理や技術開発を工業的手法でレベルアップを図ってきた。今回の東日本大震災にあたっては、同社は他の会員住宅メーカー16社と協力し、プレ協としては43,206戸、積水ハウスとしては2,771戸を被災地に仮設住宅を建設している。この仮設住宅の建設の位置づけや具体的な取り組みについては、4節で詳しく見ていく。

さらに、同社のCSR経営と震災復興の関連で言えば、同社において2005年に発表された「サステナブル・ビジョン」は、2007年に発売された国土交通大臣認定の制震システム「シーカス(SHEQAS)」や2009年に発売された環境配慮住宅「グリーンファースト」に結びついている。なお、2011年には今回の震災を機として世界初の3電池(太陽電池・燃料電池・蓄電池)を組み合わせた環境配慮型住宅「グリーンファースト ハイブリッド」が発売されている。

同社がシーカスを開発した経緯は、1995年の阪神・淡路大震災において同社の物件の全壊や半壊はなかったものの、クロスや外壁が損傷した顧客が多く、そうした被害を最小限に食い止めることを目的としてであった[1]。地震エネルギーを熱に変換することで吸収し、繰り返しの地震に高い効果を発揮する耐久性の強いこの制震技術は、東日本大震災以降急速に顧客からの支持を集め、新築物件へのシーカスの搭載率は2011年2月には31%であったのに対し、同年8月には73%にまで上昇している。なお、後述する同社のパッケージ型復興支援

(1) 今回の東日本大震災においても、被災地では揺れそのものによる全半壊棟数はゼロであった。

商品である「がんばろう東北」には、このシーカスが標準装備されている。

3．積水ハウスの東日本大震災における短期的な震災対応

　震災発生後，積水ハウスは本社内に対策本部を立ち上げ，社員およびオーナーの安否確認，支援物資の輸送などを迅速に行った。また被災エリア9カ所に現地対策本部を設置している。とくに緊急支援物資の輸送という点では，静岡工場の非常備蓄から水や食料などが，東北営業本部現地対策本部に向けて震災からわずか3時間後にトラックで出発させている[2]。こうした支援物資を連日送り，ほぼ1週間後には，各営業本部や本支社が支援物資を集め，生産本部が物流窓口となり被災地に物資が輸送される供給体制が確立した。これらの支援物資は同社のオーナーをはじめとして，社員やその家族，一般被災者に同社社員の手によって配付された。

　この他，今回の震災では震災翌日に石巻展示場に保管してあった同社テントを日赤病院に運び，その後本社から輸送された救援物資と合わせて炊き出しや物資配付受付等に使用している。

　また千葉県では，同社の自主的な判断による仮設トイレの設置も行っている。千葉県浦安市には同社分譲地「コモンシティ浦安」に261世帯が居住しており，震災直後から液状化現象などにより上下水道，ガスなどのインフラがすべて使用できない状態になっていた。こうした状況を受けて，同社東関東営業本部では公園への仮設トイレの設置可否に関して行政サイドに問い合わせた結果，行政からは明確な回答を得られなかった。しかしながら，同社営業本部の自主的な判断により震災翌日の3月12日には分譲地内の公園に仮設トイレを手配し，その他水や土嚢などの救援物資の配布とともにオーナーと地域住民の支援にあたっている。その結果，同社の迅速かつ効果的な支援に対して，3月26日には同地域の自治会からの感謝状も届いている。

（2）　輸送物資の内容は，ペットボトル2800本，非常食2000食，テント型トイレ30台，簡易トイレ120個，毛布80枚等。

積水ハウスでは，同業他社の中でもとくに「オーナー訪問」と呼ばれる建物販売後のアフターケア・コミュニケーション活動が従来から重点的に行われていた。先述したように，積水ハウスは創業50周年を迎えるにあたり，過去に建物を販売したオーナー200万戸，とりわけ戸建オーナーの約70万世帯のすべてをもう一度見直し，販売後のオーナーからの声を聞くとともに現状把握に努めていた。

表1は，今回の震災において，同社の被災エリアにおける引き渡し済み建物数のうち，地震による揺れが大きかった地域の建物数を示したものであるが，震度5強以上エリアには，全体で17万棟の同社物件が建設されていた。後の同社調査において，この17万棟のうち補修工事を要する棟数は全体の約2％であり，地震の揺れそのものに起因する全半壊棟数はゼロであることが明らかになっている。

同社では，当時状況を把握すべく，200万棟のオーナーのうち，この17万棟すべてのオーナーに対し安否確認を実施し，さらに建物の被害状況を確認・把握することを重要課題としていた。

例えば，東北営業本部がある仙台エリアでは，初日から内陸部を中心にオーナー訪問が開始され，2週間でほぼすべての訪問を完了している。東北営業本部長の島貫利一氏は，それまで行われていた50周年事業としてのオーナー訪問が今回の震災後の訪問に効果的であったことについて次のように述べている。

　50周年でオーナーさんをもう一度見直そうという考え方が出来上がりました。もちろん，普段からオーナー訪問はしているんですけどね，さすがに200万戸を全部完璧に訪問しているかと言うとそれはやはり難しいですよね。古いお客さんであるとか，もう退職してしまった営業が担当していたお客さんがいらっしゃるわけですよ。疎遠になっていたお客さんもおられたわけですれども，（この50周年事業で）それを1つひとつ回っておりました。結局震災時に地図を見てリストを作って訪問するのではなくて1回ある意味では「予行演習」していたわけです。それは結果オーライだったわけです[3]。

表1 積水ハウスの被災エリアにおける引き渡し済建物数

(単位：棟)

	全体	戸建住宅	賃貸住宅	その他
震度5強以上エリア	177,458	127,737	45,408	4,313
震度6弱以上	67,436	50,142	16,352	942

(注) 東北6県，関東7都県，山梨・静岡県内の市町村単位。

表2 積水ハウスにおける短期的な対応

	対応	内容
3/11（金）	本社地震対策本部設置 各営業本部の現地対策本部設置 安否状況確認開始 備蓄支援物資の輸送	顧客、従業員、家族の安否確認 地震発生から3時間後に静岡工場の備蓄物資を東北営業本部に輸送
3/12（土）	現地建物被災状況の調査	
3/13（日）	義援金募集開始	
3/15（火）	災害対応受付センター設置	
3/18（金）	関東工場出荷再開	
3/19（土）	東北工場出荷再開	
3/25（金）	復旧・復興工事の支援体制整備 応援要員の現地派遣開始	本社技術者を被災地へ派遣

出典：積水ハウスサステナビリティレポート（2011）より作成。

　この島貫氏の発言以外にも，同社の社員からは事前のオーナー訪問活動が今回の震災直後のオーナーとのコミュニケーション活動において大きな役割を果たしたとする声が多数挙がっている[4]。しかしその一方で，オーナーとの連絡が取れてからはアフターサービスの依頼が殺到して，同社対応が追い付かない時期が発生するという問題も発生している。

（3）　島貫利一氏へのインタビューによる（2012年2月24日）。
（4）　積水ハウスグループコミュニケーション誌「ひと」2011年7月号 pp. 3-4，日経ビジネス2011年7月25日号，p. 38など。

4．積水ハウスの東日本大震災における中長期的な取り組み

ここでは積水ハウスの東日本大震災への対応における中長期的な取り組みとして，本業を通した仮設住宅の建設についてまとめておこう。

まず，同社ではかつての阪神・淡路大震災での経験を踏まえて，行政からの要請が届く前に，かつて建設した仮設住宅プランを取り寄せて検討し，依頼が入れば即時出荷できる準備を整えていた。その中で，国土交通省から同社和田会長が会長を務めるプレ協に32,800戸の仮設住宅の建設要請が入ったことを受け，加盟する16社の協力体制を構築しつつ本格的な建設準備に入っている。この仮設住宅をはじめとする早期の復旧・復興にあたっては，メンテナンスを担当するカスタマーズセンターをはじめ，グループ会社の積和建設および協力工事店で構成される「積水ハウス会」の協力を得て，応援人員を被災地に派遣する体制をとっている。

積水ハウスは，4月5日より宮城県石巻市大橋地区で建設を開始し，その後岩手県，福島県にも建設現場を広げていった。土地選考が難航する中で，着工から完成まで1棟につき約2週間（平均13日）という通常の建設ペースでは考えられないスピードでの工事であった。

写真1　積水ハウスの仮設住宅（石巻旭化成パワーデバイス社有地）

出典：筆者撮影。

270   Ⅳ ケーススタディ　震災と企業

写真2　積水ハウスの仮設住宅（石巻バイパス用地：女川町）

出典：積水ハウス提供資料。

　仮設住宅のプランは9坪タイプで，各社はそれぞれの仕様で現地で建設を行っている。積水ハウスの仮設住宅は，工場生産した賃貸住宅「シャーメゾン」の部材を使用して断熱材も十分に使用した居住性の高いもので，一般的な仮設住宅とは一線を画すものであった。実際にそうした居住性の高さは現地で評判を呼び，「どうにかしてこの住宅に入居できないか」という問い合わせが多数入ったという。9月14日に石巻市大橋地区において県の完成検査が終了したことをもって，同社の仮設住宅の建設は終了している。その結果，積水ハウスが東北3県で建設した仮設住宅戸数は，岩手県658戸，宮城県1,879戸，福島県234戸，合計2,771戸となっている。

　同社によれば，仮設住宅建設の大まかな流れは，建設地が決定後にすぐに現地調査に入り，配置図を作成した上で，県の承認を得て工事に着手するというものである。上述したように，仮設住宅の建設地の土地選考が比較的時間を要しており[5]，緊急対策として写真2にあるように延々と細長く続くバイパス用地を活用して，結果として一直線に236戸を建設せざるをえなかった場合もあ

（5）　岩手県ではリアス式海岸のため平地がほとんどなく，宮城県では被災地近くに適地が見つからず県外に仮設住宅を建設したケースも見られた。福島県では会津地域において多雪対応が必要な場合も見られた。

る。

　同社広報部長の 楠 正吉氏によれば，同社における仮設住宅建設の位置づけの難しさと採算性について次のように語っている。

　　この仮設住宅の位置づけというのはなかなか難しいんです。当然，自治体との契約行為のもとに成り立っているわけなんですが，通常のビジネスだったら利益がこれだけないとできないとか，あるいは職人さん派遣に対する経費もこれだけ見ないといけないとか，そういう話になりますけど，今回の（仮設住宅建設）はまさに仕事ありきで，それにかかる費用は後からついてきたようなものですね。普通の見積もりから双方が合意をして工事に着手するというプロセスが踏めない。結果として見たら，だいぶ足が出てしまった現場もあれば，まあトントンでいけたところもあると思います[6]。

　楠氏が語るように，同社だけでなく住宅メーカー各社は，自らの社会的責任として，行政の設定する規定額に基づき，採算を考慮せずにこの仮設住宅建設に協力している。こうした同社および住宅メーカーにおける震災時の仮設住宅建設の位置づけ方については，5節およびケース総括において検討する。

　また，実際の仮設住宅建設にあたっては，全国の積和建設会，ハウス会から延べ3万人以上の施工部隊が応援要員として東北地方に入っている。もっとも，全国各地から職工を確保する点が困難を極め，例えば，先述した大橋地区の3次着工の際には，着工が4日後に迫っても職工が100人不足する状況が発生していたという。同社常務執行役員でプレハブ建築協会東日本大震災住宅部会東北本部長を務めた中野啓吾氏は当時の仮設住宅建設の混乱した状況について同社広報誌に次のように述べている。

　　最初の頃は行政もたいへん混乱していて，建設地の変更，工事の中止，戸数の変更，建設地ががれき置き場だったなどは日常茶飯事でした。宮城水産高

（6）楠 正吉氏へのインタビューによる（2011年10月25日）。

校の建設地では，積和建設九州に支援を要請して，メンバーが（北九州市の）門司港からフェリーでまさに現地へ移動しようとした時に，工事中止の指示がきました。九州各地から集まったメンバーは一旦解散したのにもかかわらず，数時間後にまた行政から計画進行として支援要請が入ったので，鹿児島，久留米，北九州，長崎などにそれぞれの地に戻りかけたメンバーを呼び戻し，もう一度集合して一日遅れで現場に入ってもらうなど，ハプニングは数えきれないほどありました[7]。

こうした現地での混乱状況の中で，プレ協の会員である大和ハウスやパナホーム，ミサワホーム等の他住宅メーカーの協力もあり，仮設住宅は急ピッチで建設されていったわけであるが，被災地における仮設住宅の現状とわれわれのインタビュー実施時点までの約1年間の復興の取り組みを振り返って，先述の島貫氏は次のように語っている。

　　今仮設住宅に入った約10万人の方のほとんどはそのままなんですよ。こういうところにいるとつい忘れてしまいがちですけれど，被災地に行けば何も解決していないですよね。経済力があり，自力再建できるごく恵まれた方々は次のステップに向けて歩み始めたかもしれませんが。例えば仮設住宅は被災三県で約10万戸くらいです。その方たちは依然として変わらないですね。その方たちはなかなか思うように生活再建が行かなくて，仮設住宅の中を転々としたりとか，そういう状況が続いています。よく仙台は人が多くて賑やかだとか言われ，仙台も「復興バブル」とかいうふうにも言われます。ところが沿岸部の被災地は全然変わっていなくてすごい温度差がある状況になっているんですけどね。だからまだ全然振り返れないですよね，そういう意味では[8]。

住宅メーカーとして仮設住宅の建設は被災地復興支援の第一歩である。島貫氏がこの後われわれのインタビューで語ったように，今後数年・数十年単位で

（7）　積水ハウスグループコミュニケーション誌「ひと」2011年11月号 p. 9.
（8）　島貫利一氏へのインタビューによる（2012年2月24日）。

の長期的な支援策が不可欠である。本業を通して，また社会貢献活動の取り組みを通して，被災地を支援する枠組みが求められている。

次に同社の4月以降の中長期的な復興支援策の1つとして，本業を活かした支援商品の開発・販売について見ていく。同社は4月1日に被災者向けのパッケージ型の復興支援商品として「がんばろう東北」を発売している。この商品は，現地の営業を中心とした社員の声を本社および生産部門が全面的にバックアップする形で実現されたものである。このパッケージ型商品のメリットは，早期着工・工期短縮が可能となる点であり，通常の住宅商品よりもリーズナブルな価格で販売されている。上述した制震システム「シーカス」も同商品には標準装備されている点も特徴である。

同社がこれまで構築してきた強みは，「自由設計による，高品質で高級感のある住宅」，というものであるが，同商品パッケージは，基本的な住宅プランがある程度設定されており，その一定の枠組みの中で通常よりもリーズナブルで短期間に建設できる点が特徴である。とくに，今回の震災においては，被災者の早急に住宅を建設したいという顧客ニーズや，余震や今後の地震に備えて制震システム「シーカス」を搭載した住宅に住みたいというニーズを現場社員たちが想定しての企画であった。

表3　積水ハウスにおける主な中長期的な取り組み

年・月	本業レベルでの主な対応	社会貢献レベルでの主な対応
2011年4月	・パッケージ型復興支援住宅「がんばろう東北」の受注開始（4/1〜） ・仮設住宅の着工（4/5〜）	・市民・NPO・企業・行政の協働による物資支援策「相乗りプロジェクト」の本格開始（4/1）
6〜8月	・仮設住宅の建設終了（9/14） ・「グリーンファーストハイブリッド」を発売（8月〜）	・「東北応援ギフトカタログ」の作成・WEBサイトで注文受付開始（8/26〜）
2012年1月〜3月		・震災復興応援イベント「3.11. from KANSAI〜まだまだ，これから〜」の開催

出典：積水ハウス提示資料より作成。

次に積水ハウスによる中長期的な社会貢献活動としての対応をまとめておく。

上述したように,同社では支援物資の支援（8月末時点で10トントラック89台分）や中長期にわたる役員・従業員・OBOGからの義援金の寄付（会社寄付分を含めて総額約8,300万円）,「ミンナDEカオウヤ」プロジェクト（東北の障がい者福祉施設で制作している商品の販売）への協力,「東北応援ギフトカタログ」の作成・活用（東北営業本部とTKC東北会との共同企画）,被災地におけるボランティア活動（5月〜東北工場有志,9月〜神奈川営業本部有志など）などを実施している。

その中でも同社の大阪の本社がかかわったユニークな取り組みとして,協働型の支援物資輸送スキームである「相乗りプロジェクト」がある。これは震災当初の災害救援活動における大量のトラック輸送の経験と,「なんとか物資の届かない場所にも届けられないか」という想いから,市民,NPO（社福）大阪ボランティア協会,大阪市社会福祉協議会等）,行政（大阪市）,他企業からの提供物資も合わせてトラックに積載し被災地に運ぶプロジェクトで,同社は従業員の義援金を活用することで実施している。この取り組みにより,自治体や避難所などへの大規模支援の他,支援の届きにくい高齢者や障がい者などの福祉分野への支援も可能となっている。具体的な支援先としては,4月1日から福島大学避難所および南相馬市へ向けて開始され,その後南三陸町（4月8日）,石巻市・気仙沼市老人ホーム（5月13日）,石巻市児童施設（6月15日）,南三陸町仮設住宅（6月23日）,気仙沼高校避難所（8月11日）と中長期的な支援の取り組みが行われている。

5.小括と問題提起

積水ハウスのケースは以下の3点において興味深いものであった。

第1に,平時の本業レベルにおける活動の充実度と危機時における対応の関係性についてである。積水ハウスでは,創業50周年事業として2010年よりオーナー訪問活動を実施していたが,この活動により社内においてオーナー宅の建

築時期や修理履歴，連絡先などの情報が共有されており，その結果，同社では震災後の顧客対応が比較的スムーズに行われた。これは同社による"偶然の"活動と見ることもできるが，これは平時からの「ステイクホルダー・マネジメント」が功を奏したということもできる。つまり，平時における従業員，関係グループ会社，そして顧客の相互の信頼関係構築が，有事に際して大きな意味を持ったということである。この経験をふまえるとき，企業は有事についてどの程度まで考慮して平時におけるステイクホルダー・マネジメントを構築し，実行しているべきなのだろうか。またその際に，業界によるステイクホルダー・マネジメントの差異はどの程度生じるものだろうか。

　第2に，復興支援事業としての仮設住宅建設の位置づけについてである。積水ハウスは，住宅メーカーで構成されるプレ協を通じて，被災地において2,771戸の仮設住宅の建設を行い，住宅メーカーの本業の「強み」を生かした被災地支援を行った。それは住宅メーカーとして見れば，自社で自由に価格設定ができない環境下で，かつ職工の移動・宿泊コストは持ちだしで対応する等，極めて社会貢献的な要素の強い「採算度外視の事業」であった。このように見れば，住宅メーカーによる仮設住宅建設を通常の事業（business）として位置づけることや，単に社会貢献活動（philanthropy）として位置づけることは必ずしも正しくない。近年，社会的課題の解決のためにビジネスとして関わるものは社会的事業（ソーシャル・ビジネス）と呼ばれるが，こうしたいわば企業の「責務」として行われる事業を，そもそも社会的事業として捉えることは可能だろうか。また，社会的事業の本質はどのような点にあると言えるのだろうか。

　第3に，震災などの危機下における，「企業の自主性・自発性」に関する問題である。今回の積水ハウスのケースでは，同社の事業目的や「お客様第一」という企業理念が社員に浸透していたことで，指示がなくとも現場の社員が顧客（オーナー）の安否確認や支援物資配付を自主的・自発的に行っていた。中でも，同社東関東営業本部では，そもそもが同社分譲地のオーナーのためとは言え，近隣住民の生活を支援するために「行政の判断を待たずに」「自主的な

判断において」公園内に仮設テントと仮設トイレを設置し，給水車の派遣，土嚢や水，トイレットペーパー等の配給が行われた。これは見方を変えれば，同社の取り組みは，自らの正義や理念を貫き，一定の行政ルールを待たずに行動したと言えなくもない。この同社の取り組みは，結果として当該地域の自治会などからも評価され，地域と企業との望ましい関係を生み出したとも言えるが，大災害時においてこうした自主的な企業活動はどのような場合において，どの程度許されるものなのだろうか。また，平時から，あるいは有事の際において，行政と企業との協力関係はどのように構築すればよいのだろうか。

〈インタビューおよび研究会実施日〉
① 2011年9月16日（金）JFBS第1回年次大会
　　報告者：楠 正吉氏（積水ハウス広報部長）
② 2011年10月25日（木）
　　対応者：楠 正吉氏（積水ハウス広報部長）
③ 2012年1月12日（木）
　　対応者：広瀬雄樹氏（積水ハウスコーポレートコミュニケーション部CSR室）
④ 2012年2月9日（木）
　　対応者：小原豊彦氏（積水ハウス東関東営業本部）
　　　　　　葉多修司氏（積水ハウス株式会社復旧対策プロジェクトチーフリーダー）
⑤ 2012年3月1日（木）
　　対応者：島貫利一氏（積水ハウス東北営業本部）
⑥ 2012年3月1日（木）
　　対応者：中野啓吾氏（プレハブ建築協会 東日本大震災 住宅部会東北本部）
⑦ 2012年3月16日（金）JFBS第3回研究会　17：10〜19：00
　　報告者：楠 正吉氏（積水ハウス広報部長）

〈主要参考文献〉
積水ハウス株式会社「サステナビリティレポート2011（2011年1月期）」
積水ハウスグループコミュニケーション誌「ひと」2011年5月号〜2012年1月号

株式会社損害保険ジャパン

1. ケース概要

　東日本大震災における株式会社損害保険ジャパン（以下，損保ジャパン）の取り組みは，本業そのものを通したものと，本業を超えた社会貢献活動としての取り組みに大別することができる。

　まず本業レベルにおいては，被災し大きな不安を抱える顧客に1日も早く保険金を支払うべく，本社危機対策本部の指揮のもと，被災地12カ所に地区災害対策本部を設置し，代理店とともに迅速な顧客対応が目指された。今回の震災では，地震保険そのものが顧客から再評価される契機ともなったが，その過程においては，損保業界を挙げた共同調査や簡易な認定方法のあり方，福島原発の避難区域における損害調査のあり方など，新しい手法が導入されている。

　本稿ではこうした保険業界全体の取り組みを踏まえつつ，とくに，東京電力福島第一原子力発電所の事故による被害が甚大であった，損保ジャパンの福島県対策本部における組織対応に焦点をあて，対策本部のマネジメントのあり方や，現場のリーダーシップがどのようにして発揮されたのかを概観する。

　最後に，損保ジャパンの東日本大震災にかかわる多様な社会貢献活動についてまとめ，こうした短期・中長期における支援活動は，同社のこれまでの多様な CSR の取り組みの延長線上に位置づけられており，平時における継続的な CSR の取り組みの意義が改めて浮き彫りになった点を指摘する。

2. 企業概要と CSR 活動の特徴
　　（および震災対応の背景となる活動の特徴）

　損保ジャパンの東日本大震災への取り組みを理解するにあたって，まず同社

の企業概要と震災対応に関連するCSR活動の特徴について概観しておく。

損保ジャパンの事業活動は，明治の創業当時に，顧客を守るために火事現場に真っ先に駆けつけて，命がけで消火活動にあたった私設消防組の「火消し」の精神が原点とされる。2002年に，安田火災海上保険と日産火災海上保険，大成火災海上保険が合併して現在の損害保険ジャパンが発足しており，同社は2010年には，日本興亜損害保険と経営統合し，NKSJホールディングス傘下となっている。

2011年度のグループ全体の経営方針は，「お客さま評価日本一」であり，同社では顧客を理解し，最適な保険商品やサービスを提供していくことが地域貢献への第一歩であると捉えている。こうした同社のCSR活動の基本姿勢は，「全員参加，地道・継続，自主性」というモットーに象徴されるように，社員を主役としその主体的な取り組みを重視するものであり，今回の震災対応，とりわけ5節で確認する社会貢献活動においてこうした側面が如実に表れている。

損保ジャパンはCSR活動領域において，とくに4つの重点課題（①気候変動における「適応と緩和」，②安全・安心へのリスクマネジメント，③CSR金融による社会的課題の解決，④地域における協働の促進）を掲げており[1]，その中でも④の「地域における協働の促進」における取り組みは，企業としては損保ジャパン記念財団（1977年～），損保ジャパン美術財団（1976年～），損保ジャパン環境財団（1999年～）という3つの財団，社員1人ひとりは「損保ジャパンちきゅうくらぶ」というボランティア組織を通じて地域のNPOとの協働しながら社会貢献活動に取り組んでいる。こういった日々の継続的な活動が，今回の東日本大震災においても効果的に機能していた（詳しくは5節参照）。

（1） こうした先進的なCSR活動が近年では対外的にも評価され，NKSJホールディングス株式会社が2010年度SAM社の「企業の持続可能性調査」で金賞を受賞し（日本の保険グループで初），さらに社会的責任投資株式指数であるダウ・ジョーンズ・サステナビリティ・インデックス（DJSI）において国内保険会社として唯一組み入れられている。他にも東洋経済新報社「信頼される会社2011年度版」CSR企業ランキング金融機関部門で第1位に選出されている。

3. 損保ジャパンにおける地震保険事業を通した東日本大震災への取り組み

損保ジャパンでは，震度6弱以上の地震が発生した際に危機対策本部を立ち上げることになっており，震災当日の3月11日に櫻田社長を本部長とする本社危機対策本部を設置し，社員と代理店の安否確認，被災地への対策本部の設置，応援部隊の派遣，問い合わせ対応拡充のためのコールセンターの人員増強などが進められた。

同社においては，保険金支払い体制の整備を震災直後の重要課題として位置づけ，東北から関東・東海地区まで被災地12カ所に地区災害対策本部（室）を設置し，全国の各部門から，社員および損害保険登録鑑定人・建築士など約3,100人の応援要員を派遣している。この際，被災地区の契約者のうち，事故の報告や保険金請求のない契約者に対しても，訪問・電話による損害および保険金請求意思の確認を速やかに実施している。

今回の東日本大震災においては，表1に示すように，損保業界において史上最大の保険金支払い件数と金額が計上され，業界全体での地震保険支払件数は77万1,403件，地震保険支払金額は約1兆2,241億円に上るものであった（2012年4月2日時点）。これは，これまで大地震による地震保険支払金額のトップであった，1995年1月の阪神・淡路大震災の地震保険の支払額783億円の15倍以上にあたる金額である。日本の地震保険制度は，こうした大震災が発生し，莫大な金額の保険金支払が生じるリスクを想定して設計されている。わが国の地震保険制度は，「地震保険に関する法律」に基づき政府と損保各社によって運営され，東日本大震災のような大震災が生じても政府が再保険を活用して補償する仕組みとなっている。

図1は，地震保険再保険スキームを示したものであるが，地震などによる保険金の民間保険会社と政府の責任分担および責任限度額は次のように定められている。このスキームに基づけば，1,150億円までが損保会社が100％支払い，

表1　東日本大震災に係る地震保険の支払件数，金額（2012年4月2日現在）

地　区		受付件数	調査完了件数	支払件数	支払保険金 （千円）
北海道		1,284	1,257	746	752,034
東北	青　森	8,853	8,758	7,612	4,963,016
	岩　手	31,047	30,894	27,447	57,957,670
	宮　城	279,249	278,384	260,493	557,657,488
	秋　田	2,257	2,203	1,888	1,051,577
	山　形	3,728	3,643	3,100	2,571,241
	福　島	83,831	83,166	77,315	156,309,255
	小　計	408,965	407,048	377,855	780,510,248
関東・甲信越・静岡	茨　城	117,654	117,171	106,700	152,241,780
	栃　木	44,830	44,572	38,166	42,703,507
	群　馬	10,181	10,124	8,541	7,157,004
	埼　玉	46,615	46,015	35,989	26,954,124
	千　葉	102,781	101,297	86,535	107,145,374
	東　京	116,304	114,555	89,811	84,256,126
	神奈川	27,052	26,581	19,924	17,108,133
	新　潟	1,862	1,828	1,347	1,032,754
	山　梨	3,078	2,937	2,497	1,710,402
	長　野	359	354	252	287,192
	静　岡	3,399	3,342	2,684	1,936,046
	小　計	474,115	468,776	392,446	442,532,442
その他府県		824	798	356	323,126
合　計		885,188	877,879	771,403	1,224,117,849

出典：日本損害保険協会ウェブサイト。

1,150億円～8,710億円までは政府と損保が再保険や再々保険などによって保険金支払いを折半し，それ以上の場合は5兆5,000億円までは政府が95%負担するということになる。この仕組みは，大数の法則（個々人としては偶発的な事故であっても，大量に観察することにより集団全体としての事故発生率を予測できるという原理）にのりにくい大規模地震に柔軟な対応を行うための日本独自のスキームである。

また，日本の地震保険は火災保険の契約時にセットで加入する必要がある。

火災保険のみでは，地震や津波による被害で保険を受け取ることはできず，また地震による火災や延焼なども補償されない。また地震保険で補償される金額は，火災保険の保険金額の50％までと決められているため，仮に3,000万円の住宅を建てて，補償額3,000万円の火災保険に加入した場合，地震保険に加入していたとしても最大で1,500万円までしか補償されないことになる。こうした地震保険の背景もあり，東日本大震災以前は愛知県，神奈川県，東京都などの太平洋側の地震リスクが高いとされてきた地域を除けば，地震保険に加入するのは少数派であり，2010年度のデータで，地震保険の加入率は全国平均23.21％にとどまっている。

一方で，2010年度における新規契約付帯率（契約された火災保険契約に対する地震保険契約が付帯されている割合）は48.1％であったが，震災後の2011年5月の新規契約においては，前年同月比で13.5％増となり，東日本大震災後は国民の地震保険への意識が高まっていることが窺える。

震災直後は，被災地では停電やガソリン不足などの混乱した状況が続き，3月下旬頃から問い合わせ件数や受付件数が増加し，それとともに4月以降保険会社の保険金支払件数も急増している。損保業界全体における地震保険の調査完了率は業界全体で震災後3カ月で約80％，9カ月で約98.7％を達成し，業界一丸となって迅速な保険金の支払に注力がなされたことが分かる。

上述したように，比較的短期間での高い調査完了率達成の背景には，次のような業界全体をあげた取り組みが功を奏した。

図1 日本の再保険制度による民間・政府の責任分担（2011年5月改定）

| 0 | 1,150億円 | 8,710億円 | | 5兆5,000億円 |

民間保険会社の責任 7,244.5億円（50％／50％）
政府の責任 4兆7,755.5億円

出典：損害保険料率算出機構（2010），2011年5月に一部差替。

まず，(1)「地震保険契約会社紹介センター」が開設され，地震保険を契約した損害保険会社が不明の場合や，保険証券を紛失した場合に，契約の損害保険会社を確認するサービスを開始した点である。また，(2)航空写真・衛星写真を活用した全損地域の認定が導入された点である。航空写真・衛星写真を導入して，被災地域の状況を確認し，津波や火災によって甚大な被害のあった地域を「全損地域」として認定し，当該地域にある地震保険契約はすべて「全損」認定し，その情報を公開することとなった。(3)顧客の自己申告による損害調査が導入された点である。東京電力福島第一原子力発電所の事故に伴う警戒区域に居住する契約者を対象として，損害状況を自己申告することにより，地震保険金の支払いを実施する特例措置が施された。

以下では，震災直後から損保ジャパンにおいて設置された12カ所の地区災害対策本部のうち，福島県における災害対策本部の取り組みに注目する。本節で見たように，損害保険の思想は困っている人々に対して寄り添い，助け合っていくという「共助」の発想が組み込まれたものである。今回の東日本大震災は，過去に類を見ない未曾有の災害であるが，とくに福島県における被災や被害は他県とは異なり，東京電力福島第一原発の事故に伴い，目に見えないリスクと闘わなくてはならない状況であった。当然のことながら，そのような苛酷な状況は過去に経験がなく，逆に言えば，保険会社としては，そうした状況においてこそ顧客に寄り添いながら保険事業活動を進めていくことが求められており，保険会社・業界の真価が問われていたといっても過言ではない。以下では，福島県災害対策本部の状況を，同本部長（当時）であった村木正大氏へのインタビューを中心にまとめていく。

4．福島県における損保ジャパンの本業としての取り組み

表2は，福島県内における本業レベルでの主な対応を震災発生当時から4月中旬まで時系列順にまとめたものである。同社は，本社に社長を本部長とする危機対策本部を設置し，全国のコントロールタワーとして被害状況を集約・確

表 2　損保ジャパンにおける福島県内における本業レベルの主な対応

	対　応	内　容
3/11 (金)	・社長を本部長とする「本社危機対策本部」設置	・社員・代理店の安否確認，店舗の被災状況確認，事故受付コールセンター，カスタマーセンターの増強
3/12 (土)	・被災した店舗の代替店舗の設置 ・周辺地区のサービスセンターを開設 ・原発に伴う南相馬支社の一時閉鎖と福島への機能移転	
3/13 (日)	・事故受付のコールセンター対応（東京） ・本社支援物資第一便到着（以降，順次） ・福島県災害対策本部立ち上げ要員，本社から福島に到着	・簡易トイレ，毛布，水，食糧など
3/14 (月)	・社長が村木福島支店長（当時）に県内災害対策総責任者としての速やかな権限行使を指示	
3/15 (火)	・原発に伴ういわき支社・いわきSCの一時閉鎖と郡山への機能移転 ・放射能防御対策を県内全社員に徹底	・外出時のマスク，雨天時の雨カッパ着用，外出後のスクリーニング検査。全社員に県放射線量モニタリング調査結果の開示（以降，毎日）
3/16 (水)	・全店舗・全管理職ウェブ会議開始	・県内情報共有・決定事項徹底
3/17 (木)	・本社危機対策本部・東北本部と協議の上，「本社バックオフィス設置」を決定	・福島県内での円滑な業務運営・保険金早期お支払いのため
3/18 (金) ～ 25 (木)	・「原子力情報集」「社内大震災対応通達・マニュアル集」提供 ・「本社バックオフィス」稼動 ・損害調査研究会・代理店への地震保険対応研修会の実施	・公開情報をもとに独自に収集し作成 ・福島県内の保険金支払調査体制の強化のため
4/6 (水)	・地震保険対応強化のための損害調査3拠点体制開始 ・福島県災害対策本部スローガンの共有	・郡山，福島，いわきの3調査拠点体制 ・「全てはお客さまのために。一日でも早くお客さまに保険金をお届けしよう。」

出典：村木正大氏JFBS研究会（2012/1/26）報告資料より抜粋。

認の上,指示する体制をとっているが,福島県は他の被災地と異なり,地震や津波の被害に刻一刻と状況が変化する原発問題が加わり,震災当初は事業継続の難しさがあった。同社の福島県における本業レベルでの震災対応では,経営トップから現場への権限委譲のあり方が鍵を握っている。同社は福島県に3組織(福島支店・福島自動車営業部・東北サービスセンター部,社員総勢350名)を擁しているが,かつて本社の経営企画部を経験し本社の意思決定のあり方を熟知していた,村木福島支店長(当時)が福島県災害対策本部長として指揮を執る体制とし,櫻田社長自ら,同氏に県内総責任者としての速やかな権限行使を指示している[2]。図2は,福島県災害対策本部における組織体制を模式化したものである。

福島県は他の被災地と異なり,地震や津波の被害に放射能の問題が加わり,そうした状況の中での事業継続の難しさがあった点について,村木氏は次のよ

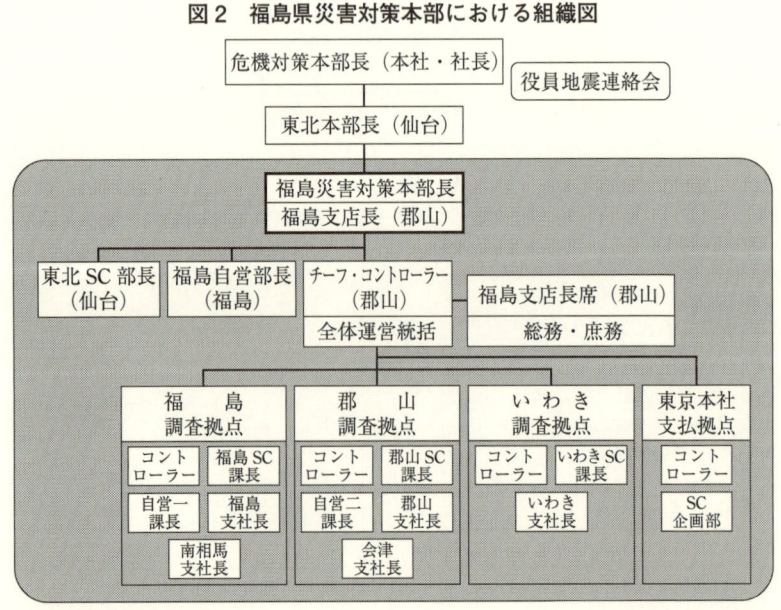

図2 福島県災害対策本部における組織図

```
          危機対策本部長(本社・社長)      役員地震連絡会
                    │
            東北本部長(仙台)
                    │
         福島災害対策本部長
          福島支店長(郡山)
                    │
   ┌────────┬────────┬────────┐
東北SC部長  福島自営部長  チーフ・コントローラー  福島支店長席(郡山)
 (仙台)    (福島)      (郡山)           総務・庶務
                      全体運営統括
                    │
        ┌───────┬───────┬───────┐
     福島      郡山      いわき    東京本社
    調査拠点   調査拠点   調査拠点   支払拠点
    コント    コント    コント    コント
    ローラー  ローラー  ローラー  ローラー
    福島SC    郡山SC    いわきSC    SC
    課長     課長     課長      企画部
    自営一    自営二    いわき
    課長     課長     支社長
    福島     郡山
    支社長   支社長
    南相馬   会津
    支社長   支社長
```

出典:村木正大氏提供資料より。

うに述べている。

> 震災直後は，数え切れないほどの激しい余震に加えて，刻一刻と変化する原発の状況，それに伴う避難指示，原発50マイル以内からの米国人への退避勧告等県内全体がたいへん混乱していましたし，情報も錯綜していました。3月20日くらいまでは屋外を出歩いている人がほとんど見られない状態でしたね。本社や東北本部との緊密な連携を意識するのはもちろんですが，あらゆるルートを通じて正確な情報を集めて，社員と代理店の安全を確保したうえで，いかに速やかにお客様に保険金をお支払していくかという判断を下さなければならない状況にあったところが，他の県との大きな違いだと思いますね[3]。

当時，原子力発電所の事故による放射能漏れの影響は極めて大きく，県内全体がパニックに近い状況に陥るケースだけでなく，施設の修理業者なども福島県内に立ち寄らない時期が一定期間続いた。こうした状況の中，村木氏は，社員の意思を尊重するとともに，県庁や県内マスコミ・財界等から正確な情報収集に努めた上で，正しい情報を社員に伝達してできるだけ不安感を取り除くように心がけたと言う。損害調査などでやむを得ず外出する場合にも，外出時間を制限したり，県内各所で実施されていた「緊急被ばくスクリーニング」と呼ばれる放射線検査を社員に受けさせたり等，配慮したと説明する。

図3は，損保ジャパンにおける地震保険の受付件数と支払件数を示したものであるが，3月18日には，同社の全国のセンターを合わせると1万件以上の受付があり，その翌週には4万件を超える数となっている。

こうした中，福島県災害対策本部では，本社危機対策本部や東北本部と協議

---

(2) 当時の状況について村木氏は，「通信環境も悪い中，原発の状況も刻一刻と変化し，本社・東北本部との緊密な連携が欠かせない中，社長の櫻田から14日の月曜日の早朝に私の携帯に電話がかかってきました。福島県の総責任者として権限を行使せよ，現地のことが一番よくわかっているお前が迷わず決めていいという連絡で，以降，私一本に権限を集約して対応にあたってきました」と語っている。
(3) 村木正大氏へのインタビューによる（2011/11/7）。

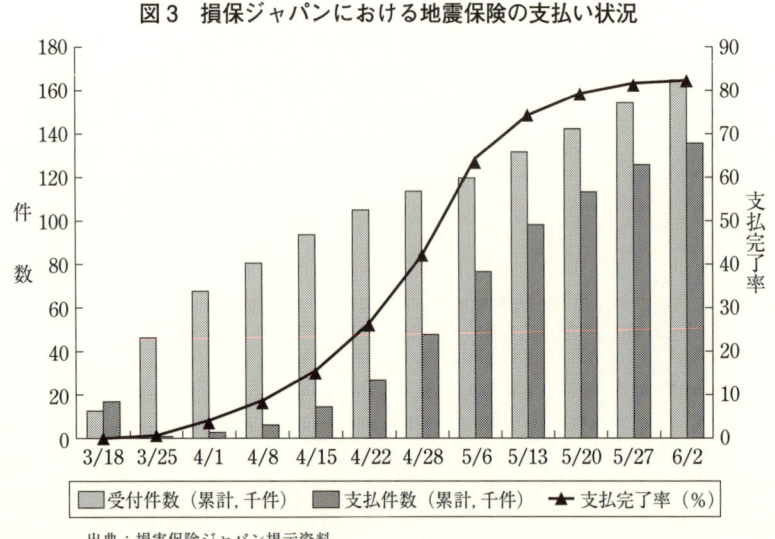

図3 損保ジャパンにおける地震保険の支払い状況

受付件数（累計,千件）／支払件数（累計,千件）／支払完了率（%）

出典：損害保険ジャパン提示資料。

の上，県内は損害調査等に特化し，県内でなくても対応可能な業務については，東京本社で集中対応する方式に移行することを決定した。立ち上げにあたっては県内の要員も一部投入し，3月24日に東京本社内にバックオフィスを開設した。当時，本社危機対策本部等とのやり取りを日々頻繁に行っていた村木氏は，全国からの応援部隊の必要性について次のように述べている。

> お客さまからの事故受付は凄い勢いで増えていきましたし，その状況を考えると，遅くとも5月末までに8割くらいの保険金お支払対応を終えられるようなスピードでいかないとお客様の期待に応えられない。従来のやり方では，もうどう考えても無理なんですよね。現地の緊迫感は現地でしかわかりませんから，本社危機対策本部に必要とされる損害調査要員を要請しました。調査拠点も郡山から福島，いわきへと拡大し，4月初旬には15名から50名，中旬から下旬にかけて140名から170名，4月末には400名体制にしていきました。既存の会議室だけでは収容できませんでしたから，社外のスペースもお借りして体制を整えました[4]。

上述したように，損保ジャパンでは，東日本大震災にかかる本業の応援要員として，全国で3,100人の人員を，営業・内勤を問わず全国12カ所の災害対策本部に総動員して，顧客からの問い合わせや損害調査業務に対応していたが，福島県内には４月末までに400名が送り込まれていた[5]。

　さらに，今回の震災においては，震災直後の早い段階から，航空写真を活用して被害が甚大な地域への全損認定を迅速に行い，地震保険金を速やかに支払っていくという方針が日本損害保険協会において決定されていた。実際には，この損保協会から全損認定地域についての方針が発表されたのは，３月28日であったが[6]，この時は，航空写真ではなく，衛星写真を２万枚以上撮影し，被害状況を確認しながら認定作業が行われた。４月に入ると，この全損地域の認定が進み，全社的なスローガンとして「すべてはお客さまのために。１日でも早くお客さまに保険金をお届けしよう。」が共有されたことを受けて，同社の保険金支払業務のスピードも一気に加速した。

　震災発生から約２カ月で同社の地震保険支払完了率は80％に到達し（図３参照），2011年８月25日には90.2％，2012年３月31日時点で，99.2％を達成し，支払金額も約3,482億円にのぼっている[7]。

　多くの保険業界関係者が指摘するように，今回の震災は保険業界そのものの社会的意義や役割を再認識させ，地震保険の重要性を改めて理解する契機となった。このあたりについて，先述の村木氏は今回の震災を振り返って次のように語っている。

　　こういった時にこそ，私たちの存在意義が問われているということを１人ひとりが問い直す機会になったと思いますね。今回の震災を通して，お客様の

（４）　村木正大氏へのインタビューによる（2011/11/７）。
（５）　福島県の他に，青森，岩手，宮城，茨城，栃木，群馬，埼玉，東京，千葉，神奈川，静岡の各都道府県に地区災害対策本部（室）が設置されている。
（６）　日本損害保険協会ウェブサイト　http://www.sonpo.or.jp/
（７）　一方で，保険契約者の請求勧奨や契約者の安否確認は今なお続いており，中でも福島第一原発の警戒区域にかつて居住していて他地域に避難している契約者への連絡・確認は困難を極めるものとなっている。

期待に応え，満足していただくことがいかに重要であるか，それがお客さまからのご連絡を待っているだけではなくて，こちらからニーズを摑みにいくという動きにつながっていったと思うんです。今回の震災を通して（いろいろな感謝の声を聞いて：筆者加筆）大きな財産になったと思うんですね[8]。

同社理事でCSR統括部長である関 正雄氏も，今回の震災対応は「保険会社の社会的存在意義が問われる局面だった」と指摘し，「会社としての優先順位づけも明確であったし，1人ひとりの社員も，直接的・間接的にそれぞれの業務を通じて困っている人をいかに早く助けるかということをトッププライオリティに据えて行動していた」とし，震災対応が損害保険のそのものの社会的意義を再認識する契機となったことを強調している[9]。

5．損保ジャパンの東日本大震災における社会貢献活動

上述した本業を通した震災へのかかわりとともに，損保ジャパンではさまざまな形で被災地・被災者支援につながる社会貢献活動を実施している。損保ジャパンは以下の取り組みを社会貢献活動と位置づけて実施している。
(1) (社) 日本損害保険協会を通じた寄付
　加盟会社全体で日本赤十字社に10億円の寄付を実施。
(2) NKSJグループ役職員による義援金
　国内外60社の役職員から約1.2億円を中央共同募金会に寄付。
(3) 保険商品を通じた寄付
　損保ジャパンと日本NPOセンターの協働による自動車保険Web約款「SAVE JAPANプロジェクト」の寄付先に，「東日本大震災現地NPO応援基金」を追加し，被災地における緊急支援および復興支援に取り組むNPOを支援（約2,500万円）。

---

(8) 村木正大氏へのインタビューによる（2011/11/7）。
(9) 関 正雄氏へのインタビューによる（2011/11/7）。

(4) 社員ボランティア組織「損保ジャパンちきゅうくらぶ」による支援金

被災地で活動するNPOの活動資金としてNPO法人ジャパン・プラットフォーム（JPF）に500万円を寄付。

(5) 救援物資の提供

日本経団連1%クラブ，日本フィランソロピー協会を通じて生活用品を提供し，被災地向け救援物資「うるうるパック」詰め合わせ作業に同社社員が参加。

(6) その他

「被災地応援マルシェ」の開催，芙蓉グループボランティア活動，損保ジャパン記念財団を通じた障害者・高齢者を専門とする3団体への「地域災害等緊急対策助成」の実施など

こうした同社の社会貢献活動から見えてくる特徴は，同社が保有する既存の社会貢献に関するチャネルやネットワークを有効かつ迅速に活用して被災地支援を行っている点である。同社が震災支援にあたって協働した日本NPOセンターやジャパン・プラットフォーム，日本フィランソロピー協会などのNPOや，災害ボランティア活動支援プロジェクト会議といったネットワーク組織，社員のボランティア組織である「損保ジャパンちきゅうくらぶ」，また同社佐藤会長が世話役をつとめる日本経団連「1%クラブ」などは，同社がこれまで培ってきた社会貢献活動チャネルである。こうした平時における地道な活動が，震災という緊急時において即効的な対応を促すこととなる。

また，上述した「ちきゅうくらぶ」の社会貢献ファンドは，同社社員の自由な意思で毎月の給与から100円以上が拠出されるものであり，4つの社会貢献活動に活用されるファンドとなっている[10]（①ボランティア活動に伴って発生する費用支援，②社員が希望するNPO等団体への寄付，③損保ジャパン記念財団・損保ジャパン美術財団・損保ジャパン環境財団を通じた支援，④広域大規模災害発生時の支援）。上記3つの財団においても，それぞれの財団のテーマに応じて，

---

(10) 2010年度の参加者数は7,453名で，1カ月あたりの平均参加額は215円／人となっている。

被災地支援につながる寄付・助成活動が実施されている[11]。

同社の関 正雄氏は,「これまでの継続的な社会貢献活動の蓄積,そこから得られたノウハウやネットワークなどの無形の資産が,今回の東日本大震災のスピーディな支援活動につながった」とし,こうした地道な企業・社員の社会貢献活動があってこそ,多層的な支援活動が成立したものと考えられる。

なお,上に示した(3)の日本 NPO センターとの協働による自動車保険 Web 約款「SAVE JAPAN プロジェクト」は,損保ジャパンのように本業を活かした社会貢献活動と位置づけることもできるが,社会貢献の側面を持った「事業」と位置づけることもできるだろう(詳しくは,まとめ:ケース総括を参照)。

6．小括と問題提起

今回の東日本大震災という未曾有の災害は,今回のケースである損保ジャパンをはじめとする保険会社や代理店にとって,改めて国民生活における保険事業の役割や社会的使命を強く意識させる契機となったことはまちがいない。その上で,今回の損保ジャパンのケースは3つの点で興味深いものであった。

第1に,損害保険会社として困難に直面している顧客(契約者)に対し,どのように,そしてどの程度寄り添うべきか,という点である。3節でも見たように,損保ジャパンは震災後,新宿の本社地下に臨時のバックオフィスを設置し,また3,000名を超える人員を動員することで,震災3カ月後までに地震保険の80%の保険金支払いを完了した。言うまでもなく,保険金支払は保険会社にとって本業であり,迅速に完了させることは目指すべきことである。実際,損保ジャパンをはじめとする損害保険会社各社は航空写真を使った損害認定など,これまでにない対応をしている。しかしながら,顧客のニーズは保険金支

---

(11) 例えば,損保ジャパン記念財団では,被災地の障害者や福祉団体を支援する3団体に460万円の「地域災害等緊急対策助成」が実施されている。他にも損保ジャパン美術財団においては,被災文化財の援助と修復のために(公財)文化財保護・芸術研究所助成財団に,「損保ジャパンコレクション展」の全観覧料を寄付している。

払いの早期履行だけではないかもしれない。このような大規模な非常時において，どのように顧客に寄り添い，どこまで個別のニーズに対応していくべきだろうか。

第2に，福島の災害対策本部での活動に見られたように，不確実な情報しか得られない状況下において，第一線で陣頭指揮をとるミドルマネジャーはどのようなリーダーシップをとるべきなのかという点である。また，そのような危機における意思決定は，本社・地区本部・支店・支社という組織階層のどのレベルでなされるべきだろうか。第一線にどこまで権限委譲すべきかという点に加えて，本ケースは危機の現場に求められるリーダー像にも示唆を与えてくれる。Coutu (2002) は，2001年の9.11の同時多発テロ後にアメリカが驚異的なスピードで復興を果たしたのは「再起力 (resilience)」が鍵であり，これをうまく引き出し鼓舞することのできるリーダーシップが各地で発揮されたと指摘した。Coutu (2002) は，再起力の本質として，①現実をしっかりと受け止める力，②「人生には何らかの意味がある」という強い価値観によって支えられた，確固たる信念，③超人的な即興力を仮説として挙げているが，今回のケースからはどのような要素が危機対応能力の本質として導き出されるだろうか。

第3に，損保ジャパンの東日本大震災における本業を超えた社会貢献活動の取り組みは，同社が有する既存の社会貢献チャネルを有効に活用したものであったが，それは先述した関氏が述べる通り，まさに「これまでの積み重ねを最大限に活かしたもの」であった。損保ジャパンは，「お客さまに安全・安心を提供する」という保険の理念に基づき，本業での保険金支払いに力を注いだ。また，本業以外にもこれまで培ってきたNPOとの協働などをもとに被災地復興のための社会貢献活動に熱心に取り組んできた。今後は，これらを融合して，「環境」や「安全・安心」といった社会的課題の解決のための新たな商品・サービスの開発に力を注いでいくという。

それは，見方を変えれば，損害保険会社という特性を活かしつつ，本業を超えた革新的な取り組みをさらに模索することはできないか，という本質的な問いに結びつく。そして，自社の既存の枠組みを最大限に活用しつつ，損害保険

業界を変革していくような新しい取り組み(例えば,社会的事業の開発や業界横断的な社会的課題の解決の仕組みの創出など)は,企業の中で,誰が,どのような組織体制の下で,そしてどの水準まで行うべきなのだろうか。

〈インタビューおよび研究会実施日〉
① 2011年9月16日(金) JFBS 第1回年次大会
　報告者:関 正雄氏(株式会社損害保険ジャパン理事 CSR 統括部長)
② 2011年10月13日(木) 15:00~16:30
　対応者:関 正雄氏(株式会社損害保険ジャパン理事 CSR 統括部長),野上田 縁氏(コーポレートコミュニケーション企画部 CSR 環境推進部),本田 恵氏(同 CSR 環境推進部)
③ 2011年11月7日(木) 10:30~12:00
　対応者:村木正大氏(株式会社損害保険ジャパンお客さまサービス品質向上室室長),野上田 縁氏(コーポレートコミュニケーション企画部 CSR 環境推進部),本田 恵氏(同 CSR 環境推進部)
④ 2012年1月26日(木) JFBS 第2回研究会 17:10~19:00
　報告者:村木正大氏(株式会社損害保険ジャパンお客さまサービス品質向上室室長)

参考文献
Coutu, D. (2002) "How Resilience Works" Harvard Business Review, October. (堀 美波訳「"再起力"とは何か―危機や難局を乗り越える不思議な力(再掲)」ダイヤモンド・ハーバード・ビジネス・レビュー,2011年5月号)
損害保険料率算出機構(2010)『日本の地震保険』損害保険料率算出機構。

まとめ：ケース総括

　本事例研究は，有事における企業行動について，企業ごとのケースとしてまとめたものである。東日本大震災という，短期的にも長期的にも，また被災地のみならず広範囲に甚大な被害をもたらした非常事態に直面した企業が，事業として，また社会への貢献として，どのような対応をとったのかについて，企業規模も業種も異なる，ヤマトホールディングス，三井物産，積水ハウス，損保ジャパンの4社を取り上げ，インタビュー調査を通じてとりまとめを行った。

　ケースの作成を通じて観察できた4社の震災への取り組みついて，最後に各社の比較をしながら若干の考察を行うことにする。

1．ケース企業の震災への取り組みの概要

　4社のケースから，震災への取り組みの内容について，短期的な取り組み（主として2011年3月中の取り組み内容）と中長期的な取り組み（主として2011年4月以降の取り組み内容）にわけて簡単に整理する。

　なお，言うまでもなくケース対象の4社ともに多くの震災への取り組みを行っている。ここで挙げる活動はケース本文で取り上げた活動に限ったものであることに注意されたい。

1-1．ヤマトホールディングス

（1）短期的な取り組み

　同社の取り組みとしては，第一にBCP（同社における本社地震対策マニュアル）に基づく地震対策本部の設置および社員の安否確認等策定プロセスに基づく対応の実施が挙げられる。また第二に，被災地のセールスドライバー（SD）らによる自主的な無償サービス提供の動きも社会の関心を集めた。後者

は，後日「救援物資輸送協力隊」として本社から追認された活動である。

（2） 中長期的な取り組み

上記の「救援物資輸送協力隊」を有償サービス化したうえで継続したことが第一に挙げられる。また，第二に「宅急便1個につき10円の寄付」構想の発表とその指定寄附金制度の適用を実現したことも注目に値する取り組みである。

1-2．三井物産

（1） 短期的な取り組み

同社の取り組みとしては，第一にBCP（同社における大規模災害発生時におけるガイドライン）に基づく復興支援チームの設立等の対応，第二に本業を通じたLNGや合成樹脂等といった必要資源の緊急調達が挙げられる。そして第三に，総額10億円を超える義援金の拠出やソーラーランタン等の物品支援，ボランティア等の人的支援といった社会貢献活動が挙げられる。

（2） 中長期的な取り組み

同社の国内事業を活用，発展させたものとして，メガソーラーなどの再生可能エネルギー事業，水産業事業，カーシェアリング事業などがある。同社のケースでは，このうち，特にグループ子会社を通じて展開しているカーシェアリング事業での取り組み（石巻みんなのクルマ）を取り上げた。

1-3．積水ハウス

（1） 短期的な取り組み

同社の取り組みとしては，第一に被災地域のオーナー（同社建設物件所有者）の訪問活動，第二に震災当日から始まる迅速な救援物資の提供，仮設トイレの設置などの社会貢献活動が挙げられる。

(2) 中長期的な取り組み

　プレハブ建築協会との連携による仮設住宅の建設や制震システムを標準装備とした復興支援住宅パッケージ商品『がんばろう東北』の企画・販売といった社会的事業の展開が挙げられる。この他、短期的な取り組みの発展として支援物資の提供の継続のほか、義援金の寄付、協働型の支援物資輸送スキーム「相乗りプロジェクト」の実施、東北産品応援マルシェの開催といった社会貢献活動を実施している。

1-4．損保ジャパン

(1) 短期的な取り組み

　同社の取り組みとしては、第一に被災地12カ所に地区災害対策本部を設置するなど被災した顧客への保険金の支払いという本業の遂行が挙げられる。また第二に、㈳日本損害保険協会を通じた寄付など各種義援金の提供、日本経団連1％クラブ等を通じた救援物資の提供などを実施している。

(2) 中長期的な取り組み

　短期的な取り組みの延長線上として、被災者への保険金支払いの加速的な進展や、同社と日本NPOセンターの協働による自動車保険Web約款「SAVE JAPANプロジェクト」の寄付先への「東日本大震災現地NPO応援基金」の追加を通じた復興支援NPOの支援などが挙げられる。その他にも、被災地応援マルシェの開催や社員のボランティア活動を継続して実施している。

2．ケース企業の震災への取り組みの考察

2-1．ケース企業の震災への取り組みの特徴

　以上の整理からもわかるように、本事例研究のなかで実施した一連のインタビュー調査から、4社のケースの主な震災関連の取り組みに限っても、迅速か

つ多様な活動がなされていることがみえてきた。特に迅速さを表す取り組みとして，ヤマトホールディングスは，地震発生から間もない午後3時に地震対策本部を設置し，2007年に策定した地震対策マニュアルに基づいて社員の安否確認，荷物の保全，施設の保全，業務復旧を順次開始した。同様に損保ジャパンでは震災当日に同社社長を本部長とした危機対策本部を設置し，社員・代理店の安否確認，店舗の被災状況を確認し，事故受付コールセンター，カスタマーセンターの増強を実施した。なかでも三井物産は，同社環境・社会貢献部長の判断で地震発生からわずか約2時間後に緊急援助を専門に行うNPO法人ジャパン・プラットフォームに寄付を申し出る意思決定を行うほか，積水ハウスも地震発生の約3時間後に被災地に向けた支援物資を載せたトラックを同社静岡工場から出発させている。このほか，4社がいかに多様な活動を行ったかについては，各ケースの整理から明らかなところである。

　しかしながら，その多様さも，企業ごとに異なる特徴が観察できた。具体的には，本業を通じた取り組みが中心の企業もあれば，社会貢献活動などそれ以外の取り組みが中心の企業もみられた。その違いも含め，これら企業の震災への取り組みをCSR活動として捉えるとき，CSRの領域の中に後述する社会的事業を組み込んでいる点において谷本（2006）『CSR―企業と社会を考える』（NTT出版）の分類を参照することがケース内容への理解を深めることに有用だと考えられる。

2-2．CSR活動の3つの次元

　谷本（2006）は，企業のCSR活動を表1に示す「3つの次元」に分けて整理している。ここで3つの次元とは，第一に「①経営活動のあり方」，第二に「②社会的事業」，そして第三に「③社会貢献活動」の3種類である。表1にも示すように「①経営活動のあり方」は，本業としての経営活動のプロセスに社会的公正性・倫理性，環境や人権などへの配慮を組み込む戦略的取り組みであり，法令遵守・リスク管理の取り組みとしての「守りのCSR」と，企業価値を創造する積極的な取り組みとしての「攻めのCSR」の2種類に分けられる。

表1　谷本（2006）の「CSRの三つの次元」

①経営活動のあり方	経営活動のプロセスに社会的公正性・倫理性，環境や人権などへの配慮を組み込む〈戦略的取り組み〉
	環境対策，採用や昇進上の公正性，人権対策，製品の品質や安全性，途上国での労働環境・人権問題，情報公開，など
	→〈法令遵守・リスク管理の取り組み〉と〈企業価値を創造する積極的取り組み〉
②社会的事業	社会的商品・サービス，社会的事業の開発
	環境配慮型商品の開発，障害者・高齢者支援の商品・サービスの開発，エコツアー，フェアトレード，地域再開発にかかわる事業，SRIファンド等
	→〈新しい社会的課題への取り組み＝ソーシャル・イノベーションの創発〉
③社会貢献活動	企業の経営資源を活用したコミュニティへの支援活動
	1）金銭的寄付による社会貢献 2）製品・施設・人材等を活用した非金銭的な社会貢献 3）本業・技術等を活用した社会貢献
	→〈戦略的なフィランソロピーへの取り組み〉

出典：谷本（2006），69ページ。

次に「②社会的事業」は，社会的に解決が求められている課題に対して，企業が知識や技術力を活用し，事業として新たな社会的商品やサービス，社会的事業を開発することを意味する。そして「③社会貢献活動（フィランソロピー）」は，事業活動を離れ，コミュニティが抱えるさまざまな課題の解決に経営資源を活用して支援する活動を指す。すなわち，今回のテーマである震災と企業の関係にあてはめるならば，震災のなかで本業を継続し戦略的に遂行していくための取り組みが「①経営活動のあり方」の領域の活動である一方で，救援物資の提供や義援金の寄付，ボランティア活動の実施といった取り組みは「③社会貢献活動」の領域の活動に位置づけられる。その上で本業の強みを活かし，社会的課題解決に向けてビジネスとして関わっていく取り組みこそが「②社会的事業」の領域の活動として整理できるだろう。

2-3.「経営活動のあり方」の領域の活動

　上記の分類に基づいて整理するとき，4社に共通して挙げられる第一の特徴が，「①経営活動のあり方」の領域，すなわち本業レベルにおける活動の充実度である。

　各社とも名称，位置づけは異なるものの，いわゆるBCPマニュアルを持ち，今回の震災においても，即日対策本部等の組織を設置し，社員の安否確認といった内部的対応から顧客，取引先との関係の保持に向けた外部的対応まで，短期，長期の両面でさまざまな取り組みをしている。

　たとえば損保ジャパンは，震災当日に被災地12カ所に地区災害対策本部を設置して被災した保険契約者への保険金の支払いに向けた業務を始め，5月までに約8割の保険金請求を処理した。これは通常の体制では長期間を要するとされるなかで，航空写真を使った被害認定などさまざまな新たな手法も取り入れたうえで達成した水準であり，「経営活動のあり方」の領域における企業努力の例と言える。また，同社の取り組みとしては，震災の混乱のなかで，未請求の契約者に対する積極的な声かけ活動を行ったことも，有事において，平時以上の水準で保険会社に求められる役割を遂行した例と言えるだろう。

　このほか，企業特有の事例としては，三井物産がLNGや合成樹脂等といった必要資源の緊急調達の点で貢献したこと，積水ハウスが余震の続くなかで，前年から始めていたオーナー訪問活動を続けていたことなどが挙げられる。

2-4.「社会貢献活動」の領域の活動

　4社に共通して挙げられる第二の特徴が，「③社会貢献活動」の領域，すなわち本業を超えたレベルでの支援の実行である。

　言うまでもなく，各社とも社員や役員等の寄付に基づく義援金の拠出，救援物資の提供などの物的支援，ボランティア制度の活用を通じた人的支援などを実施している。これらの活動は，実施規模や時期における差異はあるものの，ほとんどの企業で同様に行われている。

　しかしながら，企業ごとの特性が表れているのがこの「社会貢献活動」の領

域の最大の特徴だと言える。たとえば，三井物産は震災当日に NPO ジャパン・プラットフォームに活動資金の提供の連絡をするほか，被災地で必要とされていたソーラーランタンを国内外における商社特有のネットワークを通じて入手し，宮城県を通じて南三陸町に提供した。社員ボランティア組織としての「損保ジャパンちきゅうくらぶ」が存在するなど，従来から CSR 活動への関心が高かった損保ジャパンでは，風評被害に苦しむ被災地の農家等の応援マルシェの開催や社員のボランティア活動の実施などに積極的に取り組んだ。積水ハウスでは，震災から数日の間に，被災地に向けた救援物資や液状化の影響地域において仮設トイレなどの提供を行うほか，過去の震災時の経験を活かした，協働型の支援物資輸送スキーム「相乗りプロジェクト」を主導的に実行した。さらにヤマトホールディングスでは，自らも被災し，避難所暮らしをしている被災地のセールスドライバーら現場の支店および主管支店レベルを起点として，地元自治体の緊急支援物資の輸送を無償で担った。

以上を簡単に整理するならば，主として本業の特性を活かした社会貢献活動を実施した三井物産とヤマトホールディングス，過去の経験を活かした損保ジャパンに対して，積水ハウスは本業の特性と過去の経験の両者を活用した例と理解することができるだろう。

2-5.「社会的事業」の領域の活動

ケース対象企業で大きく分かれた点が，第三の特徴である「②社会的事業」の領域である。最も顕著な活動を実行したのが，ヤマトホールディングスである。「宅急便10円寄付活動」という，総額約142億円の大規模な寄付付き商品の設定は，これまでのわが国における社会的事業の歴史のなかでも，最も顕著な社会的事業だと考えられる。この背景としては，（震災当時のヤマト運輸社長でもあった）木川社長を中心とするトップの意思決定，甚大な被害をもたらした東日本大震災という有事だからこそ前例に反して認められた指定寄附金制度，および公益財団化の取り組みを進めていたヤマト福祉財団の存在が欠かせない。トップのリーダーシップ，環境の変化，従前の活動の3つが有機的に結びつい

て初めて可能となった社会的事業であった。さらに，現場レベルで始まった地元自治体の緊急支援物資の輸送の無償提供を，2011年4月以降，有償サービスの「救援物資輸送協力隊」として担い続けたことも，地域に根ざした宅配便事業者ならではの社会的事業として位置づけられるだろう。

同様に，三井物産ではカーシェアリング事業会社であるCSJを通じて，2011年10月から被災地の石巻において小規模ながらカーシェアリング事業を実施している。カーシェアリング事業は，わが国においてまだ導入期であり，人口密度の高い首都圏においても収益事業としての確立は将来的な課題である。それゆえ，需要が小規模かつ不確実な被災地において採算性を確保することは現実的に不可能である。しかしながら，そのようななかでも，首都圏に比べ若干割引の料金かつ月額料金無料として，通常と同様の枠組みでサービスを提供した。このことは，被災地内における移動手段の確保に困っている支援団体等のいわばインフラを提供したと言ってよい。

積水ハウスは，ケースでも触れたように，制震システム「シーカス」を標準装備とした被災地専用パッケージ商品「がんばろう東北」を企画，販売するほか，2011年8月には今回の震災を機として世界初の3電池（太陽電池・燃料電池・蓄電池）を組み合わせた環境配慮型住宅「グリーンファースト ハイブリッド」の販売を開始した。なお，この「グリーンファースト ハイブリッド」は2011年度の新エネ大賞を受賞するなど社会的な評価も集めている。さらに，自社で自由に価格設定ができない環境下ではありながらも，有償で2,771戸の仮設住宅の建設を担ったことは，ハウスメーカーとしての自社の社会的使命を重視した社会的事業そのものと言えるだろう。

損保ジャパンは，損害保険業という業種的制約があるなかで，従来から日本NPOセンターとの協働で実施していた自動車保険Web約款「SAVE JAPANプロジェクト」（自動車保険契約時に契約者がWeb約款（紙媒体約款なし）を選択した場合にNPO等に寄付をする仕組み）の寄付先に，「東日本大震災現地NPO応援基金」を追加した。これは，規模は小さいながらも，社会的事業としてヤマトホールディングスの「宅急便10円寄付活動」とほぼ同様の枠組

みと理解することもできる。

2-6. 小　括

　以上の整理から，各企業の震災への取り組みはCSRの3つの次元それぞれの領域にわたることが示された。しかしながら，それとともに本業を意味する「①経営活動のあり方」の領域の取り組みだけでなく，「③社会貢献活動」や「②社会的事業」の領域の活動も本業と密接にかかわっていること，言い換えると本業に付随して，複層的に生じる活動であることが観察できた。すなわち，「③社会貢献活動」の領域の取り組みは，自社の経営資源を活用した支援活動であるがゆえに，企業ごとの特性が表れるものと考えられる。それゆえ，他業界で社会的に注目を浴びるような顕著な事例があったとしても，有事の混乱した状況のなかでそれをまねて行動することは難しい。また，「②社会的事業」の領域の取り組みも，従前の枠組みを活用し，それまで進めてきた取り組みを発展させることではじめて実行に移せる，社会的課題の発見と事業の両立に向けた萌芽的事業と理解できると考えられる。

　なお，谷本（2006）は通常時の企業行動を基礎としてCSR活動についてまとめたものである。それゆえ，企業の震災への取り組みに当てはめたとき，「経営活動のあり方」の領域では，企業行動の継続性を担保するためのBCPの視点が，「社会貢献活動」の領域では，社員の自発的な寄付や活動など，企業の経営資源以外を活用した「社会貢献」の視点が，それぞれ不足している。その一方で，今回の震災において「社会的事業」の領域では，生命の確保，安全・安心な生活環境の実現といった社会的ニーズに焦点を当てた取り組みが，企業によってなされた。これは，これまで通常時のCSRにおいて考えられてきた，環境配慮や障害者・高齢者支援より基礎的かつ本源的な社会的ニーズを理解することができる。今回の震災を，企業のCSR活動の再整理に活用していくことが求められる。

3. おわりに

　最後に,本事例研究の成果を整理する。
　はじめに,東日本大震災という深刻な非常事態は,社会に甚大な被害をもたらすとともに,企業が有事に際して,「どのような領域」で,「どのような取り組み」を,「どのような水準」で,「どのような期間」にわたって取り組むかを問う出来事でもあった。
　社会における企業の役割が大きくなるなかで,企業には,自社の強みや専門性を最大限に活かした取り組みを実施することが求められる。前節で行った谷本(2006)の3次元に基づく評価からは,「経営活動のあり方」の領域の取り組みだけでなく,「社会的事業」の領域の取り組みや「社会貢献活動」の領域の取り組みにも,本業の特性,当該企業の過去の経験は程度の差こそあれ影響を及ぼしていることがわかった。
　また,ケースで観察した各社の取り組みの発案者および意思決定者は,トップ,ミドル,そして現場とさまざまであった。震災直後には「現場力」に焦点を当てた報道や議論も多かったが,企業における各階層が有機的に連動してこそ,社会的に有用な本業の継続,社会貢献そして社会的事業が創出されると言える。
　今回の東日本大震災では,その被害が広範囲に及んだがゆえに,被災地の企業を中心に,その他地域の企業も含め,多くの企業の経営に大きな影響を及ぼした。そのような環境のもとで,多くの企業が,着実に経営活動を継続するとともに,これまでにない規模で社会貢献活動を実施し,そして新たな社会的事業を展開した。このことは,有事に直面したときの,「企業の底力」を表したものと言えるだろう。
　だからこそ,「有事の発生に依存しない取り組み体制の整備」が不可欠である。たとえば,政府や自治体では,今回の震災を機に防災計画を見直すとともに,これまでにない形態,規模で防災訓練を実施している。企業においても,

有事に直面せずとも自社の真の力を発揮し，CSRの3つの次元のそれぞれの領域において，社会的に求められるさらなる活動を展開していくためには何が必要か，について今後検討を重ねていくことが求められる。

V 学界展望

◆「企業と社会」論をめぐる動き（谷本寛治）

学界展望:「企業と社会」論をめぐる動き

谷本寛治　早稲田大学商学学術院商学部教授

1．学会「企業と社会フォーラム」設立の背景と経緯

　持続可能な社会経済システムの発展が求められる現在,企業の果たすべき役割や責任が問い直されている。企業と社会の関係を見直す動きは,先進国から新興国,途上国まで急速な展開を示しており,国際社会との相互依存関係を深化させつつある日本の企業社会にとっても,重要なテーマとなっている。

　こういった潮流を受けて,2000年代に入る頃から,ヨーロッパ・北米の主要大学やビジネススクールでは,企業と社会の関係を研究するセンターを次々と立ち上げている。

　日本でも2000年代に入って企業の社会的責任(CSR)がブームとなり,企業経営の現場では急速にその取り組みが進み,ビジネスセクターがこの議論をリードしてきたが,そのアカデミックな研究や議論は不足していた。またこの領域の研究者も少なかった。しかし2000年代も後半に入ると,企業と社会にかかわる様々な課題について,理論的・実践的な視点から考えていく場が必要であるとの機運が出てきた。2009年3月より学界のみならず,多様なセクターから約30名のメンバーが集まり,私的研究会(旧)FBSを形成し議論を行ってきた[1]。ここでの議論や経験を踏まえ,2011年5月,約200名の発起人によって「企業と社会フォーラム」(英名 Japan Forum of Business and Society:JFBS)が設立された[2]。

---

(1)　http://j-fbs.jp/events_past%20events.html # p1 参照。
(2)　http://j-fbs.jp 参照。

2. 本学会の特徴

 2011年に呱々の声をあげた「企業と社会フォーラム (JFBS)」は，学界，行政，労働界，消費者団体，NPO/NGO などが幅広く連携し，グローバルな動向を注視しながら，理論と現場と政策をつなぐ場をつくり学際的に議論・研究することを目的としている。具体的な活動内容としては，年次大会，研究部会やワークショップ，国内外関連機関と連携した会議共催のほか，研究助成プログラム，年報の発行，ウェブによる情報発信などを実施している。
 本学会メンバーは多様なセクターから構成され，マルチ・ステイクホルダーで日本の企業社会を考える場となることを目指している。さらにスタート時点から，国内外のいくつかの組織と連携している。国内では企業人のネットワークである公益社団法人企業市民協議会 (CBCC)，一般社団法人グローバル・コンパクト・ジャパン・ネットワーク，特定非営利活動法人日本コーポレート・ガバナンス・ネットワークなどと連携している。またグローバルには，The Academy of Business in Society (EABIS), Berlin Free University East Asian Studies, CSR Asia, Humboldt University International CSR Conferences, Internationale Weiterbildung und Entwicklung gGmbH (INWENT), Wollongong University Center for Research in Socially Responsible Marketing などと連携している。中でも，ヨーロッパの主要大学，ビジネススクールと主要企業によって2002年に設立された，本領域に関するヨーロッパ初の学会である EABIS とは連携組織となっている（後段参照）。

3. 研究の対象領域, 研究方法

 企業と社会フォーラム (JFBS) が対象とする「企業と社会 (Business and Society)」，「社会における企業 (Business in Society)」という研究領域は，企業経営，社会（ステイクホルダー）との関係に関し，幅広いテーマを扱うこと

になる。例えば以下のようなテーマが挙げられる。
- 企業と社会の関係，持続可能な発展，公共政策
- CSR 経営，経営戦略，コーポレート・ガバナンス，経営倫理，コンプライアンス
- 環境経営，環境会計，環境保全
- 消費者，社会/地域貢献，安全・衛生，労働・人権
- ステイクホルダー・エンゲージメント，情報開示/報告書，コーポレート・コミュニケーション，CSR 教育
- 企業価値，レピュテーション，SRI（社会的責任投資）
- 企業と NPO/NGO の関係，セクター間の協働/提携，国際支援
- マルチ・ステイクホルダー・プロセス，グローバル・ガバナンス，国際基準・規格
- ソーシャル・ビジネス／マーケティング，BOP ビジネス，社会的企業（家）
- ソーシャル／グリーン・イノベーション
- 国際比較

　以上のようにテーマは広く多様であり，現象が複合的に絡み合っているがゆえに，それを分析する学問的視点も多様なものとなる。例えば，大きく言えば経営学，経済学，政治学，社会学など，さらにそこにも様々な考え方，ディシプリンが存在し，それぞれの視点から理論的・実証的に分析されることになる。同時に複数のディシプリンを融合したインター・ディシプリンあるいはトランス・ディシプリンなアプローチも求められる。「企業と社会」というように広く，複雑なテーマは，特定の課題に焦点を当て，特定のアプローチから分析する専門化が行き過ぎると，トータルに存在する企業社会の現実を見損ねる恐れもあり，総合的な視点の重要性も問われる。専門化と総合化の視点を組み合わせながら，分析・議論していくことが重要である。

4．本領域をめぐる最近の動向

次に本学会が連携するネットワークを中心に，主な学会，研究機関の最近の動向を紹介しておこう。

（1） (European) Academy of Business in Society：EABIS（代表：Gilbert Lenssen教授，オランダLeiden大学）

EABISは，社会における企業というテーマを経営理論・実践の中心課題に据えた，企業・ビジネススクール・研究機関から成るユニークな連合体として2002年に設立された。大学，ビジネススクールや企業（ネットワーク）などが協働し，企業と社会に関する諸問題をマネジメント理論に取り込むよう研究し実践していくことをミッションとするヨーロッパ初の学会である。設立時メンバーには，企業としてIBM, Johnson & Johnson, Microsoft, Shell, Unilever, 企業グループとしてCSR Europe, 大学・ビジネススクールとしてAshridge Business School, Copenhagen Business School, Cranfield University, ESADE Business School, IESE Business School, IMD Business School, INSEAD, London Business School, SDA Bocconi School of Management, Vlerick Leuven Gent Management School, Warwick Busienss School, 研究機関としてThe Copenhagen Centerがあり，現在では120を超える法人メンバーが参画している（個人メンバー制ではない）。

EABISは設立後10年間ヨーロッパを中心とした学会として活動していたが，この領域に対するグローバルな関心の高まりと取り組みの広がりを背景に，2011年よりAcademy of Business in Societyと改称し，グローバルにネットワークを広げ中国にも事務所を構えている。

2012年7月の年次大会は10周年記念となり，"Strategic Innovation for Sustainability"をテーマに，なぜ・いかにして持続可能性がイノベーションにとってキードライバーとなるかなどに焦点をおき開催された。(http://www.

eabis.org/home.html）

なお EABIS が中心になって，メンバーや連携組織が開催する会議の案内や，資料などのデータベースがまとめられたオープンなゲートウェイ（Business in Society Gateway）が開設されている。（http://www.businessinsociety.eu/）

（2） Asia Pacific Academy of Business in Society（代表：Juliet Roper 教授，ニュージーランド Waikato 大学）

2004年にアジア太平洋地域を主な研究拠点とした Asia Pacific Academy of Business in Society（APABIS）が設立された。設立時メンバーには企業から，Unilever，大学から INSEAD, The University of Waikato, Griffith University, The University of South Pacific, Beattie Rickman Legal, University of South Australia, La Trobe University が集った。2010年11月には東京で第4回大会を開催した。（旧）FBS はこの大会に協力し，"Sustainable Decision-Making in a Time of Crisis" のテーマの下，議論を行った。なお，APABIS は2011年9月に EABIS と合併する形で発展的に解散し，よりグローバルな研究活動を展開していくこととなった。

（3） Humboldt University International CSR Conferences（代表：Joachim Schwalbach 教授，ドイツ Humboldt 大学）

フンボルト大学の Institute of Management が中心になって国際 CSR 会議を，2004年より2年に1度ベルリンにて開催している。ヨーロッパを中心に北米，アジア地域から，研究者・企業人・政策立案者・市民組織代表者らが集い，広く CSR をテーマとして扱う最大の学会となっている。前回2010年の第4回大会では700人近い人々が参加し，"CSR—Challenges Around the Globe" のテーマの下，3日間で40を超えるセッションにおいて多様な見地から活発な議論が行われた。

第5回大会は2012年10月4～6日に "The Future of CSR" をテーマとして開催される。現在2013年9月には「CSR とコーポレート・ガバナンス（仮）」

をテーマに，本学会とともに，東京において Joint Conference を開催する計画を進めている。(http://www.csr-hu-berlin.org/)

（4） European Academy of Management （代表：Morten Huse 教授，ノルウェー BI Norwegian School of Management & University of Tor Vergata）

　EURAM は，ヨーロッパにおける専門領域横断的な経営学会である。マルチディシプリンの理論枠組みを重視しながら，研究者と実務家が経営課題について議論するためのオープンかつ包括的な場となっている。第12回目となる2012年年次大会（6月6～8日開催）では，ソーシャル・イノベーションが取り上げられ，"Social Innovation for Competitiveness, Organizational Performance and Human Excellence" という統一テーマの下，個別テーマとして「企業と社会」，「コーポレート・ガバナンス」，「アントレプレナーシップ」，「イノベーション」などが議論された。ヨーロッパの経営学会が初めてこのテーマを取り上げ，広く議論したことは，企業と社会にかかわるテーマが重視されてきたことを示す意義深いものとなったと言える。(http://www.euram-online.org/)

（5） International Center for Corporate Social Responsibility （代表：Jeremy Moon 教授，イギリス Nottingham University Business School）

　ノッティンガム大学の Business School では，2002年に International Center for Corporate Social Responsibility (ICCSR) を設立し，CSR に関する研究と人材育成を精力的に行っている。10周年記念となった本年4月26～27日に開催された大会では，"CSR Future: Knowledge and Practice" を統一テーマとし，「CSR コンテキストとダイナミクス」，「CSR とガバナンス」，「持続可能性のためのリーダーシップ」，「持続可能性に向けた変化」などが議論された。(http://www.nottingham.ac.uk/business/ICCSR/index.php)

（6） ESADE Institute for Social Innovation（代表：Ignasi Carreras 教授，スペイン ESADE）

ビジネススクールのエサーデでは，2008年 CSR，リーダーシップ，NGO のマネジメント，ソーシャルアントレプレナーなどについての研究・人材育成・普及啓発を行うため，Institute for Social Innovation を設立した。2012年2月16日開催の年次大会では，"Connecting Sustainability and Innovation" をテーマに，社会的・環境的課題を解決するためのイノベーションをどのように促進していくかについて議論が行われた。エサーデは Stanford 大学の Center for Social Innovation との間で交流プログラムを実施し，研究・教育活動に取り組んでいる。また，エサーデでは同センターのスタッフが中心となり，CSR の大学院のコースを設立する予定があり，現在その準備が進められている。(http://www.esade.edu/)

（7） INSEAD Social Innovation Center（代表：Uwe G. Schulte 博士，フランス INSEAD）

インシアードは，2006年ソーシャル・イノベーションを研究するインターディシプリナリーなプラットフォームとして Social Innovation Center を設立した。2012年5月16日には，初のアジア開催となるインシアード・ソーシャルアントレプレナーシップ会議が "Social Economy 4.0: Innovation, Sustainability and Responsibility" をテーマに開催され，すべての人々にとっての利益を生み出す未来のあり方に焦点を置いて議論が行われた。本会議では，サステナビリティ投資フォーラムや学生によるビジネスプランコンペ，地域のソーシャルアントレプレナー訪問も実施された。(http://www.insead.edu/home/)

（8） Stanford Graduate School of Business, Center for Social Innovation
（代表：Dale T. Miller 教授，Jesper B. Sørensen 教授，Kriss Deiglmeier エグゼクティブディレクター，アメリカ Stanford Graduate School of Business）

スタンフォード大学では，1999年に Center for Social Innovation を設立した。社会的課題を革新的に解決しようとする個人と組織が，セクターや専門領域を超えて，理論と実践の両方に基づいて知見を交換し，交流する場づくりをミッションとしている。CSR や NPO 評価プロジェクトなどの研究活動のほか，研究者・実践家・学生がそれぞれの活動効果を向上させることができるよう人材育成/実習プログラムを実施している。また，ジャーナル"*Stanford Social Innovation Review*"を2003年より年4回発行しているほか，ソーシャル・アントレプレナーシップ，CSR，責任投資等に関する講義やセミナーを無料で聴講できるよう，Social Innovation Conversations プログラムを Podcast により配信している。(http://csi.gsb.stanford.edu/)

5．学問の制度化

ところで，新しい学問・研究領域が学界においても，社会的にも認知されてくると，その学問が「制度化」されてきたと言われる。学問を制度化する条件には様々あるが，例えば，(1)その学問が時代から要請され必要とされていること，(2)その領域の有用性を国が認め国庫より研究費が支給されること，(3)グローバルな会議の開催や学会が設立されること，(4)大学に関連した学部・研究科・コースまた研究機関が設立されること，(5)専門の（査読付き）Journal が存在すること，(6)専門領域の Encyclopedia やハンドブックが発行されること，などを指摘することができる。

先述のように，この10年間，欧米の主要大学やビジネススクールにおいて，当該領域にかかわる研究機関が次々と設置されたり，国際会議や学会が多数開催されるようになってきた。北米では1970年代〜80年代にかけて CSR ブームがおきた際，企業と社会をテーマとする教科書が何冊も出版され，その後の時

代変遷を経ても版を重ねてきたことから，一定の評価を得てきたと言える。関連するJournalについても，50を超える専門誌が発行されているし，経営学等の既存の伝統誌にも多くの関連する論文が掲載されるようになっている。また現在 *Encyclopedia of Corporate Social Responsibility*（全5巻）の編集をSpringer社が進めており，2013年に出版される予定である。

さらに近年，当該領域の専門家のみならず，周辺の領域：例えば，戦略，人材，マーケティング，財務，金融，会計などの研究者も関心をもち，研究を進めるようになっている。こういった広がりがこの領域を拡大させており，学問のメインストリーム化も進んでいると言うことができる。今後実務面でも研究面においても，Sustainabilityということを各分野のベースにおいて，取り組んでいくことが求められている[3]。

ドイツの心理学者K.Lewinは，「よい理論ほど実際に役立つものはない(Nothing is so practical as a good theory)」と指摘している。ここでは企業と社会（各ステイクホルダー）双方にとって実践的に役立つ，それも短期的な視点だけではなく，長期的な視点から持続可能な企業と社会の関係を考えていくことが求められる。本学会では，研究者と実務家が企業と社会にかかわる諸問題について議論・交流するプラットフォームとなることを目指しており，企業社会が抱えている課題を明らかにし，自らの立場・発想の限界と新たな可能性を知るきっかけになることを期待している。

（3） 例えば，C.Smith and G.Lenssen eds., *Mainstreaming Corporate Responsibility*, Wiley, 2009 参照。

【企業と社会シリーズ1】

持続可能な発展と
マルチ・ステイクホルダー

2012年9月1日　発行

編　者　企業と社会フォーラム
発行者　千倉成示
発行所　株式会社 千倉書房
　　　　〒104-0031　東京都中央区京橋2-4-12
　　　　Tel 03-3273-3931　Fax 03-3273-7668
　　　　http://www.chikura.co.jp/

印　刷　シナノ出版印刷
製　本　井上製本所

JCLS 〈㈱日本著作出版権管理システム委託出版物〉
本書のコピー、スキャン、デジタル化など無断複写は著作権法上での例外を除き禁じられています。複写される場合は、そのつど事前に（社）出版者著作権管理機構（電話 03-3513-6969、FAX 03-3513-6979、e‐mail：info@jcopy.or.jp）の許諾を得てください。また、本書を代行業者などの第三者に依頼してスキャンやデジタル化することは、たとえ個人や家庭内での利用であっても一切認められておりません。

ISBN978-4-8051-0999-1